John Zukowsky

Die Geschichte der Architektur

Von der Pyramide zum Wolkenkratzer

PRESTEL
MÜNCHEN • LONDON • NEW YORK

Inhalt

Einleitung

Das Wort „Architektur" besitzt viele Bedeutungen und wird in den unterschiedlichsten Bereichen verwendet, sogar in der Mode- und IT-Branche. Seine Hauptverwendung liegt aber im Baukontext. Als einfachste Form des Bauens gilt in der Regel das Herstellen eines Schutz bietenden Unterstands. Von Architektur spricht man aber erst, wenn es komplexer wird, so wurde es auch in den vergangenen Jahrtausenden wahrgenommen. Die *Encyclopaedia Britannica* definiert Architektur als „die Kunst und Technik des Entwerfens, Planens und Bauens im Unterschied zu den für die Bauausführung erforderlichen Fertigkeiten. Der Architektur als Methode bedient man sich sowohl aus praktischen Erfordernissen als auch aus einem Ausdrucksbedürfnis heraus, weshalb sie sowohl nützlichen als auch ästhetischen Zwecken dient."

Viele Jahrhunderte zuvor schrieb der römische Architekt Vitruv, dass ein Bauwerk *firmitas* (Festigkeit), *utilitas* (Nützlichkeit) und *venustas* (Schönheit) in sich vereinen sollte. Die meisten Menschen würden wohl zustimmen, dass Architektur und Bauwerke die ersten beiden dieser Eigenschaften beinahe immer aufweisen, doch die dritte Eigenschaft ist schwerer fassbar und eher subjektiv. In unterschiedlichen Kulturen und Epochen herrschen unterschiedliche ästhetische Vorstellungen. Trotzdem kann ein Mensch des 21. Jahrhunderts, der die archäologischen Überreste der frühesten Städte, antike Tempel oder mittelalterliche Kathedralen betrachtet, eine Wertschätzung für deren Aussehen empfinden, obwohl sie vor Hunderten oder gar Tausenden von Jahren erbaut worden sind. Angenehme Proportionen, geordnete Planung und gestalterische Details sind ebenso wichtig wie Funktion und Konstruktion.

Die Geschichte der Architektur dokumentiert diese Entwicklung der Architektur von der Vorgeschichte bis in die Gegenwart. Das Buch folgt diesem Aufbau: fünf Kapitel, die jeweils bebilderte und nicht bebilderte Einträge auf einer Zeitleiste sowie einzelne Themenschwerpunkte enthalten. Die Zeitleisteneinträge beziehen sich meist auf historische Ereignisse und bestimmte Gebäude, wobei zu Letzteren jeweils der Zeitpunkt des Baubeginns angegeben wird. Aber anders als bei Gemälden und Skulpturen, bei denen sich die Entstehungszeit meist sehr genau bestimmen lässt, können Gebäude über lange Zeit hinweg und in verschiedenen Phasen gebaut werden, weshalb der Zeitpunkt des Baubeginns nicht immer ganz klar ist. Einige Gebäude wurden deshalb einem Zeitpunkt zugeordnet, der am geeignetsten erscheint, etwa weil er mit einer wichtigen Phase ihres Bestehens zusammenfällt.

Das oberflächliche Durchblättern des vorliegenden Bandes mag an den 3-minütigen Kurzfilm *3000 Years of Art* (1968) erinnern, den der Filmemacher Dan McLaughlin für die Fernsehshow *The Smothers Brothers Comedy Hour* zusammengestellt hat. Wie bei dieser rasanten Diashow und ähnlichen Büchern, die mehrere Jahrhunderte in zahlreichen Bildern abhandeln, ist es unmöglich, sich jedem Kunst- bzw. Bauwerk der letzten Jahrtausende zu widmen oder es auch nur zu erwähnen. Entsprechend behandelt *Die Geschichte der Architektur* viele der wichtigsten Highlights. Mehrere der vorgestellten Gebäude gelten als Monumente von weltweiter Bedeutung und werden von der UNESCO zum Weltkulturerbe gezählt. Dabei handelt es sich um Stätten von kulturellem, historischem, wissenschaftlichem oder anderem Wert, die durch internationale Verträge geschützt sind und schon immer als bedeutende Monumente galten. Allein von solchen Welterbestätten gibt es über 1100 und somit mehr, als in diesem Buch Platz finden könnten. Aber *Die Geschichte der Architektur* hält auch einige Überraschungen bereit. Manche Bauten mögen ihre Aufnahme eigenwilligen Entscheidungen des Autors verdanken, was die Zusammenstellung als Ganzes aber interessanter

GEGENÜBER. ***Die klassischen Ordnungen, von der dorischen über die ionische hin zur korinthischen Säule*****, Illustration von Claude Perrault (1683)**
Der französische Architekt Claude Perrault hat Vitruvs *De Architectura* (*Zehn Bücher über Architektur*) 1673 ins Französische übersetzt. Sein eigenes Buch über die klassischen Ordnungen der Architektur *Ordonnance des cinq espèces de colonnes selon la méthode des anciens* (*Ordnung der fünf Säulenarten*) veröffentlichte er 1683.

I. Planche.
A B C D E
Trois Modules
P. le Pautre sculpsit
6 Modules
7 diametres 20 Min
22 Modules
6 Modules
6 Modules
8 diametres
24 Modules
7 Modules
6 Modules
8 Diametres 40 Minutes
26 Modules
8 Modules
6 Modules
9 diametres 20 Minutes
28 Modules
9 Modules
6 Modules
10 Diametres
30 Modules
10 Modules

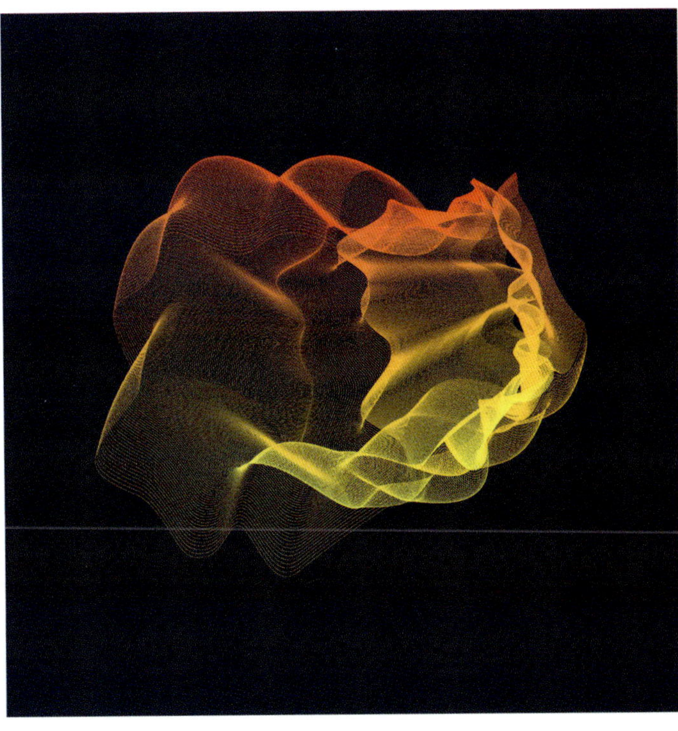

GEGENÜBER OBEN. ***Die Brooklyn Bridge im Bau* (1870er)**
Die Brooklyn Bridge (1869–1883) in New York zählt als erste Stahlseilhängebrücke zu den bedeutendsten technischen Monumenten der Welt.

GEGENÜBER UNTEN. Fountains Abbey, North Yorkshire, England (nach 1132)
Fountains Abbey ist eine von Hunderten Welterbestätten und eine der größten und besterhaltenen Zisterzienserklosterruinen in England.

LINKS. Drahtgittermodell von moderner Architektur (2018)
Dieses abstrakte, anthropomorphe Drahtgittermodell ist ein gutes Beispiel für die Art von dreidimensionalen CAD-Zeichnungen, die bei Architekten im 21. Jahrhundert populär sind.

macht. Dieser Band enthält nicht nur Gebäude aus dem westlichen Kulturkreis, sondern auch Beispiele aus Asien und Afrika. Außerdem werden technische Errungenschaften angesprochen, die wiederum die Architektur in einen Kontext setzen. Dabei werden stets verschiedene Epochen abgedeckt, sodass *Die Geschichte der Architektur* dem Leser hoffentlich eine spannende, anregende und bereichernde Zeitreise bietet.

Die Informationen über die vorgestellten Gebäude wurden aus zahlreichen Quellen zusammengetragen. Wer tiefer in das Thema eintauchen möchte, sollte mit einer Gesamtdarstellung beginnen, zum Beispiel mit dem von Denna Jones herausgegebenen Band *Architecture: The Whole Story* (2014). Ebenfalls empfehlenswert ist das klassische Nachschlagewerk der Architekturgeschichte *A History of Architecture on the Comparative Method* von Banister Fletcher, das 1896 erstmals veröffentlicht wurde. 2019 erschien eine aktualisierte Ausgabe, die neueste Forschungserkenntnisse berücksichtigt und 5500 Jahre globale Architekturgeschichte aus einem zeitgenössischen Blickwinkel betrachtet.

Dieses Buch stellt nicht den Bauprozess, sondern die architektonischen Errungenschaften in den Mittelpunkt. Entsprechend enthält es vor allem Abbildungen und Farbfotos von bestehenden Gebäuden und erhaltenen Stätten. Zeichnungen sind ein wesentlicher Bestandteil des architektonischen Entwurfsprozesses und helfen, eine Vorstellung vom späteren Gebäude, insbesondere der Räume und Flächen, zu vermitteln. Bei Architektur geht es ebenso um das Schaffen und Gestalten von Räumen und Flächen wie darum, ein Gebäude entstehen zu lassen, das diese Räume und Flächen umgibt. Zeichnungen sind oft unverzichtbar, um mehr über die Absichten eines Architekten oder Bauherrn zu erfahren, insbesondere die ersten Skizzen, in denen ein Architekt seine kreative Idee zu Papier bringt. Bauzeichnungen wie Grundrisse, Aufrisse, Schnitte und axonometrische Darstellungen liefern alle wichtigen Daten für die Bauausführung sowie die Datengrundlage für 3D-Darstellungen wie perspektivische Architektur-Renderings und Computeranimationen. Videos von Drohnenüber- und -durchflügen können die Raumabfolge von fertigen Gebäuden zeigen und vermitteln beinahe das Gefühl, selbst vor Ort gewesen zu sein.

Wie jedes andere Buch enthält auch *Die Geschichte der Architektur* eher visuelle Momentaufnahmen oder Querschnitte durch Zeit und Raum als eine lückenlose, räumliche Dokumentation. Doch regt es hoffentlich dazu an, sich nicht nur auf die vom Buch gebotene, visuelle Zeitreise durch die Menschheitsgeschichte zu begeben, sondern die Zusammenstellung auch als Ausgangspunkt für die räumliche Erkundung von echten Gebäuden zu nutzen, auch solcher, die in der näheren Umgebung zu finden, hier aber vielleicht nicht enthalten sind. Dieses Buch soll also einen umfassenden Überblick über bedeutende, kreative Gestaltungslösungen aus dem Architekturbereich bieten und so die Neugier für die Bauten der Vergangenheit, Gegenwart und Zukunft wecken.

1

ANTIKE & MITTELALTER

Dieses Kapitel macht einen Riesenschritt von prähistorischen Siedlungen bis zum Ausklang des Mittelalters, als in Europa die Renaissance anbricht. 11 000 Jahre Menschheitsgeschichte auf weniger als hundert Seiten darzustellen, ist, wie Sie sich vorstellen können, ein schwieriges Unterfangen. Hinzu kommt, dass uns über die frühesten Epochen, insbesondere zwischen 10 000 und 3000 v. Chr., nur spärliche Informationen vorliegen. Aber es gibt Hinweise darauf, dass Menschen damals in Gemeinschaften, den frühesten Vorläufern von Städten, zusammengelebt haben. In der Siedlung Çatalhöyük (ca. 7500–5700 v. Chr.) in der Türkei zum Beispiel lebten etwa 5000 bis 7000 Menschen. Ihre Häuser besaßen bereits verputzte Innenwände sowie Treppen und Dächer aus Holz. Es war eine Art unterirdisches Wohnen, bei dem die Dächer als Wege dienten. Obwohl unklar ist, ob es in Çatalhöyük religiöse Bauten gab oder nicht, sind für andere Siedlungen dieser frühen Epoche rituelle und zeremonielle Räume sicher belegt, die rund oder als Zentralraum angelegt waren. In jedem Fall ist Çatalhöyük ein Beweis für ein Leben, das fortschrittlicher und städtischer war, als man es sich gemeinhin für die Vorgeschichte vorstellt.

Siedlungen wie Çatalhöyük sind typisch für die Steinzeit, in der man noch Werkzeuge aus Stein verwendete statt aus Metall, wie später in der Bronzezeit (ca. 3300–1200 v. Chr.) und der Eisenzeit (ca. 1200–500 v. Chr.). Wenn es in der Steinzeit so etwas wie Kathedralen gab, dann zählt Stonehenge (ca. 3000–2000 v. Chr.) im englischen Wiltshire auf jeden Fall dazu. Jeder Stein der kreisförmigen Anlage ist etwa 4 m hoch und wiegt 0,9 t. In der Nähe gibt es eine Begräbnisstätte, wo heute Nachbildungen von primitiven Hütten und Fundstücke ausgestellt sind und sogar einer der Bewohner forensisch rekonstruiert wurde. Welchen religiösen Zwecken

VORHERIGE SEITE. Felsendom, Jerusalem, Israel (ab 688)
An dieser Stätte, die sowohl der jüdisch-christlichen als auch der muslimischen Welt heilig ist, steht eines der berühmtesten frühislamischen Bauwerke. Es erinnert an die Himmelsreise Mohammeds und den Ort, an dem Gott von Abraham verlangte, seinen Sohn zu opfern.

GEGENÜBER. Tempel des Amun-Re, Karnak, Luxor, Ägypten (ca. 1290–24 v. Chr.)
Ägyptische Säulen weisen meist eine eingravierte Oberflächendekoration auf, die im Vergleich zur dreidimensionalen Kannelierung von griechischen Säulen eher zweidimensional wirkt. Solche Sandsteinsäulen nennt man wegen ihres glatten Schafts und den offenen Kapitellen Papyrussäulen.

OBEN. Stonehenge, Wiltshire, England (ca. 2000 v. Chr.)
Die Biegebalkenkonstruktion aus senkrechten Stützen, die horizontale Balken tragen, ist ein grundlegendes Konstruktionsprinzip, das hier und an anderen steinzeitlichen Bauten gut ersichtlich ist.

der Steinkreis genau diente, kann nicht mit Bestimmtheit gesagt werden, aber man glaubt, dass es eine Verbindung zum Wechsel der Jahreszeiten und zum Lauf der Sonne gibt. Vor Kurzem hat man festgestellt, dass auf kleinen Kalksteinzylindern, die als Folkton-Trommeln bekannt sind, Maße eingeritzt wurden, die mit denen von Stonehenge übereinstimmen. Vermutlich waren sie Hilfsmittel zum Abstecken solcher großen Steinkreise, womit sie die Vorgehensweise der Baumeister der Antike und des Mittelalters, die ihre Bauwerke mit Pfählen und Schnüren abgesteckt haben, vorwegnehmen würden.

Etwa zeitgleich mit Stonehenge entstanden in Ägypten die ältesten der großen Pyramiden. Damals hatten sich bereits städtische Zentren gebildet, vor allem im Nahen Osten. Im Irak sollen in der Stadt Ur (ca. 2100 v. Chr.) 100 000, in Babylon (ca. 1700 v. Chr.) etwa 60 000 Menschen gelebt haben. In Ägypten hatte Theben (ca. 1500 v. Chr.) zwischen 60 000 und 80 000, Alexandria (ca. 200 v. Chr.) zwischen 300 000 und 600 000 Einwohner. In Rom, Zentrum der mediterranen Welt vom 1. bis 3. Jahrhundert n. Chr., lebten etwa 1 Million Menschen – vergleichbar mit der Einwohnerzahl heutiger Städte.

Die meisten westlichen Vorstellungen von Architektur und Ästhetik gehen auf die griechisch-römische Welt zurück. Abgesehen von der kurzlebigen Begeisterung für ägyptische Formen und Ornamente nach dem Ägyptenfeldzug Napoleons (1708–1801) und der Entdeckung des Grabs von Pharao Tutanchamun (1922) bilden die klassischen griechischen Ordnungen für die Proportionierung und Detailgestaltung vertikaler Säulen und ihrer Kapitelle – dorisch, ionisch, korinthisch und später komposit – auf Jahrhunderte hinaus die Formensprache der architektonischen Gestaltung.

Die Griechen und später die Römer haben großartige Tempel gebaut. Von Letzteren stammt auch eine beeindruckende Infrastruktur, wobei sie ihren Gebäuden, ihren Wasserversorgungssystemen, Abwasser- und Heizungsanlagen mithilfe von Zement eine Form verliehen haben. Eine der beeindruckendsten archäologischen Entdeckungen aus der Römerzeit ist die Stadt Pompeji, die beim Ausbruch des Vesuvs 79 n. Chr. verschüttet wurde. Faszinierend finden wir heute auch die brutalen Gladiatorenspiele, bei denen in Arenen wie dem Kolosseum (ab ca. 72 n. Chr.) in Rom auf Leben und Tod gekämpft wurde.

Die Jahrhunderte nach dem ab 476 n. Chr. einsetzenden Niedergang des Weströmischen Reichs galten lange als dunkles Zeitalter, in dem Zivilisation und Kultur in einem Dämmerschlaf lagen. Heutzutage gilt dies aber als Fehleinschätzung, unter anderem weil in Klöstern vieles erhalten oder gar wiederbelebt wurde. Auch gelangten einige Völker Asiens und des Nahen Ostens zu religiöser und kultureller Blüte, bevor Karl der Große im Jahr 800 Kaiser des Heiligen Römischen Reichs wurde. Zwischen dem 4. und dem 9. Jahrhundert entstanden frühchristliche Kirchen im römischen Stil, präromanische Kirchen, Moscheen, buddhistische und hinduistische Tempel sowie zahlreiche Paläste und Festungen. Im darauffolgenden Mittelalter wurden, insbesondere nachdem sich die Angst vor dem Ende der Welt nach dem Jahr 1000 gelegt hatte, nicht nur mehr große Bauten wie Schlösser, Brücken, Kathedralen oder Moscheen erbaut, sondern auch neue Stile entwickelt. Diese reichen von der wuchtigen, rechteckigen, von Rundbögen geprägten Romanik über die spitzwinkligere, skelettartigere Gotik, die verschiedene Spielarten von filigranem Maßwerk und stützenden Strebebögen hervorbrachte, bis hin zur dynamischeren Ausbildung von Pfeilern und Gewölberippen. Selbst als sich im 15. und 16. Jahrhundert in Italien eine Wiederbelebung klassischer Architekturformen vollzog, bestand der gotische Stil häufig in abgewandelter Form in der aufkommenden Renaissance fort.

Besonders interessant an der Zeit zwischen dem 13. und 16. Jahrhundert sind die vielfältigen regionalen und nationalen Ausdrucksformen, die man für Kathedralen findet, sowie die städte- und länderübergreifenden Rivalitäten zwischen den Dombauherren. Die höchsten Kirchtürme Europas entstanden in den Kathedralen von Lincoln (ca. 1300; 1538 eingestürzt) und Salisbury (ca. 1310–1330) in England. Selbst Filippo Brunelleschis Kuppel in Florenz (1436) konnte sie nicht übertreffen. Der Wettkampf um den höchsten Turm bzw. das höchste Gewölbe nahm den Wettstreit um die größte Kuppel in den klassisch geprägten Zeiten zwischen dem 15. und 19. Jahrhundert sowie um den höchsten Wolkenkratzer ab dem 20. Jahrhundert vorweg.

Neben der Zerstörung durch Krieg gab es auch im Mittelalter Natur- und vom Menschen verursachte Katastrophen, wie etwa die weltweiten Pestepidemien ab 1348 und den Einsturz der Kathedrale von Beauvais 1284. Französische Kathedralen unterscheiden sich meist von ihren englischen und italienischen Gegenstücken. Die vergleichbaren liturgischen Anforderungen werden von jeder Region stilistisch individuell ausgelegt. Deutlich wird das bei einem Vergleich von Grundriss, Aussehen und Details der Kathedralen von Salisbury in England und Amiens in Frankreich, die ab 1220 zeitgleich erbaut wurden.

Noch auffälliger wird es an der Stabkirche Borgund (ca. 1180–1250) in Norwegen. Sie ist ein Meisterwerk der Holzhandwerkskunst, die in früheren, vorchristlichen Zeiten die großen Hallen und Langschiffe der Wikinger hervorbrachte. Die stilisierten Tiere in den Dachornamenten der Kirchengiebel erinnern an die Drachenköpfe, die einst den Bug ihrer Schiffe schmückten. Mit ihren abenteuerlichen Reisen haben die Wikinger auch das Zeitalter der Entdeckungen im 15. und 16. Jahrhundert vorweggenommen. Ihren legendären Schiffen und ihrer Seefahrtskultur verdanken wir die Entdeckung und frühe europäische Besiedlung von Island (874), Grönland (ca. 985) und sogar Neufundland. Doch ihre Siedlungen konnten sich nur in Island halten.

Die Gotik bildet schließlich im 14. und 15. Jahrhundert verschiedene Regionalstile aus, die sich von der rationaleren Hochgotik des 13. Jahrhunderts, in der die wirkenden Kräfte optisch nachvollziehbar ihren Ausdruck in Architekturformen finden, stark unterscheiden. Beispiele hierfür sind Perpendicular in England mit den flachen Netzgewölben der King's College Chapel (1446–1531) in Cambridge, Rayonnant in Frankreich mit dem spitzen, bleistiftdünnen Maßwerk der Sainte-Chapelle (1379–1480) in Vincennes bei Paris und Flamboyant in Frankreich und einer späteren tschechischen Variante, bei der sich windende, ineinander verschlungene, unterbrochene Gewölberippen scheinbar keine tragende Funktion mehr erfüllen, zum Beispiel in der Reiterstiege und im Wladislawsaal der Prager Burg (1497–1502). Aber das ist nicht das Ende der Gotik. Sie besteht im 16. Jahrhundert in den Bauten des elisabethanischen Englands, in den französischen Châteaus im François-Premier-Stil – benannt nach König Franz I. von Frankreich – sowie in den von spanischen Entdeckern und Siedlern in der Neuen Welt errichteten Kirchenbauten fort.

OBEN. Stabkirche Borgund, Norwegen (ca. 1180–1250)
Skandinavische Stabkirchen sind im Wesentlichen hölzerne Biegebalkenkonstruktionen, deren Stützen und Balken mit Holzstiften und Schwalbenschwanzverbindungen zusammengefügt wurden. Sie besitzen im Innern häufig Queraussteifungen, um den Windlasten standhalten zu können.

GEGENÜBER. Innenraum der King's College Chapel, Cambridge, England (1446–1531)
Die flachen, verzierten Fächergewölbe wurden zwischen 1512 und 1515 vom Baumeister John Wastell geschaffen. Von ihm stammen auch die Fächergewölbe im „New Building" genannten Kapellenanbau der Kathedrale von Peterborough (1496–1509) sowie im Vierungsturm „Bell Harry" der Kathedrale von Canterbury (1498).

10 000–3000 v. CHR.

Aufkeimendes Stadtleben. Prähistorische Siedlungen weisen einige Gemeinsamkeiten auf. Manche von ihnen waren keine schlichten Dörfer mehr mit nur einigen Dutzend Einwohnern, sondern erreichten beträchtliche Bevölkerungszahlen von mehreren Tausend. Man geht davon aus, dass an Orten wie Çatalhöyük in der Türkei etwa 10 000 Menschen lebten. Viele Häuser sind im Boden versenkte Erdhäuser, eine Einstiegsluke im Dach diente gleichzeitig als Rauchabzug. Rekonstruktionen zeigen private Schlafbereiche mit Betten, Stauraum, separaten Feuer- und Kochstellen und sogar Bereiche mit verputzten Wänden. Sie alle hatten eine begrenzte Lebensdauer und wurden höchstens einige Jahrhunderte lang genutzt, bevor sie aufgegeben wurden. Aufgrund der fragmentarischen Natur der Ausgrabungsfunde lässt sich nur schwer bestimmen, wie genau diese Menschen gelebt und wie genau sie ihre Räume und Gebäude genutzt haben. Dieses Dilemma gilt für das Alltagsleben ebenso wie für etwaige rituelle und religiöse Zwecke.

Çatalhöyük, Türkei
In der Nähe von Çatalhöyük gab es bereits prähistorische Siedlungen, die aber vor der Entstehung dieser Gemeinschaft schon wieder verschwunden waren. Die Stätte wird auf 7500–5700 v. Chr. datiert, was sich in den Bauschichten widerspiegelt. Neuere Gebäude wurden über älteren errichtet, wodurch das Bodenniveau der Stadt mit der Zeit anstieg. Die Räume sind in Gruppen miteinander verbunden und scheinen als Wohnräume genutzt worden zu sein. Die Siedlung ist aus Lehmziegeln errichtet.

Ritualsäulen und Rundfundamente, die 1963 im türkischen **Göbekli Tepe** gefunden wurden, deuten darauf hin, dass eine frühe Siedlung hier religiösen Zwecken diente.

9000 v. Chr. | **7500–5700 v. Chr.** | **3600–3200 v. Chr.**

Ġgantija-Tempel, Malta
Diese beiden Bauten wurden aus lokalem Kalkstein errichtet. Die Innenwände waren verputzt und bemalt, einem Fundfragment zufolge vermutlich mit rotem Ocker. Welche Funktion die Tempel genau erfüllten, ist noch unklar. Ausgrabungen von Fruchtbarkeitsstatuen und Hinweise auf Tieropfer deuten aber darauf hin, dass sie Orte für religiöse Rituale gewesen sein könnten. Der Komplex umfasst zwei Tempel sowie einen unvollendeten dritten, die alle auf den Sonnenaufgang ausgerichtet sind.

Skara Brae, Orkney, Schottland
Diese Stätte auf der Insel Orkney, die vor dem nördlichsten Ausläufer Schottlands liegt, wurde ab dem 19. Jahrhundert, zunächst von Laien, ausgegraben. Man fand Häuser, die zur Wärmedämmung und zum Schutz in Böschungen aus Abfallmaterialien, darunter Fischgräten, gebaut worden waren. Sie enthalten Einbauten aus Stein wie Regale, Stauraum und Betten. Wer hier gelebt hat und warum der Ort aufgegeben wurde, ist nicht bekannt. Ein Sturm oder extrem kaltes Wetter könnte das Ende des Dorfes herbeigeführt haben.

Frühe Schriften entstehen in der befestigten Stadt Harappa im heutigen Pakistan. Sie sind mit der Indusschrift verwandt und älter als die frühe sumerisch-mesopotamische Keilschrift.

3300 v. Chr.

Das **Newgrange-Grab** wird im Boyne-Tal, Irland, errichtet. In den aus Stein gebauten Kammern und Gängen des Rundhügels werden menschliche Überreste und Opfergaben abgelegt.

3200 v. Chr.

3100–2500 v. Chr.

3000–2000 v. CHR.

Das Leben vor und nach dem Tod. In diesem Jahrtausend vollzieht sich ein Quantensprung in Bezug auf die Größe der erhaltenen Monumente. An erster Stelle stehen dabei die ägyptischen Pyramiden. Die Stufenpyramide von Sakkara wurde etwa zwischen 2667 und 2648 v. Chr. als Grab für Pharao Djoser errichtet. Sie besteht aus sechs übereinander geschichteten Mastabas mit einer darunter liegenden Grabkammer und ist ein Werk des ersten Baumeisters, dessen Name uns überliefert ist: Imhotep. Die Cheops-Pyramide und andere Pyramiden sind Nachfahren dieser ersten Pyramide. Sie wurden vermutlich von Tausenden ausgebildeten Arbeitern errichtet. Wie andere große Bauten wurden auch die Pyramiden in späteren Jahrhunderten häufig als Steinbruch genutzt. Ihre polierten Kalksteinquader wurden in der Alabastermoschee (1830–1848) in Kairo wiederverwendet.

Große Pyramide, Ägypten

Pharao Cheops ließ sich die Große Pyramide in Gizeh als Grab errichten. Der 139 m hohe Kalksteinbau zählte zu den Weltwundern der Antike und war ursprünglich – mit seinem pyramidenförmigen Schlussstein und vor jeglicher Erosion – 146 m hoch. Außen war er mit glatten Kalksteinen verkleidet, von denen einige überdauert haben und heute in Museen ausgestellt werden. Im Innern der Pyramide befinden sich eine große Galerie und Grabkammern für den Pharao und seine Königin sowie eine unvollendete Kammer.

Der **ägyptische Kalender** legt den Rhythmus von 365 Tagen und vier Jahreszeiten auf Grundlage der Mondzyklen und der Gezeiten des Nils fest.

In Peru wird die **älteste Stadt** des amerikanischen Kontinents gegründet: Caral-Chupacigarro.

Die **sechsstufige Pyramide** des Pharao Djoser wird in Ägypten errichtet.

2874 v. Chr. | **2874 v. Chr.** | **2589–2566 v. Chr.**

Mohenjo-Daro, Pakistan
Mohenjo-Daro ist eine der frühesten großen Städte im Industal und hatte eine Bevölkerung von schätzungsweise 40 000 Einwohnern. Sie wurde 1900 v. Chr. aus unerklärlichen Gründen aufgegeben und 1922 von Archäologen wiederentdeckt. Niemand kennt den ursprünglichen Namen der Stadt, in der auf einer Fläche von 300 ha Ziegel- und Lehmziegelbauten in einem Rasterplan angeordnet waren. Dieser sah auch große Plätze für Versammlungen und öffentliche Bäder vor.

Das **Gilgamesch-Epos** wird geschrieben. Sein Protagonist Gilgamesch ist der legendäre König der sumerischen Stadt Uruk. Das Gedicht beeinflusst spätere Heldenepen, insbesondere die von Homer im 8. Jh. v. Chr. verfassten *Ilias* und *Odyssee*.

Zikkurat von Ur, Irak
Im Jahr 1850 entdeckte man die Überreste dieses gewaltigen neusumerischen Baus, der auf die Zeit um 2100 v. Chr. zurückgeht. Er war von König Ur-Nammu begonnen und von König Šulgi, unter dessen Herrschaft Ur zur Hauptstadt Mesopotamiens wurde, vollendet worden. Dem massiven Sockel aus gebrannten Lehmziegeln fehlen die Stockwerke, die König Nabonid im 6. Jahrhundert v. Chr. ergänzt hat. In den 1980er Jahren wurde unter dem irakischen Präsidenten Saddam Hussein eine Restaurierung durchgeführt, während des Golfkriegs (1990–1991) wurde das Monument beschädigt.

2500 v. Chr. | **2100 v. Chr.** | **2100–2000 v. Chr.**

2000–1000 v. CHR.

Mythische Helden. Die griechischen Götter und Göttinnen dienten den späteren römischen Gottheiten als Vorlage, aber die griechische Mythologie hatte eine besondere Vorliebe für Helden, die häufig Liebesbeziehungen zwischen Göttern und Menschen entstammten. In der Sage von Theseus tötet der Held den Minotaurus, ein Monster, halb Mensch, halb Stier, das im Labyrinth im Innern des minoischen Palastes auf Kreta lebt und dort seine Opfer verspeist. Ein anderer populärer Held dieser Zeit ist Herakles (der in Rom Herkules genannt wird). Zu seinen Heldentaten zählen unter anderem die zwölf Aufgaben, die er in Tiryns verrichtet hat. Der mykenische König Eurystheus hat sie ihm als Strafe dafür auferlegt, dass Herakles seine eigene Frau und seine eigenen Kinder getötet hat. Es verwundert daher kaum, dass einige griechische Tempel auch Helden geweiht waren.

Palast von Knossos, Kreta, Griechenland
Der minoische Palast von Knossos ist eine bedeutende bronzezeitliche Stätte aus einer Zeit, als die Bevölkerung im Palast und den umliegenden Städten mit 100 000 Menschen ihren höchsten Stand erreichte. Auf einer Fläche von 14 000 m² bot der Palast Repräsentationsräume, Thronsäle, einen Kultraum und ein Sanitärsystem mit Badezimmern und Toiletten. Seit dem frühen 20. Jahrhundert finden hier Ausgrabungen statt. In den restaurierten Teilen stechen vor allem die roten minoischen Säulen hervor, die aus umgedrehten Zypressen gefertigt wurden.

Auf dem **Beni-Hasan-Friedhof** in Ägypten finden erstmals Bestattungen statt. Die Felsengräber werden bis ins 19. Jh. v. Chr. genutzt.

In Regionen, die heute zu Russland gehören, kommen erstmals **Streitwagen** zum Einsatz.

2000 v. Chr.

Die **Schachtgräber von Mykene** sind eine von mehreren beeindruckenden Begräbnisstätten auf dem griechischen Festland und lassen auf bedeutende gesellschaftliche Veränderungen schließen.

1700–1500 v. Chr.

1700–1500 v. Chr.

Befestigungsanlagen in Tiryns, Griechenland

Als die Zitadelle von Tiryns in Argolis auf der Peloponnes mit etwa 10 000 Einwohnern ihre Blütezeit erreichte, war der Hügel, auf dem die Festung liegt, bereits seit einigen Tausend Jahren bewohnt. Homer erwähnt die Festung in der *Ilias* (ca. 8. Jahrhundert v. Chr.) und weist auf ihre gewaltigen Mauern und Tunnel aus riesigen Felsblöcken hin. Nach der Vorstellung, nur ein gigantischer Zyklop hätte sie errichten können, bezeichnet man diese Bauweise als Zyklopenmauerwerk. 1831 wurde hier mit Ausgrabungen begonnen.

Das mythische Troja, Türkei

Die Figuren aus Homers *Ilias* ziehen die Menschen bereits seit der Antike in ihren Bann. Der deutsche Archäologe Heinrich Schliemann hat in Tevfikiye, Çanakkale, von 1871 bis 1879 Ausgrabungen durchgeführt und war überzeugt, das legendäre Troja gefunden zu haben. Moderne Archäologen widersprechen seiner Schlussfolgerung, die sich auf die Schichten Troja I bis II (ca. 3000–2250 v. Chr.) bezieht. Ihrer Meinung nach liegt die homerische Stadt in der Schicht Troja VII (ca. 1300–1190 v. Chr.). Was heute zu sehen ist, sind die Überreste der ursprünglichen Befestigungsmauern, die etwa zwischen 3000 und 2600 v. Chr. errichtet wurden.

Die **minoischen Paläste** werden durch einen Brand, ein Erdbeben oder vielleicht eine Invasion zerstört. Nur **Knossos** wird erneut besiedelt.

1500–1450 v. Chr. | **1400–1200 v. Chr.** | **1300–1190 v. Chr.**

OBEN. Rekonstruktion der Statue von Athena Parthenos im Nashville Parthenon, Nashville, Tennessee, USA (1982–2002)
Die Nachbildung ist mit einer Höhe von 13 m die größte Innenraumskulptur der USA.

LINKS. Rekonstruktion des Parthenon, Nashville, Tennessee, USA (1897; 1920–1931 in Beton neu errichtet)
Die Rekonstruktion des Parthenon bildet das Herzstück des Centennial Park, Nashvilles bedeutendstem Stadtpark.

POLYCHROMIE UND ANTIKE ARCHITEKTUR

Bei der Betrachtung archäologischer Überreste antiker Bauten erliegt man leicht der Fehlannahme, die grauen oder taupefarbenen Kalkstein- und Zementbauten wären bereits in der Antike monochrom (einfarbig) gewesen. Tatsächlich aber war Architektur in der Antike und im Mittelalter meist polychrom (mehrfarbig). Hierfür gibt es zahlreiche Belege: vom Palast von Knossos (1700–1500 v. Chr.) auf der Insel Kreta und den dort rekonstruierten Mosaiken und Kunstwerken über die Wandmalereien und Mosaiken Pompejis, die erhalten geblieben sind, nachdem die Stadt 79 n. Chr. bei einem Ausbruch des Vesuvs verschüttet wurde, bis hin zu den vergoldeten Tempeltürmen von Angkor Wat (ca. 1113–1150 n. Chr.) in Kambodscha.

Der Architekt Le Corbusier schrieb in dem Buch *Als die Kathedralen weiß waren* über den Eindruck, den die Hochhäuser New Yorks bei ihm hinterließen, als er sie 1935 erstmals sah. Es handelt zwar nicht vom Mittelalter, aber der Titel sendet eine Botschaft, die ebenso überrascht wie in die Irre führt, weil mittelalterliche Kathedralen niemals weiß waren. Kapitelle und Säule waren meist farbig akzentuiert, viele wurden in paradiesisches Licht getaucht, wenn die Sonne durch die Buntglasfenster schien. Einige, wie die königliche Kapelle Sainte-Chapelle (1248) in Paris, überforderten die Sinne mit beidem. Wenn Gläubige einen solchen Raum betraten, fühlten sie sich in eine andere Welt versetzt. Die Farbgestaltung trug erheblich zu diesem Erlebnis bei.

Eines der wichtigsten Bauwerke der Antike, der Parthenon (ca. 447–432 v. Chr.) in Athen, wurde von den Architekten Iktinos und Kallikrates errichtet, der Bildhauer Phidias schuf die zugehörigen Statuen. Bei Reinigungsarbeiten hat sich jüngst gezeigt, dass sie leuchtende Rot-, Blau- und Grüntöne verwendet haben, die auf den Steinen verblassende Spuren hinterlassen haben. Bei früheren Reinigungen wurde kein so großer Wert auf die Konservierung gelegt wie heute, sodass die Farben beschädigt oder entfernt worden sein könnten. Das Akropolis-Museum hat digitale Rekonstruktionen der Farbgestaltung des Außenfrieses und der Giebel des Tempels erstellt. Der deutsche Archäologe Vinzenz Brinkmann hat die antike Farbgestaltung auf Nachbildungen griechischer Skulpturen reproduziert, die seit 2003 in der Wanderausstellung *Bunte Götter* gezeigt werden.

Die vielleicht beeindruckendsten Repliken gibt es von Phidias' berühmter Statue der Athena Parthenos, die mit Sockel 12 m hoch ist. Mehrere Künstler haben Kopien dieses berühmten Werks geschaffen, eine davon befindet sich im Nashville Parthenon in Tennessee. Der ortsansässige Architekt William Crawford Smith schuf den Nashville Parthenon als temporären Pavillon aus Holz, Ziegeln und Putz für die Tennessee Centennial Exposition von 1897. Nashvilles Spitzname „Athen des Südens" hat wahrscheinlich dazu beigetragen, dass der Pavillon zum Herzstück der Ausstellung wurde und auf dem Gelände stehen blieb. Er verfiel und wurde zwischen 1920 und 1931 durch einen Betonbau ersetzt. Das Gebäude ist heute ein Museum und wurde 2002 restauriert.

Der Nashville Parthenon besitzt außen kolorierte Fries- und Giebeldetails, deren Farbgebung jedoch nicht so aggressiv ist, wie sie neuesten Rekonstruktionen zufolge sein könnte. Der Innenraum ist ebenfalls koloriert und enthält eine Nachbildung von Phidias' Statue, die der Nashviller Künstler Alan LeQuire zwischen 1982 und 2002 geschaffen hat. Er hat sie aus glasfaserverstärktem Gips auf einer Stahlkonstruktion modelliert. Die Nachbildung des Parthenon erinnert daran, dass solche Gebäude nie wirklich komplett weiß waren.

1000–500 v. CHR.

Weltreiche. Neben den in diesen Jahrhunderten gegründeten großen Reichen wie Athen, Sparta und Rom gibt es zwischen Asien und dem Nahen Osten weitere bedeutende Kulturen, die eigene Monumente schufen, darunter Griechenlands militärischer Rivale Persien. Das persische Reich ist vor allem für seine Könige Darius I. und Xerxes I. und deren Feldzüge gegen die griechischen Stadtstaaten in Erinnerung geblieben. Spielfilme wie *300* (2006) und *300: Rise of an Empire* (2014) handeln von den Niederlagen der Perser in der Schlacht an den Thermopylen und der Schlacht von Salamis (beide 480 v. Chr.), aber die Perser waren in anderen Regionen sehr erfolgreich und schlugen unter anderem Aufstände in Babylon nieder. Auf der anderen Seite der Welt, in China, wurden zwischen dem 8. und dem 5. Jahrhundert v. Chr. Befestigungsmauern von den sogenannten Streitenden Reichen errichtet. Kaiser Qin Shi Huang begann im 3. Jahrhundert v. Chr. damit, diese verstreuten Befestigungen ebenso wie die rivalisierenden Fürstentümer zu vereinigen, und legte so die Grundlage für die sukzessive Erneuerung und Zusammenführung dieser Mauern.

Die Chinesische Mauer
Dieses Bauwerk hat seinen Ursprung in den Erdwällen, Holz- und steinernen Trockenmauern, die rivalisierende Gruppierungen zwischen dem 7. und 5. Jahrhundert v. Chr. errichteten. Der chinesische Kaiser Qin Shi Huang ließ nach seinem Sieg über rivalisierende Fürsten im 3. Jahrhundert als Erster mehrere bestehende Mauern zu einer größeren Barriere zusammenführen und erneuern. Die Mauer, die heute zu sehen ist, geht überwiegend auf Baumaßnahmen aus der Ming-Dynastie (1368–1644 n. Chr.) zurück und ist 8850 km lang.

Die **griechischen Stadtstaaten** Athen und Sparta werden gegründet.

900 v. Chr.

700 v. Chr.

Ischtar-Tor, ursprünglich Irak

Diese Rekonstruktion des Ischtar-Tors von Babylon, das zwischen 1902 und 1914 ausgegraben wurde, steht seit 1930 im Berliner Pergamonmuseum. Ursprünglich wurde das Tor unter König Nebukadnezar II. gebaut. Die Wände aus glasierten Ziegeln sind mit Reliefs von Drachen, Stieren und Löwen verziert, die verschiedene Götter repräsentieren. Die blauen Ziegel bilden einen herrlichen Kontrast zu den gelben und schwarzen Ziegeln. Durch das kunstvolle, farbenfrohe Tor zog die jährliche Frühlingsprozession, die in Zusammenhang mit dem landwirtschaftlichen Kalender stand.

Grab von Kyros dem Großen, Iran

Kyros II. gründete das Persische Reich, indem er mehrere Staaten des Nahen Ostens, darunter das Lydische und das Neubabylonische Reich, eroberte. Mit einer Ausdehnung vom griechischen Sardis (heute in der Türkei) bis nach Gandhara (heute in Pakistan, in der Nähe der Grenze zu Indien) war es das größte Reich seiner Zeit. In der antiken Literatur heißt es, dass Alexander der Große das Grab besuchte, als er Persepolis zerstörte (330 v. Chr.) und darin ein Bett und einen Sarg aus Gold, einen mit Trinkgefäßen gedeckten Tisch sowie einige mit Edelsteinen besetzte Ornamente vorfand.

Die **Triere**, ein großes Segelschiff mit drei Ruderreihen, taucht erstmals auf und wird zum Standard für die Kriegsschiffe der Griechen, Phönizier und auch der Perser.

Die Griechen **erfinden den Kran** und die Ballista bzw. das Katapult. Letzteres wurde von römischen Armeen in Gallien (Frankreich) und Großbritannien weiterentwickelt.

575 v. Chr.

559–529 v. Chr.

525 v. Chr.

515 v. Chr.

500–1 v. CHR.

Der griechisch-römische Stil. Der Parthenon (ca. 447–432 v. Chr.) gilt in der gesamten Kunst- und Architekturgeschichte als Goldstandard für den griechischen Tempel, obwohl es in griechischen Siedlungen in Italien ähnlich kraftvolle architektonische Beispiele aus der gleichen Epoche gibt. Variationen seines Grundrisses und Erscheinungsbilds finden sich in der gesamten römischen Welt, sowohl während als auch nach der römischen Eroberung Griechenlands (328–168 v. Chr.). Die frühesten griechischen Tempel besaßen die klobigen, bauchigen Säulen der stoisch-schlichten dorischen Ordnung mit runden Kapitellen, die man etwa von 750 bis 480 v. Chr. in der griechischen Welt vorfindet. Die ionische Ordnung aus derselben Zeit besitzt Kapitelle mit geschwungenen Voluten, die Schriftrollen ähneln, und Säulen, die im Vergleich zu den dorischen schlank sind. Die korinthische Ordnung geht ungefähr auf die Zeit zwischen 430 und 323 v. Chr. zurück und ist an ihren aufwendig mit Akanthusblättern verzierten Kapitellen zu erkennen. In der römischen Architektur ist sie die populärste griechische Ordnung.

Paestum, Italien
Paestum war eine griechische Kolonie auf dem italienischen Festland in Kampanien, südlich der Amalfiküste. Hier finden sich die Ruinen von drei großen griechischen Tempeln, zwei davon sind Hera (ca. 550 v. Chr. und 460–450 v. Chr.), einer ist Athene (ca. 500 v. Chr.) geweiht. Die der Hera geweihten Tempel sind im dorischen Stil ausgeführt (links), der Athene-Tempel in einer leichteren dorischen Variante. Die Römer eroberten die Region 273 v. Chr., weshalb es in der Nähe auch römische Ruinen gibt.

In einem der griechischen Tempel von Selinunt, Sizilien, werden **Wendeltreppen** genutzt.

550–450 v. Chr. | **480 v. Chr.**

Pergamonaltar, ursprünglich Türkei

Die im Pergamonmuseum in Berlin aufgebauten archäologischen Überreste umfassen eigentlich nur die Westseite des berühmten Gebäudes. Der Altar wurde von König Eumenes II., der sich mit den Römern verbündet hatte, auf der Akropolis in der hellenistischen Stadt Pergamon errichtet. Er wurde zwischen 1878 und 1886 ausgegraben und 1930 im Museum aufgebaut. Bei dem mit ionischen Säulen versehenen Altar handelte es sich wahrscheinlich um einen für Opfer unter freiem Himmel vorgesehenen Bau, der sich neben einem Athene-Tempel befand.

Maison Carrée, Frankreich

Das Maison Carrée ist ein römischer Tempel in Nîmes. Er zeichnet sich durch schlanke korinthische Säulen und aufwendige Kapitelle aus. Mit einer Länge von 25 m und einer Breite von 12 m ist das Gebäude eher klein. Ein Bewunderer des Baus war der US-Präsident und Amateurarchitekt Thomas Jefferson, der 1787 schrieb: „Hier stehe ich … und betrachte stundenlang das Maison Carrée, wie ein Verliebter seine Geliebte."

Die **Ponte San Lorenzo**, eine der frühesten römischen Bogenbrücken, wird über den Fluss Bacchiglione in Padua, Italien, gebaut.

Vitruv schreibt *De Architectura* (*Über Architektur*), das früheste bekannte Buch über dieses Thema.

170–150 v. Chr. | **47–30 v. Chr.** | **ca. 30–15 v. Chr.** | **12 v. Chr.**

RÖMISCHER BETON UND RÖMISCHE INFRASTRUKTUR

Die griechische Architektur markiert den Höhepunkt der Biegebalkenbauweise. Diese Bauweise, bei der zwei senkrechte Stützen einen horizontalen Sturzbalken tragen, geht auf vorgeschichtliche Zeiten zurück und ist in Bauwerken wie Stonehenge (ca. 3000–2000 v. Chr.) in England zu finden. Das System ist im Grunde genommen ein Lehrstück der grundlegenden Konstruktion und bildet die Basis für alle Gebäude. Spätere Gebäude wie der Parthenon (ca. 447–432 v. Chr.) in Griechenland oder das Maison Carrée (12 v. Chr.–7 n. Chr.) in Frankreich beruhen ebenfalls auf der Biegebalkenbauweise, wobei die Stützen und Balken damals bereits raffiniert konstruiert und verziert sind. Bei den meisten Mauern handelt es sich nicht um Trockenmauerwerk, also Mauern, bei denen Stein um Stein aufeinandergelegt wird, wobei das Eigengewicht der Steine die Wand stützt, sondern um Mauern, bei denen die Mauersteine mit irgendeiner Art von Kalkmörtel miteinander verbunden werden. Die große Leistung der Römer besteht in der Erfindung des Konstruktionsbetons. Dabei handelte es sich um eine Mörtelmischung, der größere Stein- und Ziegelbrocken oder gar vulkanische Materialien zugegeben wurden und die in eine Schalung aus Holz gefüllt wurde. Nach dem Aushärten der Mischung wurde die Schalung wieder entfernt.

Forschungsstudien haben gezeigt, dass römischer Beton eine längere Lebensdauer besitzt als moderner Beton, der im Wesentlichen auf dem Portlandzement beruht, den der englische Maurer Joseph Aspdin 1824 hat patentieren lassen. Römischer Beton wird ab etwa 150 v. Chr. verwendet. Der Architekt und Ingenieur Vitruv behandelt ihn in seinem berühmten Werk *De Architectura* (*Über Architektur*, ca. 30–15 v. Chr.). Die hervorragende Formbarkeit von Beton ermöglichte vielfältige gekrümmte Formen und Räume, mit denen Architekten und Ingenieure die

Limitierung auf das Rechteck, die ihnen das Biegebalkensystem auferlegt hatte, hinter sich lassen konnten. Bögen und sogar Kuppeln finden sich in großer Zahl, häufig mit edlerem Stein verkleidet, und sorgen für spektakuläre Räume und schwungvolle Gebäude. Als Rom nach dem Großen Brand im Jahr 64 n. Chr. wieder aufgebaut wurde, schrieb ein neues Baugesetz die Verwendung von Beton mit einer Ziegelverkleidung vor – eine Brandschutztechnik, die ähnliche Lösungen aus dem 19. Jahrhundert vorwegnimmt. Durch Zugabe von Vulkanasche war der Beton langlebiger und konnte auch in Umgebungen eingesetzt werden, in denen er besonders stark Wasser ausgesetzt war.

Die römische Architektur florierte in der Republik (509–27 v. Chr.) und die gesamte Kaiserzeit (27 v. Chr.–395 n. Chr.) hindurch und brachte zahlreiche Gebäude hervor, die mithilfe von Beton errichtet wurden – von Tempeln und Unterhaltungs- und Sporteinrichtungen über Brücken, Aquädukte und das Straßensystem bis hin zu den Podesten für Hypokausten-beheizte Fußböden. Der berühmteste Anwendungsfall von Beton in einem Innenraum ist die kassettierte Kuppel des Pantheons (126 n. Chr.) in Rom.

Für Bogenkonstruktionen wie Aquädukte und Brücken kannten die Römer eine Vielzahl von Bögen, darunter halbrunde Bögen und flachere Segmentbögen. Die Karamagara-Brücke (ca. 400–600 n. Chr.), eine spätrömische Brücke in der Türkei, weist sogar einen Spitzbogen auf, ein Konstruktionsmerkmal, das eigentlich erst mit späterer islamischer und mittelalterlicher Architektur in Verbindung gebracht wird.

Auch in Aquädukten kamen diese Bogenformen zum Einsatz. Im antiken Rom versorgten vierzehn Aquädukte die Stadt mit 1000 m³ Wasser. Einige Meisterwerke dieses Bautyps findet man noch heute im spanischen Segovia und bei Nîmes in Frankreich. Das Aquädukt in Segovia besitzt 166 Granitbögen, erreicht eine Höhe von 28 m und ist über 813 m lang.

Ebenso wurden im Römischen Reich beeindruckende Stadien errichtet, das berühmteste darunter ist das Kolosseum (ab ca. 72 n. Chr.) in Rom. Andere erhaltene Exemplare, die den umfassenden Einsatz von Betonbögen in römischen Amphitheatern belegen, finden sich in Arles (90 n. Chr.) und Nîmes (70 n. Chr.) in Frankreich, Capua (100 n. Chr.), Pompeji (70 n. Chr.) und Verona (30 n. Chr.) in Italien, Leptis Magna (56 n. Chr.) in Libyen und El Djem in Tunesien (238 n. Chr.). Auch wenn diese nicht ganz an die Größe des 80 000 Zuschauer fassenden Kolosseums herankommen, boten sie doch Platz für 10 000 bis 40 000 Menschen.

UNTEN LINKS. Amphitheater von El Djem, Tunesien (238 n. Chr.)
Das heutige El Djem war einst die antike römische Stadt Thysdrus. Ihr riesiges Amphitheater ist das größte römische Monument in Afrika.

UNTEN RECHTS. Aquädukt von Segovia, Spanien (ca. 112 n. Chr.)
Das Bauwerk wurde unter dem römischen Kaiser Trajan errichtet und bringt Wasser aus dem 16 km entfernten Fluss Frío in die Stadt Segovia.

1–100 N. CHR.

Alle Wege führen nach Rom. Von der Entwicklung des Betons hat die Architektur im ganzen Römischen Reich profitiert in Form von Straßen, Aquädukten, Anlagen zur Wassernutzung – insbesondere öffentlichen Bädern – und Bauten für die Massen wie beispielsweise Stadien. Im 1. Jahrhundert wuchs die Bevölkerung des Reichs auf 70 Millionen Menschen. Etwa ein bis zwei Millionen davon lebten in der Hauptstadt, über die Kaiser Augustus einst sagte: „Ich habe eine Stadt aus Backstein vorgefunden und euch eine Stadt aus Marmor hinterlassen." Am Ende des Jahrhunderts erstreckte sich das Reich vom heutigen England über Spanien, Frankreich, Teile Westdeutschlands, Nordafrika, den Balkan und die Türkei, Griechenland und Ägypten bis nach Syrien, Israel, Iran und in den Irak. Die Zeitspanne zwischen der Herrschaft des Kaisers Augustus und der des Mark Aurel wird auch als *Pax Romana* (Römischer Frieden) bezeichnet. Verkehr und Handel florierten und es gab kaum Konflikte.

Kolosseum, Italien
Das Kolosseum in Rom fasste 80 000 Zuschauer. Mit seiner enormen Größe und den riesigen Arkaden ist es ein Symbol der Macht und Größe Roms, doch erinnert es auch an die Brutalität des Reichs. Es wurde mit der Beute aus der Eroberung Jerusalems im Jahr 70 n. Chr. und von den dabei gefangen genommenen Sklaven erbaut und für Gladiatorenwettkämpfe und die Verfolgung von Christen genutzt. Im Mittelalter diente es als Steinbruch. In den letzten Jahren wurde das Kolosseum restauriert.

Heron von Alexandria war mit seinen Ideen für eine Dampfmaschine, automatische Türen, Verkaufsautomaten und Wegmesser ein Vorläufer für spätere Visionäre wie Leonardo da Vinci.

Der Große Brand Roms zerstört drei von vierzehn Stadtteilen. Hunderte Menschen sterben, Tausende werden obdachlos.

62

64

72

Stabianer Thermen, Pompeji, Italien

Diese öffentlichen Bäder wurden um 120 v. Chr. gebaut und zusammen mit dem Rest der Stadt beim Ausbruch des Vesuvs im Jahr 79 n. Chr. zerstört. Sie waren bereits kurz zuvor, bei einem Erdbeben im Jahr 62 n. Chr., beschädigt worden. Die mit Beton überkuppelten und tonnengewölbten Innenräume demonstrieren die plastische Vielseitigkeit dieses Gebäudes. Die Stabianer Thermen waren das größte der drei öffentlichen Bäder der Stadt, die zum Zeitpunkt ihrer Zerstörung 20 000 Einwohner zählte.

Römisches Theater, Bulgarien

Während griechische Theater in der Regel in den Hang eines Hügels gebaut wurden, waren römische Theater freistehend. Das älteste permanente römische Theater wurde 54 n. Chr. in Philippopolis, dem heutigen Plowdiw, erbaut. Es wird auch heute noch genutzt und bietet Sitzplätze für bis zu 7000 Zuschauer. Das Theater hat einen halbrunden Grundriss mit einem Durchmesser von 82 m. Hinter dem Orchester befindet sich eine aufwendige, mehrstöckige *Scaenae frons* (Bühnenfront) mit ionischen und korinthischen Details.

Der Vesuv bricht aus und zerstört die Städte Pompeji und Herculaneum, die unter der Vulkanasche als Zeitkapseln erhalten bleiben.

79

90

100–200

Die Handschrift Hadrians. Von allen römischen Kaisern und ihren Bauwerken ist Kaiser Hadrian ein besonders interessantes Fallbeispiel. Er wird 76 n. Chr. in Spanien, vermutlich in der Nähe von Sevilla, geboren und hat verwandtschaftliche Beziehungen zu den Eliten Roms. Er bekleidet das Amt eines Richters und eines Armeeoffiziers und fungiert außerdem als besonderer Verbindungsmann zwischen Kaiser Trajan und dem Senat. Anschließend steht er mehrmals im Dienste Trajans, der Hadrian allerdings nicht zu seinem Nachfolger ernennt. 117 n. Chr. räumt Hadrian seine Rivalen im Senat aus dem Weg und wird Kaiser. In dieser Funktion bereist er ausgiebig die verschiedenen Provinzen, um sie mit eigenen Augen zu sehen. Nach seinen Aufenthalten im türkischen Antalya und im jordanischen Gerasa im Jahr 130 werden dort das Hadrianstor bzw. der Hadriansbogen erbaut. Man schreibt Hadrian den Wiederaufbau des Pantheons (126) in Rom und zahlreiche weitere Bauprojekte zu. Nach seinem Tod 138 wird seine Asche 139 in einem von ihm errichteten Rundmausoleum in Rom beigesetzt.

Kastell Arbeia und Hadrianswall, England
Wie sein Biograf in den *Scriptores Historiae Augustae* (*Kaisergeschichte*, 1518) berichtet, ließ Kaiser Hadrian römische Kastelle wie dieses, das heute als Rekonstruktion zu sehen ist, in der Nähe des Hadrianswalls in Nordengland errichten, um „Römer und Barbaren voneinander zu trennen". Der ursprüngliche Wall war 3,5 m hoch, bestand überwiegend aus Stein und zog sich über etwa 117,5 km vom Fluss Tyne bis zum Meeresarm Solway Firth hin. Kaiser Antoninus Pius ließ 142 weiter nördlich, im heutigen Schottland, einen neuen Wall errichten, der vom Firth of Forth bis zum Firth of Clyde reichte.

Der chinesische Hofbeamte Cai Lun erfindet das **Papier**.

105

122

Hadriansvilla, Italien

Römische Kaiser waren berühmt für ihre luxuriösen Paläste und Landvillen, in die sie sich zurückziehen konnten. Die Villa Kaiser Hadrians in Tivoli gehört zu den eindrucksvollsten. Seine Reisen durch das Reich dienten Hadrian als Inspirationsquelle für die architektonische Gestaltung von dreißig Gebäuden auf einer Fläche von 101 ha, die noch nicht vollständig ausgegraben wurden. Das hier abgebildete Canopus-Wasserbecken mit Arkade ist von Hadrians Reisen durch Ägypten und Griechenland beeinflusst und wurde im Sommer für Festbankette genutzt.

Hadriansmausoleum und Hadriansbrücke, Italien

Die beiden enormen Monumente in Rom, die heute als Engelsbrücke und Engelsburg bekannt sind, werden Hadrian zugeschrieben. Von den fünf Bögen der 135 m langen Brücke stammen drei aus der Römerzeit. Die auf der Brücke aufgestellten Skulpturen haben verschiedene Päpste im 16. und 17. Jahrhundert in Auftrag gegeben. Das heutige Kastell wurde ursprünglich als Mausoleum für Hadrian und seine Familie errichtet. Seine Asche wurde im Jahr 139 dort beigesetzt und auch spätere Kaiser ließen sich hier bestatten. Ihre sterblichen Überreste gingen bei der Plünderung Roms im Jahr 410 durch die Westgoten verloren.

Die **Pest** tötet etwa 10 % der zwei Millionen Einwohner Roms.

Byzanz (das heutige Istanbul) wird von Kaiser Septimius Severus zerstört. Unter seiner Herrschaft (193–211) erreicht das Römische Reich vermutlich seine größte Ausdehnung.

123–134 | **123–139** | **167** | **196**

RÖMISCHE GÖTTER UND GÖTTINNEN: DAS PANTHEON

Vor dem Aufkommen des jüdisch-christlichen Glaubens waren die meisten heidnischen Kulturen polytheistisch, verehrten also eine Vielzahl von Göttern und Göttinnen. Diese waren häufig verbunden mit bestimmten Aspekten des Lebens und des Lebens nach dem Tod sowie der Natur, beispielsweise Wachstumsperioden, Sonnen- und Mondzyklen oder Wetterphänomenen. Mesopotamische und babylonische Gottheiten besaßen häufig menschliche Gestalt, jedoch übermenschliche Größe sowie Furcht erregende oder Ehrfurcht gebietende Eigenschaften. Die Ägypter verehrten über 50 Gottheiten, Mischgestalten aus Mensch und Tier. Zusätzlich kannten sie mehr als 200 niederrangige Gottheiten, darunter nach ihrem Tod vergötterte Menschen und aus anderen Religionen übernommene Götter. Unter den griechischen Göttern gab es eine Hierarchie. Zu den Olympiern, also den Göttern und Göttinnen, die auf dem Berg Olymp wohnten, zählten mehrere Göttergenerationen. Die Römer übernahmen schließlich die wichtigsten griechischen Gottheiten, nur wurde bei ihnen der Hauptgott Zeus zu Jupiter; Hera, die Göttin der Ehe, zu Juno; Aphrodite, die Göttin der Schönheit, zu Venus; Artemis, die Göttin der Jagd, zu Diana; Athene, die Göttin der Weisheit, zu Minerva; Demeter, die Göttin der Ernte, zu Ceres; Hestia, die Göttin des Herdfeuers, zu Vesta; Apollon, der Gott der Dichtkunst und Musik, zu Apollo; Ares, der Gott des Kriegs, zu Mars; Hephaistos, der Gott der Schmiedekunst, zu Vulkan; Hermes, der Götterbote, zu Merkur und Poseidon, der Gott des Meeres, zu Neptun. Ihnen und anderen Göttern wurden in der ganzen griechisch-römischen Welt Tempel errichtet.

Modernen Betrachtern, die monotheistische Religionen gewöhnt sind, mag das alles sehr kompliziert erscheinen. Tatsächlich könnten die einfacheren Zusammenhänge im

GEGENÜBER. Pantheon (außen), Rom, Italien (126)
Die Inschrift schreibt das Gebäude Agrippa zu. Hadrian soll sie im Jahr 126 wiederverwendet haben.

OBEN. Pantheon (innen)
Die Kuppel des Pantheons ist bis heute die weltweit größte Kuppel aus unbewehrtem Beton.

Monotheismus die Ausbreitung von Christentum und Islam begünstigt haben. Die Erkenntnis, dass es notwendig sein könnte, die religiöse Verehrung zu vereinfachen, hat möglicherweise im Bau des Pantheons in Rom, einem Tempel zu Ehren aller Götter, einen frühen, baulichen Ausdruck gefunden.

Der Staatsmann und Architekt Marcus Agrippa baute ab 29 v. Chr. auf seinem eigenen Land einen Tempel, von dem nicht bekannt ist, welchem Gott er ihn widmen wollte. Es könnte Mars gewesen sein, da sich Augustus mit Agrippas Hilfe in der Schlacht bei Actium 31 v. Chr. die Herrschaft gesichert hatte. Es gibt Hinweise darauf, dass der Bau 80 n. Chr. bei einem Brand zerstört, wieder aufgebaut und 110 erneut zerstört oder beschädigt wurde. Unter Kaiser Hadrian wurde der Tempel fertiggestellt und 126 eingeweiht, 202 unter Septimius Severus und seinem Sohn Caracalla renoviert. Die Bezeichnung „Pantheon" scheint auf diese letzte Renovierungsphase zurückzugehen.
Dem Gebäude blieben Umbauten und Restaurierungen nicht erspart, seit es 609 in eine Kirche umgewandelt und der Hl. Maria und den Märtyrern gewidmet wurde. Der Eingangsportikus wurde seiner originalen Bronzeskulpturen und goldenen Türen beraubt, die Granitsäulen und die Widmungsinschrift befinden sich jedoch noch an Ort und Stelle. Das wichtigste architektonische Detail aber findet man im Innenraum: eine gewaltige Kuppel aus römischem Beton. Sie wiegt 4535 t und ist an ihrem Fuß 6,4 m, am Opaion 1,2 m dick. Durch diese Scheitelöffnung fällt ein göttlich wirkender Lichtstrahl, der im Laufe des Tages durch den Raum wandert. Das Opaion trägt auch zur Luftzirkulation und Belüftung bei. Abläufe im Boden nehmen Regenwasser auf. Die stabile, monochrome Kassettendecke bildet einen wundervollen Kontrast zur farbigen Marmorverkleidung von Boden und Wänden. Trotz der unklaren Baugeschichte zur Römerzeit und der baulichen Veränderungen aus christlicher Zeit, zählt dieser Raum zu den größten Leistungen Roms und wäre ohne die Erfindung des Betonbaus so nicht möglich gewesen.

200–300

Risse im Pantheon der Götter. Trotz der römischen Eroberung Jerusalems und der Zerstörung des Tempels im Jahr 70, der Niederschlagung des jüdischen Bar-Kochba-Aufstands 135 und der Unterdrückung der Juden sowie der vorübergehenden bzw. unter Diokletian systematischen Verfolgung der Christen, werden weiterhin jüdische Synagogen und christliche Kirchen errichtet. Unter dem neuen römischen Kaiser Konstantin dem Großen herrscht größere Toleranz gegenüber dem Christentum. Dies ebnet den Weg für das Toleranzedikt von Mailand im Jahr 313, mit dem den Christen im Reich ein rechtlicher Status zuerkannt wird. 380 schließlich wird das Christentum zur Staatsreligion erklärt. Das Christentum ist aber nicht die einzige Religion, die den offiziellen römischen Göttern zwischen dem 1. und dem 4. Jahrhundert Konkurrenz macht. Eine andere ist der monotheistische Mithraskult, in dem der persische Gott Mithras verehrt wird. Der unter römischen Legionen beliebte Kult breitet sich im ganzen Reich aus und gilt als Rivale des Christentums. Nachdem das Christentum mit dem Segen Konstantins des Großen offizielle Anerkennung erfahren hat, kommt es zur Verfolgung der Mithras-Gläubigen durch die frühen Christen.

Synagoge von Dura Europos, Syrien

Diese Synagoge am Rande des Römischen Reichs ist mit Tempera-Fresken geschmückt, die ein bedeutendes Exempel für jüdisch-biblische Sujets sind. Der römische Außenposten Dura Europos wurde beim Einfall der Perser (256–257) zerstört. Bei Ausgrabungen wurden die Synagoge, eine sehr frühe christliche Kirche (233–256) und ein Mithräum entdeckt. Einige Wandmalereien werden heute in Museen aufbewahrt, aber der Ort selbst wurde im syrischen Bürgerkrieg (seit 2011) von ISIS-Truppen besetzt. Satellitenfotos zeigen Schäden in der Umgebung, Details zum Zustand der Stätte sind nicht bekannt.

Kaiser Septimius Severus lässt in seiner Geburtsstadt **Leptis Magna** in Libyen zahlreiche Bauten errichten.

Die **Caracalla-Thermen** werden in Rom erbaut. Sie dienen als Vorbild für spätere, noch größere kaiserliche Bäder wie die Diokletiansthermen (296–306) und als Inspiration für andere große, überwölbte Räume im römischen Stil in den Bahnhöfen des frühen 20. Jahrhunderts.

200 | 211–217 | 245 | 295–305

Konstantinbasilika, Deutschland
Die Basilika in Trier, die auch als Aula Palatina bekannt ist, wurde Anfang des 4. Jahrhunderts von Kaiser Konstantin als Teil einer kaiserlichen Residenz in Auftrag gegeben. Mit 67 m Länge, 26,5 m Breite und 33 m Höhe handelt es sich um den größten Saalbau seiner Zeit. Er wurde über ein Hypokaustum beheizt und mit zugehörigen Zugangsgebäuden errichtet. Das Gebäude wurde später von der Kirche genutzt und im Zweiten Weltkrieg (1939–1945) durch Bomben beschädigt. Heute ist es restauriert.

Kaiser Diokletian errichtet seinen Palast in Split, Kroatien, auf dem Grundriss eines römischen *Castrums* (Militärlager) mit sich kreuzenden Achsen.

Alt-St.-Peter, Italien
Die Verfolgung der Christen unter Kaiser Diokletian konnte den Aufstieg der christlichen Kirche nicht verhindern. Sein Nachfolger Kaiser Konstantin ließ diese Kirche bauen, die der Vorgänger des heutigen Petersdoms in Rom ist. Das Herzstück des frühen Christentums weist einen Grundriss auf, der sich in der Folgezeit als Standard für christliche Kirchenbauten etabliert. Es handelte sich um eine Hallenbasilika, die eher den weltlichen Kaiserbasiliken nachempfunden war als den heidnischen Tempeln Roms. Der Grundriss hatte die Form eines lateinischen Kreuzes von 110 m Länge und bot 4000 Gläubigen Platz.

305–322

310

300–400

Jenseits von Rom. Aber auch außerhalb des Einflussbereichs des Römischen Reichs widmet man sich der Architektur und finden bedeutende Ereignisse statt. Während im Römischen Reich das Christentum im Aufstieg begriffen ist, finden andere Kulturen zu anderen Glaubensformen. Der asiatische Buddhismus hat seine Wurzeln in den Lehren von Siddhartha Gautama aus dem 5. Jahrhundert n. Chr. In Indien erstarkt der Hinduismus infolge der von König Samudragupta betriebenen Expansion des Gupta-Reichs. Hunnen, Mongolen und andere Völker praktizieren einen Schamanismus, der mit der Verehrung der Natur verbunden ist. In Skandinavien ist ein nordisches, polytheistisches Heidentum verbreitet, bevor die Region zwischen dem 10. und 12. Jahrhundert zum Christentum bekehrt wird. Das germanische Heidentum der Westgoten weist Parallelen zum nordischen und keltischen Heidentum auf. Wie die Religionen entspringen auch die Gebäude dieser verschiedenen Kulturen, unabhängig von ihren Nutzungszwecken, den jeweiligen regionalen Traditionen.

Changu Narayan, Nepal

Dieser pagodenartige Tempel in der Nähe des Dorfs Changu Narayan ist der älteste Tempel Nepals. Er wurde im 4. Jahrhundert gegründet und ist dem Hindu-Gott Vishnu geweiht. Nach einem Brand wurde er 1702 wieder aufgebaut. Manche sind der Ansicht, der Tempel hätte den nepalesischen Architekturstil maßgeblich geprägt, und führen zum Beweis den Vergleich mit dem Gokarna-Mahadev-Tempel (1582) in Kathmandu an. Am Haupttor des Changu Narayan befindet sich eine Säule, die eine auf Sanskrit verfasste Inschrift von König Manadeva enthält.

300–400

Obelisk von Aksum, Äthiopien

Diese 24 m hohe Granitstele ist eine von mehreren aus der äthiopischen Stadt Aksum, die einst das Zentrum des Königreichs Aksum (100–960) war. Die Stelen sind vorchristliche Monumente, die ursprünglich königliche Gräber kennzeichneten. Dieser Obelisk wurde 1937 als Kriegsbeute nach Rom gebracht und auf der Piazza di Porta Capena aufgestellt. 2005 wurde er an Äthiopien zurückgegeben.

Eketorp, Schweden

Dorf und Burg Eketorp sind eine von neunzehn eisenzeitlichen Festungen auf der Insel Öland. Ursprünglich hatte die kreisrunde Ringburg einen Durchmesser von 57 m, im Mittelalter wurde sie auf 80 m vergrößert. Das Dorf wurde im 7. Jahrhundert aufgegeben und in den 1960er Jahren ausgegraben. 1974 wurde es mit restaurierten historischen Gebäuden als historische Stätte eröffnet.

305–381

Christliche Kirchen werden unter Kaiser Konstantin und seinem Nachfolger Theodosius I. aktiv gebaut. Letzterer macht das Christentum zur Staatsreligion, woraufhin heidnische Tempel zerstört und geplündert werden.

313

Mit dem **Edikt von Mailand** wird das Christentum im ganzen Römischen Reich offiziell toleriert.

324–386

Die Kirche **St. Paul vor den Mauern** in Rom, die Alt-St.-Peter ähnelt, wird unter Konstantin dem Großen gegründet und unter Theodosius erweitert.

378

In der **Schlacht von Adrianopel** (dem heutigen Edirne in der Türkei) besiegen die Goten die Römer. Kaiser Valens wird getötet.

400

DIE PLÜNDERUNG ROMS UND DIE MAUERN VON BYZANZ

Einem berühmten Sprichwort zufolge wurde Rom nicht an einem Tag erbaut, und ebenso wenig ist Rom an einem einzigen Tag oder in einer einzigen Schlacht gefallen. Tatsächlich wurde Rom bereits zwischen 387 und 390 v.Chr., lange vor der Gründung seines gerühmten Reichs, mehrmals von Angreifern geplündert. Aber sein Niedergang brachte Probleme mit verschiedenen germanischen Stämmen mit sich. Die Westgoten plünderten Rom erstmals im Jahr 410 n.Chr. 455 wurde die Stadt erneut von den Vandalen, zwischen 546 und 547 von den Ostgoten geplündert. Nach dieser letzten Niederlage blieb die Stadt als verlassene Ruine zurück. Die gehäuften Angriffe fielen mit dem Rückzug des Römischen Reichs aus der westlichen Welt und der Errichtung eines gleichbedeutenden christlich-römischen Reichs in der byzantinischen Welt Konstantinopels im Osten zusammen.

Die Lektionen aus diesen Ereignissen sind den Herrschern von Konstantinopel nicht entgangen. So konnte die Stadt die Angriffe verschiedener marodierender Stämme zwischen 585 und 626 abwehren. Viel wichtiger aber ist, dass Konstantinopel auch den erfolglosen Belagerungen des arabischen Kalifats zwischen 674 und 678 sowie 717 und 718 standhalten konnte. Beide Male setzten die Verteidiger eine Brandwaffe namens „Griechisches Feuer" – eine Art Flammenwerfer – ein, um die arabische Flotte zu zerstören. Auch als später die schwedischen Wikinger (800) und die Russen (941) Konstantinopel angriffen, bediente man sich des Griechischen Feuers, um deren Schiffe zu vernichten. Im 11. und 12.Jahrhundert zogen die westeuropäischen Kreuzfahrer durch Konstantinopel. Der Vierte Kreuzzug richtete sich 1204 direkt gegen die Stadt, die von ihnen geplündert wurde. Aber die Byzantiner konnten Konstantinopel und Teile ihres Reichs 1261 wieder zurückerobern. Die größte und endgültige Niederlage ereignete sich jedoch im Jahr 1453, als der osmanische Sultan Mehmed II. die Stadt erfolgreich einnahm und unter dem Namen Istanbul zur Hauptstadt seines Reichs machte.

Ein maßgeblicher Grund dafür, dass Konstantinopel sich so vieler Angriffe erwehren konnte, waren seine beeindruckenden Verteidigungsmauern. Die erste Mauer wurde ab 324 unter Kaiser Konstantin dem Großen errichtet und von seinem Sohn und Nachfolger Constantius II. fertiggestellt. Sie diente der Verteidigung gegenüber Angriffen zu Land und zu Wasser und wurde von Kaiser Theodosius II. zu einem Doppelmauersystem mit Verteidigungsgraben (Theodosianische Mauer) ausgebaut. Die innere Mauer besteht aus einem mit Mörtel und Geröll verfüllten Kern, der mit Kalkstein und verstärkenden Ziegelbändern verkleidet ist. Sie ist knapp 6m dick, etwa 12m hoch und wird von 96 Türmen verstärkt und abgestützt. Die äußere Mauer war über 2m dick und etwa 9m hoch und ebenfalls durch Türme abgestützt. Türme und äußere Mauer waren mit einer zinnenbewehrten Brustwehr versehen. Der Verteidigungsgraben war mit 20m Breite und 10m Tiefe ebenfalls recht groß. Der gesamte Komplex war über mehrere befestigte Tore zugänglich.

Die Ritter aus dem Westen brachten von ihren Kreuzzügen auch dieses Befestigungskonzept mit nach Hause, insbesondere die Idee einer doppelten Mauer mit Wassergraben und rechteckigen oder polygonalen Türmen. Ein gutes Beispiel für diesen Ideentransfer ist Caernarfon Castle in Wales, das zwischen 1283 und 1330 erbaut wurde.

Die Theodosianische Mauer half dem späten Byzantinischen Reich erfolgreich dabei, zu überleben und mehreren Angriffen zu widerstehen, denen weniger stark befestigte Städte sicherlich erlegen wären. All das änderte sich jedoch, als im 15.Jahrhundert größere Artilleriegeschütze entwickelt wurden. Mit solchen fügten die Osmanen den Mauern Konstantinopels bei ihrem Angriff 1453 erhebliche Schäden zu, sodass osmanische Soldaten schließlich durchbrechen konnten. So wie einst Rom geplündert wurde, erlaubte auch Mehmed seinen Truppen die Plünderung der Stadt. Am dritten Tag aber befahl er, das Plündern einzustellen, und gestattete den Christen, die der Gefangennahme entgangen waren, in ihre Häuser zurückzukehren, sofern diese noch standen.

OBEN. Ruinen der Theodosianischen Mauer, Istanbul, Türkei (ca. 401–450)
Die einst mehrfarbigen Mauern hatten Einfluss auf das Erscheinungsbild einiger mittelalterlicher Burgen.

RECHTS. Querschnitt durch Verteidigungsgraben und Doppelmauer der Mauern von Theodosius II. (ca. 401–450)
Aus der Zeichnung ist gut ersichtlich, wie das System aus doppelter Mauer mit vorgelagertem Graben die Stadt vor Angriffen geschützt hat.

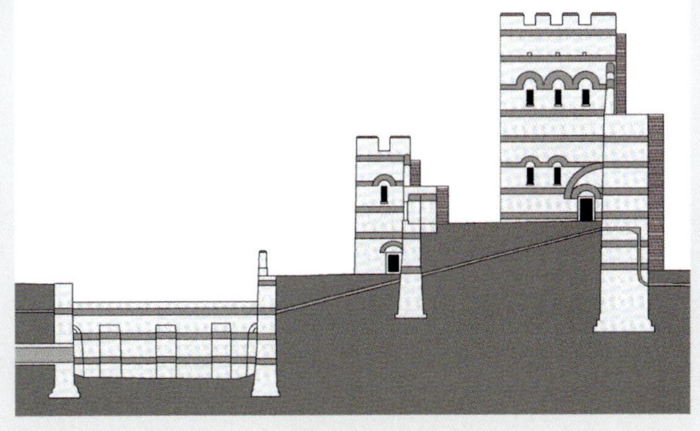

400–500

Verlagerung der Macht. In Europa verlagert sich die Macht von Rom im Zentrum an den einstigen Rand des Reichs, nach Konstantinopel im Osten. Das vom kaiserlichen Rom hinterlassene Machtvakuum wird von verschiedenen Kräften gefüllt, Christen ebenso wie Heiden, von denen wiederum einige zum Christentum konvertieren. Auf der anderen Seite der Welt setzt sich in Mittelamerika der Aufstieg der Maya-Zivilisation fort. Ihre ersten Städte waren zwischen 700 und 500 v. Chr. entstanden. In der klassischen Periode der Maya-Kultur (250–900 n. Chr.) kommen mächtige Stadtstaaten auf, die durch Handelsrouten miteinander verbunden sind. Doch danach bricht die Zivilisation auf mysteriöse Weise zusammen. Architektonisch zeichnet sich ihre klassische Periode durch Gewölberäume sowie große Pyramiden, Paläste und öffentliche Plätze aus. Die Bevölkerung dieser Stadtstaaten erreicht mit zwei Millionen Menschen vermutlich im 6. Jahrhundert ihren Höhepunkt.

Der **Rückzug der Römer** aus Großbritannien und Gallien (Frankreich) führt schließlich zur Vorherrschaft der Sachsen.

Rom wird geplündert, zunächst von den Westgoten, dann von den Vandalen. In der Folge verlagert sich die kaiserliche Macht nach dem Tod des letzten römischen Kaisers Julius Nepos im Jahr 480 nach Konstantinopel.

Maya-Akropolis, Copán, Honduras
Die Ruinen von Copán sind die Überreste einer kleinen Maya-Stadt, deren Zentrum lediglich 15 ha einnahm. Allerdings gibt es Belege dafür, dass sie in den nächsten Jahrhunderten erweitert und umgestaltet wurde. Der wichtigste Baustoff war poröser, vulkanischer Tuffstein, das größte Gebäude eine Stufenpyramide, deren 63 Stufen mit mehr als 2000 Hieroglyphen beschrieben waren. Im Jahr 750 lebten etwa 26 000 Menschen in der Stadt.

407–486 | 410–455 | 426

Baptisterium von Saint-Jean, Frankreich

Baptisterien (Taufkapellen) waren wichtige Gebäude für das frühe Christentum. Beispiele für diesen Typus sind das Lateran-Baptisterium in Rom (440) sowie das Baptisterium der Arianer und die Neonische Taufkapelle (beide aus dem späten 5. Jahrhundert) in Ravenna. Hierbei handelt es sich häufig um Zentralbauten, deren Form sich heute miniaturisiert in Taufbecken wiederfindet. Das Baptisterium Saint-Jean in Poitiers wurde nach 360 erbaut und nach dem Sieg Chlodwigs I. über die Westgoten in der Schlacht von Vouillé im Jahr 507 renoviert und erweitert.

Mausoleum der Galla Placidia, Italien

Galla Placidia war die Tochter von Kaiser Theodosius I. und als Gemahlin von Kaiser Constantius III. bis zu dessen Tod im Jahr 421 die letzte römische Kaiserin. Sie war eine fromme Christin, die an der Entstehung mehrerer Kirchen mitwirkte. Es ist nicht sicher, ob das Mausoleum in Ravenna tatsächlich ihr Grab ist, weil der Bau wahrscheinlich als eine dem Hl. Laurentius von Rom gewidmete Kapelle errichtet wurde, der 258 den Märtyrertod fand.

450

500–600

Die Wiedergeburt von Reichen. Das Römische Reich erlebt im Osten eine Wiedergeburt und Neuerfindung und gewinnt dank der Expansion dieses Oströmischen bzw. Byzantinischen Reichs an Bedeutung zurück. Ende des Jahrhunderts leben 17 Millionen Menschen im Reich, allein die Bevölkerungszahl der Hauptstadt Konstantinopel beträgt etwa 1 Million. Man geht allerdings davon aus, dass sie sich bei der Pest im Jahr 541 halbiert. Wie schon beim antiken Rom kann es kein Königreich auf Erden mit ihm aufnehmen, so vergänglich seine Pracht auch sein mag. Unabhängig davon gibt es zahlreiche andere Eroberer, Herrscher, Könige und Kaiser in der ganzen Welt. Ihre architektonischen Hinterlassenschaften sind heute über Asien, Indien, den Nahen Osten, Afrika, Süd- und Nordamerika verstreut. Ebenso findet man weltweit Sakralbauten aus dieser Zeit, darunter einige Bauwerke von Weltrang.

Songyue-Pagode, China
Diese beeindruckende Pagode gehört zum Kloster von Songyue in der Provinz Henan. Es handelt sich um ein frühes Beispiel für die Übernahme der indischen Pagode in chinesischer Gestaltung. Der aus Ziegeln und Lehm errichtete zwölfseitige Turm ist 40 m hoch und die älteste erhaltene mehrtraufige Pagode. Die Türen sind mit Bildhauerarbeiten in Form von Teekannen, Löwen und Lotusblumen verziert. Im Innern gibt es Hinweise darauf, dass die Pagode einst acht Stockwerke mit Holzböden hatte. Das Gebäude ist über Grabkammern erbaut.

Taq-e Kisra, Irak
Bei diesem aus Ziegeln gemauerten Bogen handelt es sich um die Überreste eines Königspalasts aus der Zeit des Sassanidenreichs, der vermutlich während der Herrschaft von König Chosrau I. (501–579) errichtet wurde. Die gewaltige Ruine in der modernen Stadt Salman Pak ist alles, was von der ca. 35 km südöstlich von Bagdad gelegenen Stadt Ktesiphon übrig geblieben ist. Sie wurde 631 von arabischen Muslimen erobert und nach der Gründung Bagdads dem Verfall preisgegeben.

523

531–579

Sant'Apollinare in Classe, Italien
Diese Basilika in Ravenna gilt als herausragendes Beispiel für eine frühchristliche Kirche, die eine stilistische Weiterentwicklung spätrömischer Architektur ist. Die Apsiskalotte über dem Altar ist mit aufwendigen Mosaiken im byzantinischen Stil geschmückt – ein letzter Rest eines umfangreicheren Mosaikprogramms, das einst die Wände des Kirchenschiffs zierte. Ebenso beeindruckend sind die umfassenden, byzantinischen Mosaiken in der Kirche San Vitale (526–547) in Ravenna.

Die Sui-Dynastie unter Yang Jian vereinigt die verschiedenen Fraktionen in China wieder und stellt den Buddhismus und seine Prinzipien als einende soziokulturelle Kraft in den Mittelpunkt.

In der **Schlacht von Taginae** besiegt das byzantinische Heer die Ostgoten in Italien. Das Byzantinische Reich erreicht seinen Höhepunkt unter Justinian dem Großen, der sein Territorium auf Nordafrika, den Nahen Osten, Griechenland und Italien ausweitet.

Papst Gregor der Große schließt einen Waffenstillstand mit den Langobarden, der dreißig Jahre des Schreckens beendet und dem Papsttum und Rom Wachstum und Unabhängigkeit sichert.

549 | 552 | 581 | 598

LINKS. Hagia Sophia (innen), Istanbul, Türkei (ab 532)
Das Foto zeigt den Blick Richtung Mihrab sowie vier der acht großen Rundschilde mit Kalligrafien, die Mitte des 19. Jahrhunderts aufgehängt wurden.

OBEN. Hagia Sophia (außen)
Das Erscheinungsbild der Hagia Sophia wurde nach der osmanischen Eroberung der Stadt im Jahr 1453 von mehreren anderen Moscheen nachgeahmt, die nicht nur ähnliche Minarette, sondern ebenfalls eine große, zentrale Kuppel besitzen.

FRÜHES CHRISTENTUM: DIE HAGIA SOPHIA

Die Hagia Sophia, was übersetzt „Kirche der heiligen Weisheit“ bedeutet, ist eines der besten Beispiele für die erfolgreiche, der neuen Nutzung angepasste Wiederverwendung eines Baus. In ihrer über 1000-jährigen Geschichte wurde sie sowohl von Christen als auch Muslimen genutzt und war im 16. Jahrhundert außerdem Inspirationsquelle für die Gestaltung anderer Moscheen. Nachdem Konstantinopel das neue Rom und Hauptstadt des Byzantinischen Reichs geworden war, gab Kaiser Justinian I. im Jahr 532 dieses Meisterwerk in Auftrag.

Das anstelle zweier kleinerer Vorgängerkirchen errichtete Gebäude ist 82 m lang und 73 m breit, wirkt aber eher wie ein quadratischer Zentralbau als rechteckig. Seine Kuppel hat einen Durchmesser von 33 m, ist 55 m hoch und ruht auf dreieckigen Kugelsegmenten, sogenannten Pendentifs, und Halbkuppeln. In die Kuppel und Pendentifs eingelassene Fenster baden die Mosaiken in Licht. Die Schöpfer des Gebäudes waren keine Baumeister, sondern zwei griechisch-byzantinische Mathematiker namens Isidor von Milet und Anthemios von Tralleis.

Die Baumaterialien und Mauersteine für die Hagia Sophia kamen aus dem ganzen Reich, wurden teils sogar aus antiken Gebäuden recycelt. Sie besteht größtenteils aus mit Stein verkleidetem Ziegelmauerwerk. Nachdem die Kuppel bei Erdbeben beschädigt worden war, wurde sie um 560 nach Plänen von Isidor dem Jüngeren, Isidor von Milets Neffen, verstärkt. Er war auch für die Mosaiken verantwortlich. Infolge weiterer Erdbebenschäden beauftragte Kaiser Basileios II. 989 den armenischen Architekten Tiridates mit Reparaturen, insbesondere an der Kuppel. Nach den Verwüstungen infolge des Vierten Kreuzzuges 1204 sowie der osmanischen Eroberung der Stadt 1453 waren weitere Baumaßnahmen erforderlich. Die Osmanen wandelten die Hagia Sophia in eine Moschee um, verbargen die Mosaiken hinter Putz, ersetzten den Altar durch einen Mihrab und ergänzten Minarette. Angrenzende Gebäude, wie das Baptisterium und die Schatzkammer, wurden von verschiedenen Sultanen als Mausoleum genutzt. Im 19. Jahrhundert wurden unter anderem die großen, mit arabischen Kalligrafien verzierten Rundschilde an den Vierungspfeilern ergänzt.

Bis 1931 diente die Hagia Sophia als Moschee, vier Jahre später wurde sie ein Museum. Zuvor hatten die schweizerisch-italienischen Architektenbrüder Gaspare und Giuseppe Fossati das Gebäude von 1847 bis 1849 restauriert. Weitere Restaurierungen wurden bei der Umwandlung zum Museum und zuletzt 2012 durchgeführt. Seit 2017 finden in dem Gebäude, das offiziell ein Museum ist, wieder muslimische Gebete statt.

Die Hagia Sophia war fast ein Jahrtausend lang die größte Kirche der Welt und hatte Einfluss auf andere byzantinische Kuppelkirchen. Aber sie war auch direkte Inspirationsquelle für die Gestaltung anderer Istanbuler Moscheen wie zum Beispiel der Blauen bzw. Sultan-Ahmed-Moschee (1609–1617) des Architekten Sedefkar Mehmed Agha Biçakçiu, der Beyazıt-Moschee (1501–1506) des Architekten Mimar Hayreddin und der Süleymaniye-Moschee (1550–1557) von Mimar Sinan, dem Chefarchitekten von Süleyman dem Prächtigen.

600–700

Der Aufstieg des Islam. Der Prophet Mohammed fügt den monotheistischen Religionen seiner Zeit, dem Juden- und dem Christentum, eine weitere Stimme hinzu. Auf Grundlage der Offenbarungen des Korans vereint er die Araber zu einer religiösen und politischen Kraft. Mohammed wird um 570 in Mekka geboren und wandert später nach Medina aus (beides im heutigen Saudi-Arabien). Er schart eine Armee muslimischer Konvertiten um sich, mit der er Mekka befreit und bekehrt und seinen Herrschaftsbereich auf andere Regionen in Nordafrika und im Nahen Osten ausdehnt. Noch bevor Mohammed 632 stirbt, kommt es zwischen verschiedenen Gruppierungen zu Streitigkeiten, die durch die Machtkämpfe nach seinem Tod verschärft werden und zu den Spaltungen führen, die auch im 21. Jahrhundert noch Bestand haben. Das gilt vor allem für die Spaltung in einen schiitischen und einen sunnitischen Islam. Unterdessen gewinnt auch das Christentum immer mehr Anhänger. Damit ist die Bühne bereitet für den Kampf der Religionen und Kulturen, der später in diesem Jahrhundert zwischen der byzantinischen und der arabischen Welt ausbricht.

Anji-Brücke, China
Diese Brücke in der Provinz Hebei ist die älteste Brücke in China und die weltweit älteste Segmentbogenbrücke mit offenen Bogenzwickeln. Sie wurde im Rahmen von verstärkten Infrastrukturbaumaßnahmen während der Sui-Dynastie gebaut und im Jahr 605 fertiggestellt. Die Brücke besteht aus Kalksteinblöcken, die durch Eisenteile in Schwalbenschwanzverbindungen miteinander verzapft sind, ist 51 m lang, 3 m breit und erhebt sich 7,3 m über den Fluss Xiao.

609–632
Dem islamischen Glauben zufolge wird der **Koran** dem **Propheten Mohammed** vom Engel Gabriel enthüllt.

618
Die **Kirche St. Hripsime** wird in der armenischen Stadt Etschmiadsin errichtet.

Qubā'-Moschee, Saudi-Arabien

Diese geschichtsträchtige Moschee in Medina wurde vom Propheten Mohammed gebaut und im Laufe der Jahrhunderte mehrfach saniert und umgebaut. Sie wird häufig als eine der ersten, vielleicht sogar die allererste von Mohammed errichtete Moschee bezeichnet. Im 20. Jahrhundert wurde der ägyptische Architekt Abdel-Wahed El-Wakil mit der Sanierung der alten Moschee beauftragt. Wegen ihres äußerst schlechten Zustands baute er schließlich eine völlig neue, größere Moschee, deren Gestaltung auf dem historischen Bau beruht und die 20000 Gläubige fasst.

Basilica de San Juan Bautista, Spanien

König Rekkeswinth ließ diese kleine Kirche in der Nähe des zentralspanischen Orts Venta de Baños bauen. Sie besitzt eine blockartige Form, die für die vorromanische Architektur bezeichnend ist, und westgotische Details wie zum Beispiel den hufeisenförmigen Eingangsbogen. Die Mauern errichtet man aus trocken verlegten Quadersteinen, wie man es ähnlich aus etwas späteren Zeiten kennt. Unstimmigkeiten im Dekorationsprogramm deuten darauf hin, dass es sich um einen etwas jüngeren Bau oder eine etwas spätere Renovierung handelt, obwohl das Erscheinungsbild im Großen und Ganzen für diese Epoche typisch ist.

Der **Tod Mohammeds** festigt den islamischen Glauben in Medina und Mekka, aber auch die Spaltung zwischen den Fraktionen, die bei der Errichtung des ersten islamischen Kalifats unter Abu Bakr, dem „Kalifen" oder „Stellvertreter" des Propheten, deutlich hervortritt.

Kämpfe zwischen islamischen Arabern und byzantinischen Christen in Nordafrika und im Nahen Osten führen innerhalb der nächsten drei Jahrzehnte zur Belagerung von Konstantinopel, deren Scheitern und einem daraus resultierenden Friedensvertrag.

622 | 632 | 661 | 673–678

700–800

Imperiale und kirchliche Ambitionen. Dieses Jahrhundert erlebt die Wiederauferstehung vergangener ebenso wie die Entstehung neuer Reiche. In diesen findet man auch zu bedeutenden Ausdrucksformen für Sakralarchitektur. Ein wichtiger Akteur in Europa ist Karl der Große, der 800 zum Kaiser des Heiligen Römischen Reichs gekrönt wird. Als im späten 7. Jahrhundert der Felsendom gebaut wird, um an die Himmelsreise des Propheten Mohammed zu erinnern, ist das islamische Reich bereits eine bedeutende Macht im Mittelmeerraum. Es erstreckt sich von Nordafrika bis nach Spanien und von Ägypten bis nach Jerusalem, Syrien und sogar Pakistan. Auf der anderen Seite der Welt blüht der Buddhismus im Königreich Silla (668–935), dem frisch geeinten Korea, auf. Buddhismus und chinesische Kultur finden auch ihren Weg nach Japan. Beispiele für Moscheen gibt es in der islamischen Welt zuhauf, ebenso wie für buddhistische Tempel in Asien.

Felsendom, Jerusalem
Dieser Schrein verdankt seinen Namen der Tatsache, dass er über dem heiligen Felsen errichtet wurde, an dem Abraham seinen Sohn opfern wollte und Mohammed in den Himmel aufgefahren ist. Er wurde im Jahr 700, fünfundfünfzig Jahre nach der Eroberung der Stadt durch muslimische Truppen, fertiggestellt und erhebt sich auf dem Tempelberg, wo einst auch der legendäre Tempel von König Salomo gestanden hat. Der achteckige Bau wird von einer vergoldeten Holzkuppel überwölbt, die auf einem Tambour von 20 m Durchmesser sitzt. Außen ist er mit Marmor und Fliesen, innen mit Marmor und Mosaiken geschmückt.

Chinesisches Schießpulver wird hauptsächlich für Feuerwerk, später aber auch zu militärischen Zwecken eingesetzt.

700

Die **Schlacht von Tours** setzt der muslimischen Eroberung Nordafrikas und Spaniens ein Ende und verhindert ihr Vordringen nach Frankreich.

707–732

Tōdai-ji-Tempel, Japan
Dieser Tempel in der Stadt Nara zählt zu den ältesten Holzbauten der Welt. In der Großen Halle befindet sich die weltweit größte Buddhastatue aus Bronze. Sie ist 14 m hoch und wiegt über 500 t. Nachdem die Halle bei Bränden zerstört worden war, wurde sie zwei Mal wieder aufgebaut, zuletzt 1709. Die heutige Halle misst 57 × 50 m und soll kleiner sein als ihre Vorgänger.

Bulguksa-Tempel, Südkorea
Der buddhistische Tempelkomplex aus Holz und Stein, den man heute in Gyeongju vorfindet, ist eine Rekonstruktion des 528 erbauten Originals. Kim Dae-seong, der höchste Minister des Königreichs Silla, gilt als Architekt des Tempels. Wie viele derartige Tempel und andere Bauten aus Holz wurde er mehrfach repariert, saniert und neu gebaut, zuletzt nach dem Koreakrieg (1950–1953).

Karl der Große wird König der Franken und weitet sein Herrschaftsgebiet bis ins heutige Deutschland aus. An Weihnachten 800 wird er von Papst Leo III. zum Kaiser des Heiligen Römischen Reichs gekrönt.

738–752

751–774

768

KAMPF DER KULTUREN: DAS KALIFAT VON CORDOBA

Als Karl V., Kaiser des Heiligen Römischen Reichs, die neue Kathedrale der spanischen Stadt Córdoba besuchte, soll er gesagt haben: „Um etwas Gewöhnliches zu bauen, habt ihr etwas Einzigartiges zerstört." Genau so war es. Die Kathedrale, das Kapitelhaus und der Turm, die der Architekt Hernán Ruiz II. 1547 geschaffen hat, sind bestenfalls banal, wenn man sie mit ihrer unmittelbaren Umgebung vergleicht: der Großen Moschee von Córdoba. Die Moschee, mit deren Bau 784 am Standort einer früheren, westgotischen Kirche begonnen wurde, wurde unter verschiedenen Herrschern – von Abd ar-Rahman I. im 8. Jahrhundert bis Almansor im 10. Jahrhundert – in mehreren Abschnitten errichtet. Diese muslimischen Machthaber verdankten ihre Herrschaft über die Region dem Umayyaden-Kalifen al-Walid I. und seinem militärischen Befehlshaber Tāriq ibn Ziyad. Nachdem Tāriq in der Schlacht am Río Guadalete (711) über die christlichen Westgoten gesiegt hatte, brachten die muslimischen Eroberer innerhalb weniger Jahre einen Großteil des heutigen Spaniens unter ihre Kontrolle.

Sie machten Córdoba zur Hauptstadt ihres Kalifats, das sich von Toledo und Saragossa im Norden bis Lissabon im Südwesten und Tanger, Algeciras und Valencia am Mittelmeer erstreckte. Córdoba entwickelte sich zum kulturellen Zentrum des islamischen Spaniens. Hier gab es mehrere Tausend

Moscheen und bedeutende öffentliche Gebäude, darunter eine Bibliothek mit rund 400 000 Büchern. Es war eine Zeit des Wohlstands, weil diplomatischer Frieden mit den fränkischen Nachbarn im Norden herrschte. Auch im Kalifat selbst lebten Araber, Christen und Juden friedlich zusammen. Christen hatten einen geringeren gesellschaftlichen Status als Muslime und Juden; das jüdische Leben wiederum blühte auf, nachdem die Juden unter den christlichen Westgoten verfolgt worden waren.

Vor diesem Hintergrund entsteht die weitläufige Große Moschee von Córdoba. Sie setzt sich aus vier aneinander anschließenden Betsälen zusammen, von denen jeder spektakuläre, polychrome Steinarkaden besitzt, die vom Jerusalemer Felsendom (ab 688) inspiriert sein sollen, sowie Hufeisenbögen, die für die westgotische Kultur charakteristisch sind. Dekorative Kapitelle, Granit- und Marmorsäulen wurden aus westgotischen und römischen Bauten wiederverwendet. Durch spätere Anbauten stieg die Zahl der Säulen auf insgesamt 856. Außerdem wurde ein Mihrab mit einem ausdrucksstarken Rippengewölbe auf der Südostseite der Moschee ergänzt. Der heutige Renaissanceturm auf der Nordseite des Komplexes war zunächst das Minarett (788). Im Garten vor der Moschee pflanzte man im 17. Jahrhundert Orangenbäume, Palmen und Zypressen, weshalb er heute als Patio de los Naranjos (Orangenhof) bekannt ist. Unter der Moschee befindet sich ein Bereich mit Ausgrabungen der ursprünglichen Basilika des Hl. Vinzenz aus dem 4. Jahrhundert.

Mit der christlichen Reconquista (Rückeroberung) wurden die Muslime bis zum Ende des 15. Jahrhunderts schließlich aus Spanien vertrieben. König Ferdinand III. von Kastilien befreite Córdoba im Jahr 1236, wonach die Moschee am 29. Juni als katholische Kathedrale eingeweiht wurde. Allerdings wurden erst ab dem 15. Jahrhundert Umbauten vorgenommen.

Obwohl die baulichen Veränderungen der Renaissance das Raumerlebnis insgesamt verändert haben, sind die spektakulären Arkaden und der beeindruckende Mihrab erhalten geblieben. Sie vermitteln noch immer einen Eindruck vom Architekturerlebnis des maurischen Spaniens am Ende des ersten Jahrtausends. Das Gebäude wird auch heute noch als Kirche genutzt.

GEGENÜBER. Große Moschee, Córdoba, Spanien (785–1523)
Luftaufnahme der Moschee-Kathedrale, aufgenommen vom Gartenturm im Nordwesten. Gut zu erkennen ist die erhöhte Kathedrale inmitten der Dächer der Moscheeschiffe.

RECHTS. Hufeisenbögen in der Großen Moschee
Der mehrfarbige Hufeisenbogen, der bereits für das westgotische Spanien typisch war, gelangte während des Kalifats hier zur Vollendung.

800–900

Erbauer von Königreichen. In Nordeuropa gibt es zahlreiche Konflikte, aus denen große Führer hervorgehen. Karl der Große herrscht als Kaiser des Heiligen Römischen Reichs über Gebiete in Deutschland und Frankreich. Alfred der Große von Wessex eint die Angelsachsen und wird damit praktisch zum König von England. Er schlägt die Dänen zurück, deren Führer Guthrum sich bereit erklärt, zum Christentum überzutreten. Alfred führt eine grundlegende Reform des Steuersystems und der Heerfolge durch, überarbeitet das Recht und gründet befestigte Marktstädte, die sich zu *Boroughs* entwickeln. Er lässt außerdem mehr Kriegsschiffe bauen und verbessert deren Konstruktionsweise, wobei Schiffe entstehen, die doppelt so groß sind wie Wikingerschiffe. Alfred sorgt auch für bessere Bildung. Er versucht, die Lese- und Schreibkompetenz in der englischen Sprache zu fördern, indem er lateinische Schriften übersetzen lässt, und richtet, wie Karl der Große, eine Palastschule ein, in der seine Söhne und der Nachwuchs von Adeligen, aber auch Kinder niedrigeren Standes ausgebildet werden.

Torhalle des Klosters Lorsch, Deutschland
Das südlich von Frankfurt gelegene Kloster Lorsch war ein wichtiges Benediktinerkloster, das 764 gegründet wurde. Die Torhalle wurde erst ein Jahrhundert später errichtet. Ihre Architektur ist eine merkwürdige Mischung aus klassischen Zitaten. Über einem dreifachen Torbogen liegt eine spitzwinklige Blendarkade, der volkstümliche Holzkonstruktionen als Vorlage gedient zu haben scheinen. Das Kloster wurde im Dreißigjährigen Krieg (1618–1648) und während der späteren französischen Invasionen im 17. Jahrhundert weitestgehend zerstört, aber dieses Juwel aus der Karolingerzeit ist uns erhalten geblieben.

Der persische Mathematiker und Astronom **Muhammad ibn Musa al-Chwarizmi** verfasst eine Abhandlung, die das Konzept der Algebra in die europäische Mathematik einführt. Sie wird 1145 ins Lateinische übersetzt und während der Renaissance in ganz Europa als Lehrbuch verwendet.

800–900

820

Derawar-Fort, Pakistan
Die massiven, runden Bastionen des Derawar-Forts in der Cholistan-Wüste wurden 1732 wieder aufgebaut. Die Mauern aus gebrannten Ziegeln sind 30 m hoch, jede Mauer des quadratischen Forts ist etwa 205 m lang. Sadiq Muhammad Khan I., der Nawab von Bahawalpur, nahm das Fort im 18. Jahrhundert ein. Seine Umbaumaßnahmen verliehen der Festung ihr heutiges Erscheinungsbild. 2017 wurde festgestellt, dass ein Großteil des Forts dringend sanierungsbedürftig ist.

Spiralminarett, Irak
Dieses dynamisch geformte Minarett ist alles, was von der Großen Moschee von Samarra übrig geblieben ist, die zum Bauzeitpunkt die größte Moschee der Welt war. Der spiralförmige Sandsteinturm ist 52 m hoch und am Fuß 33 m breit. Er hat die Zerstörung der Moschee beim Einfall der Mongolen im Jahr 1278 überstanden und trägt den Namen Malwiya-Minarett – übersetzt bedeutet *malwiya* Schneckenhaus.

An der Spitze eines angelsächsischen Heers schlägt **Alfred der Große** in der Schlacht von Edington im heutigen Wiltshire das Große Heidnische Heer der Wikinger von König Guthrum.

Die **dänischen Wikinger** plündern London. Ohne ihre alten römischen Mauern ist die Stadt anfällig für Angriffe.

848–852 **850** **851** **878**

900–1000

Ein neues Jahrtausend. In Europa herrscht eine gewisse Unsicherheit. Man befestigt weiterhin Dörfer und Städte, man baut weiterhin Kirchen. Diese wirken manchmal mehr wie Festungen als Kirchen und besitzen sicherlich nicht den Prunk der Kirchen des nachfolgenden Jahrhunderts. Die Wikinger setzen ihre Überfälle auf England fort und in Spanien werden die ersten Schlachten gegen das Kalifat geschlagen. Aber es gibt auch positive kulturelle Entwicklungen, die den Bau großer Architekturmonumente vorwegnehmen. Otto der Große erbt das Heilige Römische Reich Karls des Großen, nachdem er 955 die Ungarn in der Schlacht auf dem Lechfeld besiegt hat. 962 wird er zum Kaiser gekrönt, 967 sein Sohn Otto II. als mutmaßlicher Thronfolger zum Mitkaiser. So wird jeglicher potenzieller Widerstand entschärft und das Fundament für dynastische Kontinuität im Reich ebenso gelegt wie für den Bau großer Kirchen. Im Jahr 986 ist der norwegisch-isländische Entdecker Bjarni Herjólfsson vermutlich der erste Europäer, der Nordamerika erblickt – zumindest wenn man der um 1200 entstandenen *Grœnlendinga saga* (*Die Grönlandsaga*) Glauben schenkt, die der späteren Entdeckung der Neuen Welt vorgreift.

Wikingerdorf Haithabu, Deutschland
Das restaurierte Wikingerdorf Haithabu in der Nähe der dänischen Grenze vermittelt einen guten Eindruck davon, wie Wikinger gelebt haben. Zu seiner Blütezeit war das Dorf der zweitgrößte Handelsposten in der skandinavischen Welt und zählte 2000 Einwohner. Seine Wälle waren in das Danewerk eingebunden, eine Wallanlage, die sich über die gesamte Halbinsel zieht und deren Ursprünge auf die Zeit vor dem Jahr 500 zurückgehen, die später aber ausgebaut wurde. Haithabu wurde bei einem Angriff der Norweger im Jahr 1050 teilweise zerstört, bevor einfallende Slawen es 1066 vollständig vernichteten.

911
Der **Vertrag von Saint-Clair-sur-Epte** wird geschlossen. Er schafft das Herzogtum Normandie im heutigen Frankreich, wo der zum Christentum konvertierte norwegische Wikingerhäuptling Rollo als Herrscher eingesetzt wird.

936
Otto der Große erbt nach dem Tod seines Vaters Heinrich dem Vogler das Herzogtum Sachsen und das deutsche Königtum. Er vereint alle deutschen Stämme in einem einzigen Königreich und vergrößert die Macht des Königs erheblich.

Abtei Saint-Michel-de-Cuxa, Frankreich

Diese Benediktinerabtei im Südwesten Frankreichs wurde 848 gegründet. Ein gutes Jahrhundert später wurde eine neue Kirche erbaut, deren Hauptaltar 974 eingeweiht wurde. Das aus Bruchstein errichtete Gebäude mit seinem zinnenbewehrten Turm aus dem 11. Jahrhundert vermittelt von außen wie von innen das Bild einer Gottesfestung im frühromanischen Stil. Ein Teil des skulpturalen Programms aus dem 12. Jahrhundert wurde im Met Cloisters, der auf mittelalterliche Kunst spezialisierten Zweigstelle des Metropolitan Museum of Art im New Yorker Fort Tryon Park, wieder aufgebaut.

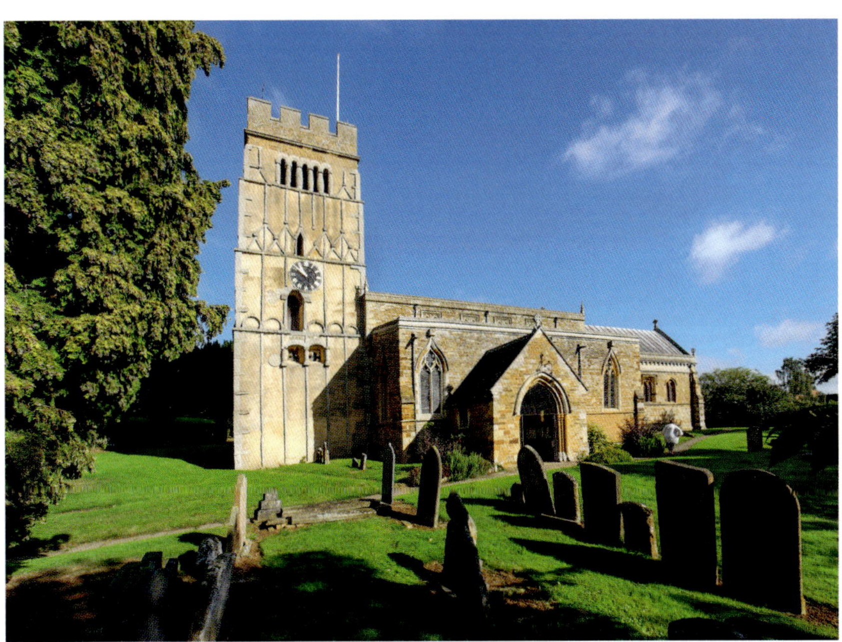

All Saints Church, Earls Barton, England

Diese Kirche in Northamptonshire besitzt einen Turm aus dieser Zeit. Der 19 m hohe Kirchturm wurde aus Bruchstein errichtet, in den versteifende Bänder aus Kalkstein eingezogen wurden. Seine bauchigen Säulen vereinen Holzbaudetails mit klassischen Bezügen zu römischen und volkstümlichen Arbeiten aus dem angelsächsischen Britannien. Die Wände sind am Turmfuß knapp 1,2 m dick und verjüngen sich auf bis zu 0,6 m an der Spitze.

Der **Gottesfriede** wird im Konzil von Charroux verkündet und mit dem Konzil von Toulouges 1027 später ausgeweitet. Es ist der Versuch, bewaffnete Konflikte auf bestimmte Zeiten zu begrenzen und waffenlose Geistliche, die Zivilbevölkerung und kirchliche Ressourcen zu schützen. Von der katholischen Kirche ins Leben gerufen, handelt es sich um die erste Friedensbewegung.

940–956 | 970 | 989

1000–1050

Imperiale Infrastruktur. Kirchen und Tempel sind ebenso ein Beitrag zur Infrastruktur eines Reichs wie Burgen, Festungen und Straßen. Das gilt auch für das Heilige Römische Reich, zunächst unter Karl dem Großen, dann in der ottonischen Zeit, das für große Kirchen einen eigenen Stil findet, der häufig als frühromanisch eingeordnet wird. Mit ihren schlichten, kastenförmigen Innenräumen, rechteckigen Formen, wuchtigen Pfeilern, Säulenkapitellen und ihrer erheblichen Größe vermitteln diese Kirchen ein Gefühl von großer Standfestigkeit und Stabilität, egal, ob sie in Norddeutschland oder Süditalien gebaut werden. Auf der anderen Seite der Welt entstehen in Indien Stufenbrunnen, die sich mit unterirdischen Tempeln von kathedralenhafter Größe vergleichen lassen, und tatsächlich so tief sind wie einige große indische Tempel hoch.

Im Westen der USA entstehen die **Siedlungen der Pueblo-Kultur**, darunter Taos Pueblo, nördlich von Taos, New Mexico, eine der ältesten, durchgängig bewohnten Siedlungen des Landes.

Michaeliskirche, Deutschland
Der später heiliggesprochene Bischof Bernward von Hildesheim begann mit dem Bau dieser Klosterkirche im niedersächsischen Hildesheim, die nach seinem Tod im Jahr 1022 fertiggestellt wurde. Mit ihrem blockartigen, modularen Baukörper gilt sie als eines der schönsten Exemplare frühromanischer Kirchen. Die Decke ist mit Malereien des Jessebaums verziert, der den Stammbaum Jesu Christi darstellt. Für die Michaeliskirche ließ Bernward ursprünglich Bronzetüren mit biblischen Szenen anfertigen, die heute am Hildesheimer Dom zu sehen sind.

ca. 1000

1010–1031

San Miniato al Monte, Italien
Fassade und Innenraum dieser romanischen Kirche in Florenz besitzen streng geometrische Marmorverkleidungen. Die Fassade wurde gegen Ende des Jahrhunderts errichtet. Einige Bereiche im oberen Teil der Fassade stammen jedoch vermutlich aus dem 12. und 13. Jahrhundert. Zu der auf einem Hügel stehenden Anlage gehören auch ein befestigter Bischofspalast aus dem späten 13. Jahrhundert sowie ein Renaissance-Kreuzgang aus der Mitte des 15. Jahrhunderts, der von den Brüdern Bernardo und Antonio Rossellino geschaffen wurde.

Stufenbrunnen Rani Ki Vav, Indien
Stufenbrunnen wurden in Indien seit dem 3. Jahrtausend v. Chr. zur unterirdischen Wasserversorgung genutzt. Diesen auch „Brunnen der Königin" genannten Stufenbrunnen in der Stadt Patan in Gujarat ließ Königin Udayamati als Denkmal für König Bhimadeva I. errichten. Er ist 64 m lang, 20 m breit und 27 m tief, hat sieben Stockwerke und ist mit über 1500 Skulpturen, meist von Hindu-Göttern, dekoriert.

König Rajaraja I. der Chola-Dynastie stirbt. Er herrschte über Teile Südindiens und Sri Lankas und erbaute große Hindu-Tempel wie den Brihadishvara-Tempel (1003–1010) in Thanjavur und den Brihadishvara-Tempel (1035) in Gangaikonda Cholapuram.

Bolesław der Tapfere wird, nachdem er erfolgreich gegen das Heilige Römische Reich gekämpft hat, erster König von Polen. Er dehnt das polnische Territorium nach Böhmen aus und macht Polen zu einem wichtigen europäischen Staat.

1013–1090 | **1014** | **1025**

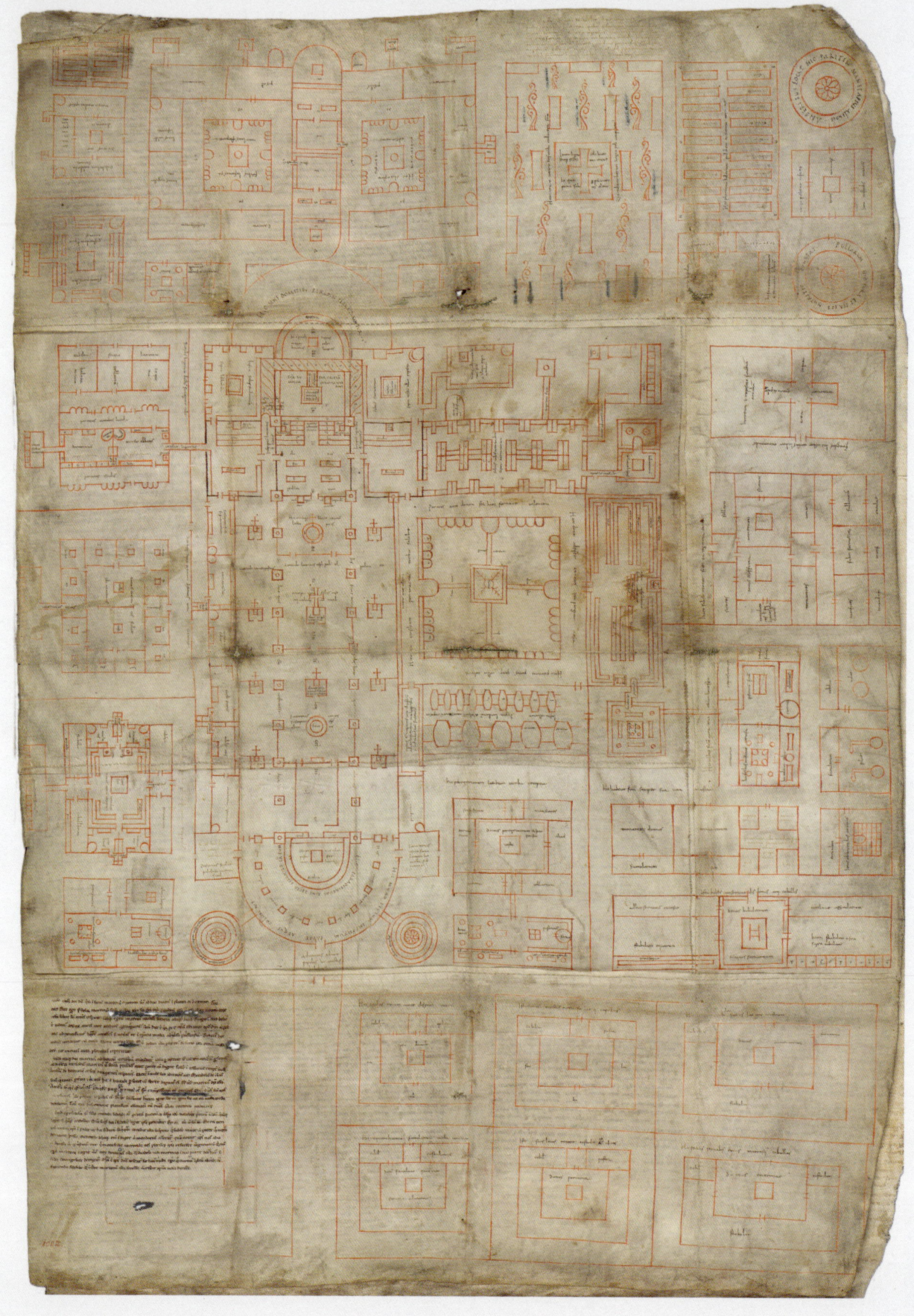

KARL DER GROSSE, OTTO I. UND DAS HEILIGE RÖMISCHE REICH

GEGENÜBER. St. Galler Klosterplan, Schweiz (816–837)
Der Grundriss wurde für Abt Gozbert von St. Gallen angefertigt und war vermutlich eine Planungsgrundlage für derartige Klöster.

OBEN. Pfalzkapelle, Aachen, Deutschland (792–805)
Innenraum der Kapelle mit dem Thron Karls des Großen.

Einem Bonmot zufolge war das Heilige Römische Reich weder heilig noch römisch noch ein Reich. Darin steckt ein Körnchen Wahrheit, insbesondere wenn man das Reich Karls des Großen mit dem Römischen und Byzantinischen Reich vergleicht. Aber Karl der Große und seine Nachfolger Otto der Große und Otto II. haben immerhin ein Königreich geschaffen, das sich über weite Teile Frankreichs und Deutschlands bis nach Norditalien erstreckte und so das Vordringen des Islam in den Norden stoppte, ebenso wie es das Byzantinische Reich im Osten getan hat. Ohne die symbiotische Partnerschaft zwischen diesen Kaisern und dem Papst hätte die Geschichte Mitteleuropas ganz anders aussehen können.

Karl der Große erbte im Jahr 768 den Thron der Franken. Er half dem Papst, die Langobarden in Italien zu besiegen, und zog gegen das muslimische Spanien ebenso zu Felde wie gegen die Sachsen in Deutschland, die er mit Gewalt zum Christentum bekehrte. 800 krönte Papst Leo III. Karl den Großen zum Kaiser des Heiligen Römischen Reichs. Unter seiner Herrschaft kommt es zu einer kulturellen Blüte, die für die Wiederbelebung der römisch-christlichen Kunst eine wichtige Rolle spielt.

Die Handschrift Karls des Großen zeigt sich in der Pfalzkapelle in Aachen, dem einzigen erhaltenen Gebäude seines großen Pfalzpalasts. Die Kapelle wurde 805 fertiggestellt und später in den Aachener Dom integriert. Zwischen 1187 und 1474 wurden Erweiterungen ausgeführt. Der Zentralbau besitzt eine zweischalige, achteckige Kuppel auf Arkaden aus polychromem Marmor und Details, die denen von frühchristlichen Kirchen in Rom ähneln. Im Innenraum ist der Thron Karls des Großen aufgestellt, der von dahinter liegenden Fenstern in Licht getaucht wird. Nach seinem Tod 814 wurde Karl der Große in der Kapelle beigesetzt. Bis ins 16. Jahrhundert wurde die Krönung der deutschen Könige hier vollzogen, um die Verbindung des Reichs mit der Herrschaft Karls des Großen zu bekräftigen. Was die Gestaltung von Architektur betraf, so waren Otto der Große und Otto II. wie auch Karl der Große kulturell auf große Baugesten mit römisch-christlichen Obertönen eingestimmt, was an Bauten wie der Stiftskirche St. Cyriakus (960–965) in Gernrode abzulesen ist.

Zur gleichen Zeit, als Karl der Große in Aachen seine Pfalz und Kapelle baute, planten Mönche im schweizerischen St. Gallen das ideale Kloster. Die Pergamentzeichnung ist im Besitz der Stiftsbibliothek St. Gallen und zählt zu den bedeutendsten architektonischen Artefakten des frühen Mittelalters. Tatsächlich handelt es sich um die älteste überlieferte Architekturzeichnung. Für sie wurden mehrere Pergamente zusammengenäht, sodass ein Plan von 112 cm × 77,5 cm entstanden ist. Der Plan ist weit mehr als nur der Hinweis, der Kirche einen Kreuzgang, Bäder, Refektorien, Schlafsäle, Unterkünfte für Gäste, ein Abthaus, ein Skriptorium, eine Küche, Einrichtungen zum Backen und Brauen, einen auch als Friedhof genutzten Obstgarten, eine Krankenstation und Toiletten hinzuzufügen. Er erinnert daran, dass Architekten und Steinmetze Baupläne erstellen und sich auf diese verlassen, bevor sie mit dem Bau beginnen. Außerdem verdeutlicht er die Bedeutung von Klöstern, ihrer Skriptorien und Bibliotheken für den Erhalt der christlichen und weströmischen Kultur in karolingischer und ottonischer Zeit.

1050–1100

Kirche und Staat. Es kommt zu Machtkämpfen zwischen europäischen Königen und katholischen Päpsten. Auslöser ist der Streit darüber, wer das Recht zur Vergabe von lokalen Kirchenämtern hat. Der Papst gewinnt dabei vorübergehend die Vorherrschaft der Kirche über die weltliche Macht zurück. Das zeigt sich im Januar 1077, als Kaiser Heinrich IV. 644 km nach Canossa zurücklegt, um Papst Gregor VII. darum zu bitten, seine Exkommunikation aufzuheben. Das Papsttum soll seine Kontrolle über das katholische Europa auch später in diesem Jahrhundert noch unter Beweis stellen. Im Jahr 1095 ruft Papst Urban II. zum Ersten Kreuzzug auf, um das Heilige Land und Jerusalem von den seldschukischen Türken zu befreien, die die Region kontrollieren und christliche Pilger daran hindern, zu den heiligen Stätten des Christentums zu gelangen. Außerdem besteht die Gefahr, die Türken könnten ihren Machtbereich ins Byzantinische Reich ausdehnen. Die Kreuzfahrer nehmen Jerusalem 1099 ein. Es werden gewaltige Kathedralen und Burgen gebaut, um die Macht von Kirche und Staat zu repräsentieren.

Kathedrale von Santiago de Compostela, Spanien
Diese Kathedrale wurde an dem Ort errichtet, wo der Überlieferung zufolge der heilige Apostel Jakobus begraben liegt. Sie wird im 9. Jahrhundert zu einem wichtigen Wallfahrtsort des Mittelalters. Der Bau sollte die 997 zerstörte, ursprüngliche Kirche ersetzen und wurde erst nach Jahrzehnten fertiggestellt und eingeweiht. Die gleichmäßige Abfolge der einzelnen Kirchenschiffjoche ist typisch für spätromanische Kirchen. Im Laufe der Zeit wurde das Kirchenschiff von gotischen und barocken Ergänzungen umhüllt, die miteinander interagieren.

1050–1060

Die **St. Andrew's Church** im englischen Greensted, Essex, wird gebaut. Mit Wänden aus gespaltenen Eichenstämmen vermittelt sie eher den Eindruck einer Festung, daher auch der Begriff „Palisadenkirche". Man geht davon aus, dass die Kirche aus der Zeit vor der normannischen Eroberung von 1066 stammt. Gegenwärtig gilt sie als das älteste erhaltene Holzgebäude in Westeuropa.

1054

Mit dem **Großen Schisma** spaltet sich die katholische Kirche in zwei rivalisierende Fraktionen, die jeweils in Rom bzw. in Konstantinopel (dem heutigen Istanbul) ansässig sind. Der Glaubensstreit fällt zeitlich mit einem Schrumpfen des Byzantinischen Reichs zusammen, was teilweise auf das Vordringen islamischer Heere im Mittelmeerraum zurückgeht.

1075

White Tower, Tower von London, England

Nach der normannischen Eroberung Englands im Jahr 1066 wollte König Wilhelm I. den besiegten Angelsachsen gegenüber keinen Zweifel daran lassen, dass die Normannen gekommen waren, um zu bleiben. Die berühmteste seiner Burgen ist der Tower von London, dessen Herzstück der White Tower bildet. Er verdankt seinen Namen König Heinrich III., der ihn 1240 weiß tünchen ließ. Der Hauptturm der Burg, der sogenannte „Keep", soll von Bischof Gundulf von Rochester entworfen worden sein.

Dom zu Speyer, Deutschland

Mit dem Bau des Doms wurde 1030 begonnen, 1061 wurde er eingeweiht. Die Ostseite allerdings wurde erst 1090 fertiggestellt. Die Blendarkaden aus rotem Sandstein erwecken den Eindruck von äußerst massiven Mauern, ein Kunstgriff, der auch bei Burgen und anderen romanischen Bauten in Nordeuropa zum Einsatz kommt. Die Gewölbe des weitläufigen Kirchenschiffs überspannen jeweils zwei Joche. Bei seiner Fertigstellung im Jahr 1106 war der Dom mit knapp 134 m Länge und 43 m Breite eines der größten Gebäude der Welt.
Die große Geste entspricht ganz den Absichten Heinrichs IV. und seiner Rivalität mit dem Papsttum.

Das **Domesday Book** wird fertiggestellt. Wilhelm der Eroberer hat in landesweiten Erhebungen die Eigentümerschaft aller Grundstücke im neu eroberten England feststellen und nach feudalen Abhängigkeiten und steuerlichem Wert verzeichnen lassen. Das Buch ist ein zusammenfassender Bericht für den König.

Die **Universität von Bologna** wird gegründet – als erste Einrichtung ihrer Art in Europa. Weil sie keine Gebäude besitzt, werden die Vorträge in verschiedenen Räumlichkeiten in der ganzen Stadt gehalten.

Der **Zisterzienserorden** wird in Frankreich vom Hl. Robert von Molesme als Reformorden gegründet, der den Reichtum und die Exzesse vieler Benediktinerklöster ablehnt. Er wird vom Hl. Bernhard von Clairvaux weiterentwickelt. Der Zisterzienserorden bevorzugt karge Gebäude ohne Ornamente, um nicht vom religiösen Leben abzulenken. Die zisterziensische Schlichtheit geht einigen frühgotischen Kirchen voraus, insbesondere in der klaren Ausbildung ihrer architektonischen Formen.

1078 | 1086 | 1088 | 1090 | 1098

1100–1150

Jenseits irdischer Sorgen. In der westlichen Baugestaltung verbindet man diese Jahrzehnte meist mit der Spätphase der Romanik und den ersten Schritten in der Entwicklung des nächsten europäischen Baustils, der Gotik. Romanische Formen sind häufig wuchtig und blockhaft, während die Gotik von leichteren, strukturell expressiveren, dynamischeren Formen geprägt ist. In diese Übergangszeit fallen auch gewaltige Bauten wie die Kathedrale von Durham, deren Säulen mit Rauten- und Zickzackmustern dekoriert sind und deren Kreuzrippengewölbe spätere Skelettbauweisen vorwegnimmt. Das erste Meisterwerk der Gotik aber ist der Chor der Abteikirche von St. Denis, über den ihr Schöpfer Abt Suger gesagt hat: „Leuchtend ist das edle Werk; doch edel leuchtend, sollte das Werk die Geister erleuchten, sodass sie durch die wahren Lichter hinziehen mögen zum wahren Licht, wo Christus das wahre Tor ist." Das Skelettartige der Gotik und der mystische Charakter des Lichts, das den Raum belebt, tragen dazu bei, die Gläubigen in ein jenseitiges Reich zu versetzen.

L'Anse aux Meadows, Kanada
An diesem Ort in Neufundland befindet sich eine Replik der Siedlung, die nordische Entdecker gegründet haben, nachdem sie kurz nach der ersten Jahrtausendwende hier gelandet waren. Die Gründung dieser Siedlung, die mit Leif Erikson in Verbindung gebracht wird, geht den Fahrten anderer Europäer in die Neue Welt mehrere Jahrhunderte voraus. Hier und im nahe gelegenen Norstead hat man Nachbauten der Grassodenhäuser errichtet. Manche glauben, dass die Siedlung nur wenige Jahrzehnte bestand, bevor sie aufgegeben wurde, vielleicht nachdem Nordmänner und Einheimische miteinander in Konflikt geraten waren. Jedenfalls war dieser europäische Außenposten vermutlich vor 1100 wieder verschwunden.

1100 – **Li Jie**, der Aufseher über die Palastbauten unter dem chinesischen Song-Kaiser Zhezong, fasst mehrere Architekturschriften in seinem Buch *Yingzao Fashi* (*Abhandlung über Architekturmethoden und staatliche Baustandards*) zusammen.

1119 – Der **Seekompass** mit einer Magnetnadel, die zum magnetischen Nordpol zeigt, ist in China dokumentiert. Indem diese Nadel in ein kleines Schutzgehäuse mit Glasdeckel eingesetzt wird, ist der Kompass seetauglich.

1135 – Schiff und Gewölbe der **Kathedrale von Durham** werden weitestgehend fertiggestellt. Mit dem Bau der riesigen Kirche war 1093 begonnen worden. Sie ist ein spätromanisches, vorgotisches Meisterwerk mehrerer Baumeister.

Abteikirche von St. Denis, Frankreich

Der Chorumgang veranschaulicht am besten die frühen Kreuzrippengewölbe und Buntglasfenster, die Abt Suger vorschwebten, als er zusammen mit einem unbekannten Baumeister dieses frühe Werk der Gotik in St. Denis schuf, das heute ein Vorort von Paris ist. Indem sie einige Elemente der Spätromanik wirkungsvoll miteinander kombinierten, brachten sie eine neue Stilrichtung hervor. Suger wird kaum klar gewesen sein, welche enormen Auswirkungen dies auf den Kirchenbau in ganz Europa in den nächsten drei Jahrhunderten haben würde.

Jüdisches Haus, England

Dieses zweistöckige Steinhaus in Lincoln mit mehreren romanischen Bogendetails in der Fassade vermittelt einen Eindruck davon, wie die Wohnhäuser einer wohlhabenden mittelalterlichen Stadt ausgesehen haben. Es gilt als das älteste erhaltene Wohnhaus in Europa. Das Haus wird traditionell mit der blühenden jüdischen Gemeinde im mittelalterlichen Lincoln in Verbindung gebracht. Zunehmender Antisemitismus führte jedoch dazu, dass die Juden ein Jahrhundert später, im Jahr 1290, aus England verbannt wurden. Ihr Vermögen eignete sich König Eduard I. an. Die Innenräume wurden teilweise unterteilt, heute wird das Gebäude als Restaurant genutzt.

1144

1150

DIE ERFINDUNG DER GOTIK IN FRANKREICH: IHRE AUSWIRKUNGEN AUF EUROPA

Im 19. und frühen 20. Jahrhundert galten Frankreich und Paris als Zentrum von Kunst, Kultur und Mode. Dies war sechs Jahrhunderte zuvor schon einmal der Fall gewesen. Damals hatte Frankreich mit der Abteikirche von St. Denis (1144) die Gotik erfunden. Dieser Baustil verbreitete sich, selbst nach heutigen Standards, sehr schnell. Gotische Kathedralen besaßen Spitzbogenarkaden sowie Kreuzrippengewölbe, die auf schlanken Bündelpfeilern ruhten, und wurden außen durch Strebebögen abgestützt. Dadurch waren große Obergadenfenster möglich. Die Gotik gewann an Beliebtheit und wurde von französischen Städten für Kirchenneubauten und Anbauten an bestehende Kirchen übernommen, unter anderem in Chartres (ab 1194), Laon (1150er Jahre), Noyon (ab 1131), Paris (1163) und Senlis (ab 1153).

Umherziehende Steinmetze und Prälaten sorgten für die rasche Verbreitung des Stils. Der französische Baumeister Wilhelm von Sens soll am gotischen Chor der Kathedrale von Sens (1135–1140) gearbeitet haben. Dann wurde er nach England berufen, um den Ostteil der Kathedrale von Canterbury wiederaufzubauen, der 1174 bei einem Brand zerstört worden war. In England entwickelten sich daraufhin eigene Spielarten der Gotik, die sich in den Details von ihren französischen Vorbildern unterschieden, aber die gleiche Gesamtwirkung erzielten: weitläufige, offene Räume, die in Licht getaucht werden. Die Kathedrale von Lincoln mit ihrem Chor, dem Querschiff (1192–1210), den Kapellen und den Bündelpfeilern aus dunklem Marmor, die sich vom hellen Mauerwerk des übrigen Innenraums abheben, ist ein gutes Beispiel für den frühgotischen Stil, der häufig als Early English bezeichnet wird. Ein noch besseres Beispiel ist die Kathedrale von Salisbury, weil sie eigens an einem neuen Standort errichtet wurde. Der Großteil der 1220 begonnenen und 1258 fertiggestellten Kirche wird stilistisch dieser frühenglischen Gotik zugerechnet. Sie besitzt dunkle und helle Pfeiler, auf denen Arkaden, Triforium und Obergaden horizontal geschichtet sind, wobei sich die einzelnen Schichten voneinander zu trennen scheinen. Dies ist ein Gegensatz zu den französischen Kathedralen, bei denen die einzelnen Ebenen über bis zur Decke reichende Pfeiler vertikal akzentuiert und integriert werden. Der Grundriss der Kathedrale von Salisbury ist im Vergleich viel rechteckiger als französische Grundrisse, die eher polygonal und abgewinkelt sind, vor allem am Ost- bzw. Chorende. Trotzdem ist das Raumerlebnis sehr ähnlich. Große Fenster mit Glasmalereien in Grisaille (lichtdurchlässigem Grau) baden die weitläufigen, überwölbten Innenräume in Licht. Die Kathedrale von Amiens (1220–1270) in Frankreich stammt aus derselben Zeit. Obwohl sie monochromatischer und vertikal rationaler ist als die Kathedrale von Salisbury und an ihrem Ostende polygonale Kapellen besitzt, ist die Wirkung des Innenraums ähnlich.

Die Mitte des 13. Jahrhunderts gilt häufig als Hochgotik, während der weitere regionale Varianten der französischen Gotik und entsprechende Bauwerke entstanden. Dazu zählt die von König Heinrich III. errichtete Abteikirche Westminster Abbey in London, die ab 1245 vom Baumeister Henry de Reyns errichtet wurde (gelegentlich wird behauptet, sein Nachname „Reyns“ würde auf eine Herkunft aus dem französischen Reims hindeuten). Ein anderes Beispiel aus Deutschland ist der Kölner Dom, dessen Bau 1248 begonnen, 1473 aber unterbrochen wurde. Erst 1880 wurden seine Kirchtürme nach den ursprünglichen gotischen Plänen fertiggestellt. Das Nonplusultra des Pariser Hofstils ist die königliche Kapelle Sainte-Chapelle in Paris, die von König Ludwig IX. in Auftrag gegeben und zwischen 1238 und 1246 erbaut wurde. Ihr elegantes Interieur, die skeletthaften Proportionen sowie die polychromen Wanddekorationen und Buntglasfenster üben auch heute noch eine

GEGENÜBER OBEN.
Kathedrale von Amiens, Frankreich (1220–1270)
Die Kathedrale ist ein Meisterstück der französischen Hochgotik und wurde größtenteils innerhalb von fünf Jahrzehnten erbaut.

GEGENÜBER UNTEN.
Kathedrale von Chartres, Frankreich (ab 1194)
Diese Ansicht aus dem Seitenschiff der Kirche zeigt den dreiteiligen Wandaufriss mit den Original-Buntglasfenstern, von denen die meisten aus den Jahren 1205 bis 1240 stammen.

ungebrochene Faszination aus. Etwa zur gleichen Zeit entstand das Skizzenbuch des französischen Handwerkers Villard de Honnecourt. Er dokumentiert darin seine Reisen durch Europa und hält zahlreiche Details von Kathedralen von Laon bis Lausanne, Chartres bis Reims fest. Mit seinem Skizzenbuch liefert er uns einen Hinweis darauf, wie sich Ideen und Entwürfe unter den Handwerkern in verschiedenen Städten verbreitet haben könnten. Es zeigt Architekturdetails der Wandaufrisse von Kathedralen, von Strebebögen und Rosettenfenstern und enthält auch Entwürfe für eine wasserbetriebene Säge, ein Katapult und ein Perpetuum mobile.

Die Hochgotik beeinflusste im 13. Jahrhundert beinahe jede westeuropäische Stadt, mit Ausnahme vielleicht einiger italienischer Städte. Dortige Kirchen wie der Dom von Siena (1215–1263) sowie Santa Croce und der Dom in Florenz (beide ca. 1294) sind mehr Wand als Fenster. Ihre Architektur lässt auf den anhaltenden Einfluss Roms schließen und legt den Grundstein für die italienische Renaissance.

1150–1200

Technischer Fortschritt. Denkt man an das Mittelalter, so denkt man meist an Burgen und Kathedralen, Könige und Königinnen, Ritter und Hofdamen. Dabei finden Gesellschaften auf der ganzen Welt ganz unterschiedliche Ausdrucksweisen. Es gibt eine Tendenz zu der Annahme, Europa wäre damals die technisch fortschrittlichste Gesellschaft gewesen, tatsächlich aber übersteigen die Bevölkerungszahlen anderer Regionen und der dort betriebene Planungsaufwand häufig die Statistiken und technischen Mittel des mittelalterlichen Europas. In Kambodscha ist Angkor Wat das Zentrum einer Metropolregion, in der 700 000 bis 1 000 000 Menschen leben – eine Bevölkerung, die deutlich größer ist als im mittelalterlichen Paris oder London, wo nur einige Zehntausend Menschen leben. In den damaligen Burgen Englands und Frankreichs dienen die Gräben lediglich zur Verteidigung, während der Graben von Angkor Wat noch andere Zwecke erfüllt. Dabei handelt es sich um eine frühe Form des ökologischen Landmanagements: Während der Monsunsaison wird Niederschlagswasser im Graben gespeichert, um den Grundwasserspiegel zu stabilisieren. Technische Fortschritte werden von Kulturen auf der ganzen Welt gemacht – nicht nur in Europa.

Angkor Wat, Kambodscha
Dieser spektakuläre Hindu-Tempel war wahrscheinlich als Totentempel von König Suryavarman II. geplant. Mit einer Fläche von 163 ha war er zum Bauzeitpunkt der größte Sakralbau der Welt. Sein zentraler Turm erreicht eine Höhe von 213 m über der Geländehöhe. Archäologen haben herausgefunden, dass die Türme die Gipfel des mythischen Bergs Meru repräsentieren sollen. Sie waren vergoldet, während die überwiegend aus Sandstein erbauten Wände weiß getüncht waren.

Die **Hanse** entsteht als Handels- und Verteidigungsbündnis zwischen nordwesteuropäischen Städten im Ost- und Nordseeraum. Ihr Zentrum ist die für ihre Backsteingotik bekannte Stadt Lübeck.

1113–1150

1158

Miyajima, Japan

Itsukushima ist eine Insel im westlichen Teil des japanischen Binnenmeers, im Nordwesten der Bucht von Hiroshima. Wegen des hier befindlichen Shinto-Schreins, der im 7. Jahrhundert von Kaiserin Suiko gegründet wurde, wird sie im Volksmund auch Miyajima (Schreininsel) genannt. Wie viele japanische Tempel wurde auch dieser Schrein mehrmals neu errichtet, wobei er seine heutige Gestalt dem Samurai Taira no Kiyomori verdankt. Der Schrein ist vor allem für sein rotes Torii-Tor bekannt, das im Wasser zu schweben scheint. Zwischen dem 13. und dem 16. Jahrhundert wurden weitere Tempel und Schreine auf der Insel errichtet.

Cliff Palace, USA

Cliff Palace ist eine von mehreren Mehrfamiliensiedlungen, die in Mesa Verde in Colorado entstanden. Die Behausungen wurden aus Stein, Lehmmörtel und Holz errichtet, einige Räume mit Wandmalereien dekoriert. Die Pueblo-Indianer hatten zunächst auf dem Hochplateau des Tafelbergs gelebt und Landwirtschaft betrieben, begannen dann aber, Siedlungen wie diese in geringerer Höhe anzulegen. Einige davon sind Dörfer mit bis zu 150 Räumen, wie eben Cliff Palace. Diese nur kurzzeitig genutzte Siedlung wurde Ende des 13. Jahrhunderts aufgegeben, weil ihre Einwohner nach Süden, ins heutige New Mexico und Arizona, zogen.

Die **Schlacht von Legnano** wird in der Lombardei geschlagen. Die lombardische Infanterie besiegt die Kavallerie von Friedrich Barbarossa, dem Kaiser des Heiligen Römischen Reichs. Ein erstes Anzeichen für das Erstarken des Bürgertums gegenüber dem Adel.

Der **Dritte Kreuzzug** wird durch die Rückeroberung Jerusalems durch Salah al-Din Yusuf ibn Ayyub, besser bekannt als Saladin, ausgelöst. Ein größtenteils vom englischen König Richard Löwenherz angeführtes Kreuzfahrerheer schlägt Saladins Truppen in Akkon und Jaffa. Daraufhin erhalten die christlichen Pilger wieder Zugang zu Jerusalem, das aber weiterhin von Saladin kontrolliert wird.

1168 | 1176 | 1189–1192 | 1190

1200–1250

Das goldene Zeitalter der Gotik. In dieser Epoche erreicht die frühgotische und hochgotische Architektur ihren Höhepunkt, insbesondere in England, Frankreich und Deutschland. Viele der großen Kathedralen und gotischen Bauten werden in diesen Jahren errichtet. Es ist eine friedliche Zeit in der mittelalterlichen Gesellschaft der westlichen Welt, was den Handels- und Reiseverkehr über die Grenzen verschiedener Königreiche hinweg ermöglicht. Diese Bewegungsfreiheit erleichtert auch den kulturellen und künstlerischen Austausch. Nachdem der Vorgängerbau bei einem Brand zerstört wurde, beginnt man 1209 in Deutschland mit dem Bau des Magdeburger Doms. Dieser verdankt seine hochgotische Architektur den Reisen des Erzbischofs Albrecht I. von Käfernburg nach Frankreich und dessen Wunsch, den neuen gotischen Baustil mit diesem Dom nach Deutschland zu bringen. Um 1225 beginnt sich auch am Straßburger Münster die Gotik gegenüber der Romanik durchzusetzen. Teile des bestehenden Kirchenschiffs werden abgerissen und im neuen Stil der Kathedrale von Chartres in Frankreich neu errichtet. Wie die Stadt Straßburg selbst, vereint auch die neue Kathedrale kulturelle Einflüsse aus Deutschland und Frankreich.

Die **Magna Carta Libertatum** (Große Urkunde der Freiheiten) wird vom englischen König Johann in Runnymede bei Windsor unterzeichnet. Nachdem sich Barone und Kleriker gegen den König gestellt hatten, werden ihnen damit Rechte und Schutz gewährt und ihre feudalen Pflichten verringert. Sie ist die Grundlage für die parlamentarische Regierung in England und Inspiration für andere Länder.

Dschingis Khan eint nomadische Mongolenstämme und fällt in China, Iran und Russland ein, bevor er 1227 stirbt.

Kathedrale von Salisbury, England
Die hier auffälligsten Merkmale der Kathedrale von Salisbury sind nicht unbedingt hochgotisch; der Stil wird eher mit ihrem Interieur in Verbindung gebracht. Die Wahl eines Standorts inmitten einer weitläufigen Grünfläche entspricht den englischen Gepflogenheiten in der Zeit nach der normannischen Eroberung (1066). Vermutlich sollte so ein sicherer Bereich um das Gebäude geschaffen werden. Die rechteckige Nischenfassade ist ebenfalls sehr Englisch und der 123 m hohe Turm zählte, als er etwa zwischen 1310 und 1330 erbaut wurde, zu den höchsten in Europa.

1206 | 1215 | 1220–1258 | 1220–1280

Kathedrale von York, England
Die heute königliche Kirche wurde einst geplant, um der Kathedrale von Canterbury Konkurrenz zu machen. Erzbischof Walter de Gray ordnete den Bau einer gotischen Kirche in York an, mit dem 1220 begonnen wurde. Das Kapitelhaus (der Versammlungsraum eines Klosters oder einer Kathedrale) stammt aus den 1280er Jahren und besitzt einen achteckigen Grundriss, was eine architektonische Besonderheit der Britischen Inseln darstellt. Auch die Gewölbe folgen einer sehr englischen Eigenart und wurden aus Holzpaneelen zusammengesetzt, die wie Stein wirken sollten.

Der russische **Fürst Alexander Newski** schlägt den Deutschritterorden und andere europäische Invasoren in der Schlacht auf dem Eise des Peipussees an der Grenze zwischen Estland und Russland. Auf dem zugefrorenen See siegen seine Fußsoldaten über die berittenen Ordensritter.

Sainte-Chapelle, Frankreich
Die Heilige Kapelle in Paris gehörte zum mittelalterlichen Palais de la Cité, in dem vom 6. bis zum 14. Jahrhundert die französischen Könige residierten. Das Hauptgeschoss und die Krypta der Kapelle sind äußerst farbenprächtig und vermitteln einen guten Eindruck davon, wie elegant die Gotik sein kann, insbesondere an einem königlichen Ort. Die umliegenden mittelalterlichen Gebäude sind im Laufe der Zeit anderen Bauten gewichen, obwohl sich einige erhalten haben, darunter der Bonbec-Turm (1226–1270), der Uhrturm (1350) sowie der Saal der Waffenträger und der Saal der Wachen (beide aus dem späten 13. Jahrhundert).

1242

1248

DIE KREUZZÜGE

Die Religionskriege, in denen europäische Christen und Muslime aus dem Nahen Osten um Stätten im Heiligen Land stritten, wurden in unzähligen TV-Serien und Spielfilmen popularisiert, in Cecil B. DeMilles Film *Kreuzritter – Richard Löwenherz* (1935) und verschiedenen *Ivanhoe*- und *Robin-Hood*-Verfilmungen gar romantisiert. Neuere Filme und Serien bringen für beide Seiten gleichermaßen Verständnis auf und gehen detaillierter auf gesellschaftspolitische Aspekte ein, beispielsweise *Königreich der Himmel* (2005).

Ihren Ausgang nahmen die mehrere Jahrhunderte dauernden Kriege, als Papst Urban II. 1095 die Europäer dazu aufrief, dem Byzantinischen Reich bei der Rückeroberung der an die Türken verlorenen Gebiete zu helfen. Der Erste Kreuzzug (1096–1099) war ein voller Erfolg: Man erreichte nicht nur die gesteckten Ziele, sondern befreite darüber hinaus das Heilige Land einschließlich Jerusalem von der muslimischen Besatzung. Während dieser muslimischen Herrschaft hatte Kalif Al-Hakim bi-Amr Allah die erste Grabeskirche, die über dem Grab Jesu errichtet worden war, zerstört. Auch berichteten Pilger, dass sie von Muslimen bedroht worden waren, was den Christen den Anlass für den Ersten Kreuzzug lieferte. Mit diesem überraschenden Anfangserfolg wurde das Königreich Jerusalem errichtet, das im Wesentlichen bis 1291 bestand, als es mit dem Fall von Akkon sein letztes Territorium verlor. Allerdings waren durch die militärischen Siege Saladins im Jahr 1187, als die Muslime auch Jerusalem zurückerobern konnten, bereits weite Teile verloren gegangen. Jedenfalls ermöglichte

GEGENÜBER. Krak des Chevaliers, Syrien (nach 1142)
Die vermutlich beeindruckendste Kreuzritterburg des Mittelalters. Ihr Doppelmauersystem geht auf die Verteidigungsmauern von Konstantinopel zurück.

LINKS. Grabeskirche, Jerusalem (326 eingeweiht; ab etwa 1187)
Diese Kirche ist wahrscheinlich die wichtigste christliche Wallfahrtsstätte der Welt und hat im Laufe der Zeit mehrere Um- und Anbauten erfahren.

der Erste Kreuzzug den Christen wieder einen besseren Zugang zu den biblischen Stätten sowie eine Ausweitung der christlichen Herrschaftsgebiete, die von europäischen Christen neu besiedelt wurden. Dieser Expansion setzten muslimische Armeen jedoch 1101 in der Schlacht von Mersivan ein Ende.

Der erfolglose Zweite Kreuzzug (1147–1149) führte dazu, dass Jerusalem den Heeren Saladins zufiel. Im anschließenden Dritten Kreuzzug (1189–1192) konnten Akkon und Jaffa, aber nicht Jerusalem zurückgewonnen werden. Der Vierte Kreuzzug (1202–1204) galt eigentlich der Rückeroberung Jerusalems, geriet aber in die Fallstricke der europäischen Politik, die einen Regimewechsel in Konstantinopel herbeiführen wollte. Das vertiefte die Spaltung zwischen Konstantinopel und Rom, also der Ost- und Westkirche, und säte die Zwietracht, die schließlich den Einfall der Muslime in Osteuropa möglich machte.

Der Fünfte Kreuzzug (1217–1221) zielte auf Ägypten als Einfallstor ins Heilige Land ab, erwies sich aber als kompletter Fehlschlag. Auch der Sechste Kreuzzug (1228) erbrachte statt der Rückeroberung Jerusalems nur eine Vereinbarung, die zehn Jahre lang den Zugang erlaubte. Dem Kreuzzug der Barone (1239–1241) sowie dem Siebten (1248–1254), Achten (1270) und Neunten (1271–1272) Kreuzzug war ebenfalls kein Erfolg beschieden. Der populistische Kinderkreuzzug (1212) versuchte, Jerusalem durch Bekehrung der Muslime zurückzugewinnen. Tausende junge Menschen schlossen sich in der vermutlich ersten europäischen Jugendbewegung zusammen, aber kein einziger von ihnen erreichte das Heilige Land.

Trotz aller Bemühungen der Päpste und europäischen Herrscher blieb nur der Erste Kreuzzug ein bedeutender Erfolg. Die Kreuzzüge machten die politischen Differenzen im christlichen wie im muslimischen Lager deutlich und zeigten, wie schwer es war, den spirituellen, emotionalen, finanziellen und logistischen Fokus während dieser mehrjährigen Feldzüge auf die Befreiung Jerusalems zu richten.

Dort haben sich einige Bauten aus dieser Zeit erhalten, darunter die Grabeskirche (ab etwa 1187) und andere Monumente wie der Felsendom (ab 688). Außerdem zeugen mehrere Ruinen in der Region von den Spuren, die die Heere der Kreuzfahrer und Sarazenen im Land hinterlassen haben. Zwei der bekanntesten davon finden sich in Syrien: Die eine ist Qal'at Salah ed-Din (die Saladinsburg) nahe Al-Haffah, eine byzantinische Festung, die im Ersten Kreuzzug von Wilhelm von Sahyun ausgebaut und 1188 von Saladin eingenommen wurde. Die andere ist Krak des Chevaliers (1142–1271) in der Nähe der Stadt Homs an der Grenze zum Libanon. Die von einer Doppelmauer umgebene Festung wurde von den Hospitalitern erbaut und 1271 von Sultan Baibars I. eingenommen. Zu ihren besten Zeiten konnte sie 2000 Soldaten aufnehmen. Seit die Burg 2013 im syrischen Bürgerkrieg (seit 2011) beschädigt wurde, steht sie auf der Liste des gefährdeten Erbes der Welt der UNESCO.

1250–1300

Weltliche Werke in einem heiligen Zeitalter. Wenn über das Mittelalter gesprochen wird, liegt der Fokus meist auf der Sakralarchitektur. Falls doch einmal auch weltliche Bauwerke Aufmerksamkeit erhalten, stehen meist die beeindruckenden Burgen und Festungen im Mittelpunkt. Dabei hat die mittelalterliche Architektur so viel mehr zu bieten, auch in Form von kleineren Bauten wie Brücken, Scheunen, Stadthäusern, Geschäften und kleineren Herrenhäusern. Die erhaltenen Scheunen besitzen meist Wände oder Fundamente aus Bruchsteinen und gelegentlich spektakuläre Zimmermannsarbeiten im Dach. Auch findet man im englischen Straßenbild häufig Fachwerkhäuser, in denen Wohnräume über Geschäften liegen. Für diese Gebäude haben sich oft keinerlei Aufzeichnungen erhalten, anhand denen man Architekten oder Baumeister identifizieren könnte. Und doch finden einige dieser Bauwerke zu einem Ausdruck, der über die regionaltypischen Traditionen hinausgeht, wodurch sie für spätere Generationen zu Wahrzeichen werden, wenn auch nur durch den glücklichen Umstand, dass sie uns erhalten geblieben sind.

Ponts Couverts, Frankreich
Die drei überdachten Brücken und vier Steintürme in Straßburg dienten nicht nur zur Überquerung des Flusses Ill, einem Zufluss des Rheins, sondern auch zur Befestigung der Stadt. Diese Verteidigungsbauten wurden 1250 fertiggestellt und nach dem Anschluss von Straßburg an Frankreich durch neue Befestigungsanlagen an einem anderen Flussabschnitt ersetzt. Die Überdachungen wurden 1784 entfernt.

Konstantinopel wird zurückerobert und wieder Hauptstadt des Byzantinischen Reichs. Das bleibt so, bis die Stadt 1453 von den Türken eingenommen wird.

1261

Die Alhambra, Spanien

Die Alhambra im spanischen Granada ist eine Palastanlage, deren Ursprünge auf das 9. Jahrhundert zurückgehen, die aber im 13. Jahrhundert von Muhammad I. von Granada neu errichtet und erweitert wurde. Muhammad I. war der erste Emir der Stadt in einer Zeit, als die islamische Herrschaft Spaniens im Abstieg begriffen war. Der Bau der Alhambra dauerte mehrere Jahrzehnte, von 1238 bis 1358. Der Patio de la Acequia (Hof des Wasserkanals) des Generalife-Palasts ist im späten 13. Jahrhundert entstanden.

Stokesay Castle, England

Stokesay Castle in der Grafschaft Shropshire ist eher ein befestigtes Herrenhaus als eine Burg und wurde von einem der reichsten Männer Englands, dem Wollhändler Laurence von Ludlow, erbaut. Im Dach der großen Halle des Hauptgebäudes finden sich Zimmermannszeichen von 1291. Auf dem aus Bruchstein gemauerten Nordturm sitzt eine Fachwerkkonstruktion, während der Südturm mit Zinnen bewehrt und mit Stützmauern versehen ist. Der König erteilte die Befestigungserlaubnis 1291. Das Fachwerktorhaus stammt aus dem 17. Jahrhundert.

Nach der Rückkehr in seine Heimatstadt Venedig schreibt **Marco Polo** in *Il Milione* (*Die Wunder der Welt*) über die Erfahrungen, die er zwischen 1271 und 1295 auf Reisen durch Asien gemacht hat.

In Italien wird die **Brille** entwickelt, sie könnte aber auch bereits um das Jahr 1000 in China erfunden worden sein.

1281–1291 | 1286 | 1290 | 1300

1300–1350

Hochgotik. Obwohl die ersten Jahrzehnte des 14. Jahrhunderts grundsätzlich nicht weniger produktiv waren als die des 13. Jahrhunderts, waren sie von Konflikten und Katastrophen geprägt. Die Epoche ist durch Verschwörungen, Kriege und Seuchen gekennzeichnet, aber es gibt auch einige herausragende Unternehmungen, denen aus verschiedenen Gründen besondere Aufmerksamkeit gebührt. Dazu zählen die Bemühungen des englischen Königs Eduard I. zur Eroberung von Schottland und Wales. Seine ab 1276 geführten Feldzüge münden schließlich in der englischen Kolonisierung von Wales und im Bau von großen Burgen in Beaumaris (ab 1295), Caernarfon (1330), Conwy (1289) und Harlech (1289) sowie zusätzlichen Festungen zum Schutz der Siedler in Flint und Rhuddlan. Die meisten dieser Burgen stammen vom Baumeister James of St. George, dessen Entwürfe von den Doppelmauerbefestigungen von Konstantinopel beeinflusst sind. Aber auch in der kirchlichen Architektur wurden – von Italien bis England – Fortschritte gemacht.

Caernarfon Castle, Wales

Caernarfon Castle ist wahrscheinlich die berühmteste Festung in Wales. Ihre zwölf polygonalen Türme aus lokalem Stein mit farblich abgestufter Bänderung erinnern an ähnliche Details in den Mauern von Konstantinopel. Die Stadtmauern waren ebenfalls Teil der Befestigungsanlage. König Eduard II. wurde hier geboren, sein Titel Prinz von Wales geht traditionell auf den ältesten Sohn des englischen Herrschers über.

Der **Orden der Tempelritter** wird aufgelöst. Er war 1118 als geistlicher Ritterorden gegründet worden, um Pilger auf dem Weg zur Grabeskirche (ab etwa 1187) in Jerusalem zu schützen. Papst Clemens V. löst den Templerorden auf Druck von König Philipp IV. von Frankreich auf, der sich von der Macht des Ordens bedroht fühlt.

1312

1334–1359

Campanile von Florenz, Italien

Giotto di Bondone, der Maler der Frührenaissance, wurde 1334 zum leitenden Baumeister für den Dom von Florenz berufen und begann mit den Arbeiten am Campanile (ital. für Glockenturm). Dieser wurde jedoch weitestgehend erst nach 1359 von den beiden Architekten und Bildhauern Andrea Pisano und Francesco Talenti fertiggestellt. Der Turm ist 84,5 m hoch und außen mit rechteckigen Fassadenplatten verkleidet.

Kathedrale von Gloucester, England

Der Kreuzgang der Kathedrale von Gloucester ist Fans von *Harry Potter* vermutlich als Drehort mehrerer Szenen aus den Filmen bekannt. Aber im Mittelalter besaß er eine noch größere Bedeutung. Der Kreuzgang ist berühmt für sein frühes Fächergewölbe, ein für den Perpendicular-Stil der englischen Gotik typisches Merkmal. Die komplexen Rippen wirken, als würden sie kunstvolle Netze bilden, die das Gewölbe wie Fächer zu stützen scheinen.

Die Große Pest, auch als Schwarzer Tod bekannt, wird vermutlich aus Zentralasien eingeschleppt und breitet sich in den nächsten Jahrzehnten in Europa aus. Übertragen wird die Krankheit von den Flöhen infizierter Ratten. Der Beulenpest fallen schätzungsweise 60 Prozent der europäischen Bevölkerung und etwa einhundert Millionen Menschen weltweit zum Opfer.

Der Hundertjährige Krieg zwischen England und Frankreich bricht infolge mehrerer Streitigkeiten aus. Er dauert bis 1453.

1337

1347–1351

1350

DER EINSTURZ DER KATHEDRALE VON BEAUVAIS UND DIE NACHGOTIK

Die Kathedrale von Beauvais in Nordfrankreich soll von Bernard de Soissons entworfen worden sein, der auch an der Kathedrale von Reims gearbeitet hat. Sie sollte die filigranste und höchste aller französischen Kathedralen werden. Mit dem Bau wurde 1225 begonnen, das Chorgewölbe 1272 fertiggestellt. Es war 48 m hoch, fast 6 m höher als das der Kathedrale von Amiens. Doch am 29. November 1284, um acht Uhr abends, kam es zur Katastrophe. Ein Teil des Gewölbes stürzte ein und mit ihm einige der Strebebögen. Die großen Fenster fielen zu Boden. Es muss ein beängstigendes Spektakel gewesen sein, ähnlich wie heutzutage der Einsturz eines Hochhauses. Erst 1339 konnte der Baumeister Guillaume de Raye die Reparaturen und den Wiederaufbau abschließen. Experten gehen heute davon aus, dass das Tragwerksversagen durch Schwingungen verursacht wurde, die auf hohe Windgeschwindigkeit zurückzuführen sind.

Das Unglück wird oft als prägender Moment für die Gotik betrachtet. Als Reaktion darauf planten die Baumeister nachfolgender Kathedralen mit schwereren Strebepfeilern und dickeren Gewölberippen. Es war der Anfang vom Ende der Hochgotik. Die Verdickung tragender Bauteile und Formen hatte zur Folge, dass diese im Kathedralenbau des 14. Jahrhunderts verstärkt dekorative Funktionen übernahmen. Das war der Fall in der Entwicklung des krummlinigen Decorated-Stils in England (1290–1350), der sich durch geschwungene Kielbögen auszeichnet, und des

Rayonnant- (ca. 1240–1350) sowie anschließend des Flamboyant-Stils (ca. 1350–1500) in Frankreich, für die raffinierte geometrische Muster und flammenähnliches Maßwerk typisch sind. Beide Stile scheinen eine Reaktion auf die Ereignisse von Beauvais und die starre, konstruktive Rationalität der Hochgotik zu sein. Beispiele hierfür sind der Vierungsturm (1480) und die Westfassade (1472) der Kathedrale von York und die Kathedrale von Beverley (1400–1420) in England, in Frankreich die Westfassade der Kathedrale von Nantes (1434–1470) und die Kirche Saint-Maclou (nach 1436) in Rouen. In England führte die Obsession für Dekoration zum Perpendicular-Stil (1350–1550), der von den Fächergewölben der King's College Chapel (1515) in Cambridge gut veranschaulicht wird.

Diese gewissermaßen anthropomorphen Varianten der spätgotischen Architektur wirken aber recht besonnen im Vergleich zu dem, was im 15. und 16. Jahrhundert noch kommen sollte. Einigen Historikern zufolge führte diese Leidenschaft für dekorative Aspekte von Baugliedern zum Selbstmord der Gotik. Dies wird an den sich wild überlappenden Gewölberippen des Architekten Benedikt Ried im Wladislawsaal (1497–1502) und der Reiterstiege (ca. 1503–1505) der Prager Burg deutlich, deren halbrunde Rippen sich jeglicher tragenden Funktion entledigt zu haben scheinen. In Deutschland treibt man die Begeisterung für das Ornament noch weiter, wo inkrustierte, voneinander losgelöste Rippen wie Tentakel wirken, ebenso wie im Kloster Santa Maria da Vitoría (1385–1515) im portugiesischen Batalha.

Angesichts all dieser organisch-expressionistischen Details ist es nicht verwunderlich, dass der Architekt Jean Mignot im Jahr 1400 den spätgotischen Entwurf des Mailänder Doms (ab 1386) folgendermaßen kritisiert: *„Ars sine scientia nihil est“* – Kunst ohne Wissenschaft ist nichts. Die „Kunst“, die er meinte, war vermutlich die Kunst der geometrischen und arithmetischen Proportionierung in Bezug auf die empirische Natur des Bauentwurfs. In Anbetracht solch überladener Gestaltung versteht man leicht, welchen Reiz die Schlichtheit der italienischen Renaissance ausübte, selbst in den Regionen, die bis zum Ende an der Gotik festgehalten haben. Doch konnte sich der Stil in einigen hybriden Kirchen in der Neuen Welt halten, in denen sich Renaissancegestaltung mit gotischen Gewölben und Grundrissen vermischt, wie beispielsweise in der Kathedrale von Santo Domingo (1521–1546) in der Dominikanischen Republik.

GEGENÜBER. Unvollendete Kapellen, Kloster Batalha, Portugal (1515)
Mit dem Bau der aufwendig verzierten Kapellen begann vermutlich Anfang des 15. Jahrhunderts der Architekt David Huguet. Anschließend setzten Mateus Fernandes der Ältere und João de Castilho die Arbeiten fort.

RECHTS. Wladislawsaal, Prager Burg, Tschechische Republik (1497–1502)
Dieses Gewölbe ist eine Schöpfung des bedeutenden deutschen Architekten Benedikt Ried, der in Böhmen tätig war und zu dessen Meisterwerken häufig auch das Gewölbe des Doms der heiligen Barbara in Kutná Hora (ab 1512) gezählt wird.

1350–1400

Das Ende einer Ära. Das Ende der Gotik zieht herauf, aber sie tritt nicht ab, ohne uns noch einiges zum Bauprozess und zur Dokumentation von Gebäuden der Spätgotik zu hinterlassen. Für beides liegen Bauunterlagen im traditionellen Sinne vor, also Architekturzeichnungen und Manuskripte, anhand denen sich die Namen der Baumeister feststellen lassen, die diese Gebäude entworfen haben, wie beispielsweise die in Mitteleuropa wirkende Familie Parler. Architekturzeichnungen dokumentieren die zunehmend komplexen Spielarten der Gotik, als die Bewegung in einem Ausbruch von üppiger Dekoration und Ornamentierung ihren Höhepunkt findet. Mehrere Hundert Zeichnungen haben bis ins 21. Jahrhundert überdauert. Sie sind der üblichen Wiederverwendung von Pergament als Bucheinband von illuminierten Handschriften entgangen, der andere mittelalterliche Zeichnungen zum Opfer gefallen sind. Durch aufkommende Drucktechniken und die zunehmende Verwendung von Papier sind diese Dokumente der Nachwelt erhalten geblieben.

Veitsdom, Tschechische Republik
Mit dem Bau der Domkirche von Prag, die den Heiligen Veit, Wenzeslaus und Adalbert geweiht ist, wurde 1344 begonnen. Der Entwurf stammt vom französischen Architekten Matthias von Arras. Nach seinem Tod 1352 übernahm der deutsche Architekt Peter Parler. Von Parler stammen auch die Karlsbrücke (1357–1402) und die Planung für die Neustadt von Prag. Die Baumeisterfamilie Parler wurde von Peters Vater Heinrich begründet und war in ganz Mitteleuropa bekannt. Die Parlers arbeiteten an Kathedralen und Kirchen im tschechischen Kutná Hora sowie in Köln, Nürnberg und Wien.

Gewölbe aus Holz statt Stein werden zu einem Markenzeichen der englischen Gotik. Ein spektakuläres Beispiel ist das Vierungsgewölbe der Kathedrale von Ely. Sie ist das Werk des Architekten Alan of Walsingham und des Zimmermeisters William Hurley.

1350

In China wird die **Ming-Dynastie** gegründet, die bis 1644 Bestand haben soll. Ihre Kaiser zeichnen für Bauwerke wie die Stadtmauer von Nanjing, die Verbotene Stadt in Peking (1406–1420) und die Instandsetzung und Erweiterung der Chinesischen Mauer (ab dem 3. Jh. v. Chr.) verantwortlich.

1368

Sainte-Chapelle de Vincennes, Frankreich

Diese Kapelle wurde im Schloss von Vincennes (1336), einer Stadt östlich von Paris, errichtet. Sie beruht auf dem Vorbild der königlichen Kapelle Sainte-Chapelle (1238–1246) in Paris und wird dem Architekten Raymond du Temple zugeschrieben. Ihre Fassade wurde um 1480 fertiggestellt. Die Buntglasfenster wurden 1559 größtenteils durch Grisaille-Glasmalereien ersetzt.

Mailänder Dom, Italien

Die Mariä Geburt geweihte Kathedrale wurde ab 1386 erbaut, vermutlich nach Plänen von Simone da Orsenigo. Diese wurden 1389 von Nicolas de Bonaventure überarbeitet, der das Material von Ziegeln zu Marmor und den Stil von der lombardischen zur Rayonnant-Gotik änderte. Zehn Jahre später bat man den französischen Architekten Jean Mignot um eine Beurteilung, was einige Verbesserungen erbrachte. An der Kirche haben noch viele andere mitgewirkt, darunter Carlo Pellicani, von dem die 1805 errichtete, einer Hochzeitstorte ähnelnde Fassade stammt.

Baubeginn des **Ulmer Munsters** in Südwestdeutschland. An diesem Meisterwerk der Gotik arbeiten viele bekannte Architekten; darunter mit Heinrich, Heinrich III. und Michael einige Mitglieder der Familie Parler, Ulrich von Ensingen und sein Sohn Matthäus sowie Matthäus Böblinger.

1377 | **1379–1480** | **1386–1389**

2

RENAISSANCE, BAROCK & ROKOKO

FASTE
DE LA FRANCE

Gelegentlich heißt es, die Aufgabe der Kunst bestünde darin, die Menschen dazu zu bringen, die Dinge in einem anderen Licht zu sehen und ihre Umgebung und die gesamtgesellschaftlichen Zusammenhänge anders wahrzunehmen. Das könnte man auch über Architektur sagen. Zu Beginn dieses Kapitels wird zunächst der internationale Kontext vorgestellt, der sich von den Entwicklungen in Europa deutlich unterscheidet. Vor der im Abstieg begriffenen, zunehmend überladenen Gotik wirkt der schlichte Klassizismus der italienischen Renaissance des 15. und frühen 16. Jahrhunderts wie eine rationale, visuelle Entspannung. Trotzdem waren die italienischen Renaissancebauten mit ihren Arkaden eher eine Fortführung dessen, was die Römer schon Jahrhunderte zuvor praktiziert hatten. Insofern macht es Sinn, dies eine „Renaissance", also „Wiedergeburt", zu nennen. Doch selbst in Italien (von Frankreich und England ganz zu schweigen) kommt es vor, dass Bauten des 15. und 16. Jahrhunderts den klassischen Stil scheuen und stattdessen bei einer Abwandlung der Gotik landen. Dazu zählt der Palazzo Santa Sofia in Venedig (1428–1430). Seine von genasten Kielbögen geprägten Arkaden machen unmissverständlich klar, dass schlichter Klassizismus hier nicht praktiziert wird, womit sich der Stadtstaat optisch von den in Rom und Florenz vorherrschenden Einflüssen abhebt.

Für die Architektur ist der Klassizismus der Renaissance ebenso wichtig wie die italienische Renaissance für die Malerei. Aber genau wie in Malerei und Bildhauerei haben die wiedergeborene Wertschätzung der menschlichen Form und die realistische Porträtmalerei weitreichendere Auswirkungen auf den Humanismus und die Menschheit. Es entstehen sogar Abbildungen Gottes in naturalistischer, menschlicher Gestalt. Auch über die Schöpfer dieser Kunstwerke ist mehr bekannt. Verglichen mit den spärlichen Informationen, die uns über die Handwerker vorliegen, die für die Meisterwerke der Architektur und der Stadtplanung von der Vorgeschichte bis zur Gotik verantwortlich waren, gibt es über die Künstler und Architekten der italienischen Renaissance geradezu eine Fülle von Informationen. Dies liegt unter anderem an der Erfindung des Buchdrucks 1439 und der darauffolgenden Ausbreitung von Wissen in ganz Europa.

Mehrere Architekten der italienischen Renaissance waren auch als Künstler tätig, eben echte Renaissencemenschen. Filippo Brunelleschi gilt häufig als der Architekt, der den Weg geebnet hat, vor allem durch sein Meisterwerk, die Kuppel der Kathedrale von Florenz (1420–1436). Der Maler und Architekt Giorgio Vasari hat mit seinem Buch *Die Leben der hervorragendsten Maler, Bildhauer und Architekten* 1550 die Lebensgeschichten vieler

VORHERIGE SEITE. Spiegelsaal, Schloss Versailles, Frankreich (1678–1684)
Der Spiegelsaal ist der Inbegriff für die prunkvolle Dekoration des Schlosses König Ludwigs XIV. Er diente als Warteraum für Höflinge, die den König um eine Audienz ersuchten, sowie als beeindruckender Rahmen für höfische Feste.

GEGENÜBER. Palazzo del Te, Mantua, Italien (1524–1534)
Hier sieht man die als Serliana bezeichneten Elemente, bei denen der mittlere Bogen die ihn flankierenden Rechtecköffnungen überragt. Ihr Name geht auf den Architekten Sebastiano Serlio zurück, aber sie wurden auch zum Markenzeichen von Andrea Palladio und waren eine beliebte, klassisch geprägte Fenstergestaltung.

OBEN. Ca' d'Oro, Venedig, Italien (1428–1430)
Man erkennt hier die reich verzierte venezianische Gotik. Das Haus folgt in der Gestaltung der Linie, die der berühmte Dogenpalast (nach 1340) für die Bebauung der Stadt vorgegeben hat.

dieser Multitalente bekannt gemacht. Zu den frühen Größen zählen der Architekt und Künstler, Schriftsteller und Philosoph Leon Battista Alberti, der häufig als Genie geltende Architekt und Erfinder Leonardo da Vinci und Michelangelo di Lodovico Buonarroti Simoni, der einen individuellen Ausdruck des Renaissancestils einführte, der wegen seiner verzerrten Formen Manierismus genannt wird und später von anderen nachgeahmt wurde. Ein solcher Manierist ist Giulio Romano, Schüler des Malers und Architekten Raffael Sanzio da Urbano, kurz Raffael. Der Palazzo del Te in Mantua (1524–1534), den Romano für Federico II. Gonzaga, den Herzog von Mantua, errichtet hat, war der ultimative Partypalast. Der Grundriss ist relativ schlicht und er besteht aus einem einzigen, ausgiebig mit Fresken dekorierten Hofhaus. Seine Loggia besitzt die auch als venezianische Fenster bezeichneten Serliana, die ihren Namen Sebastiano Serlio verdanken, der sie in seinem Buch *Architektur* (ab 1537) bekannt gemacht hat.

Das bedeutendste Architekturmonument der Renaissance, des Manierismus und des Barock ist der Petersdom in Rom (1506–1626). Zum Zeitpunkt seiner Entstehung galt er als Symbol der Gegenreformation und als Versuch einer Zurschaustellung päpstlicher Macht inmitten des Dreißigjährigen Kriegs (1618–1648). Er zählte mehrere Jahrhunderte lang zu den größten Gebäuden der Welt. Seine Grundfläche ist 220,5 m lang und 152,5 m breit, seine Kuppel 136,5 m hoch. Gian Lorenzo Bernini vollendete den Bau mit seinem Baldachin, einer teilvergoldeten Bronzekonstruktion, deren von Spiralsäulen getragenes Dach 30 m über dem Altar und dem Grab des Hl. Petrus schwebt.

Neben enormen Sakralbauten entstanden aber auch gigantische Paläste. Der berühmteste ist Schloss Versailles (1624–1770), das größtenteils unter dem Sonnenkönig Ludwig XIV. entstand und von anderen europäischen Herrschern nachgeahmt, aber nie übertroffen wurde. Frankreich verdankt seine damalige Bedeutung aber auch den Wehrbauten von Sébastien Le Prestre de Vauban. Von ihm stammen die sternförmigen Festungen, mit denen Ludwig XIV. das französische Herrschaftsgebiet ausweitete und die Grenzen der Nation für die nächsten vier Jahrhunderte festlegte.

Auch England und andere mitteleuropäische Länder übernahmen klassische Formen in ihr landestypisches Architekturvokabular. Herausragende Beispiele hierfür sind in England, speziell London, die Bauwerke von Christopher Wren und Nicholas Hawksmoor. Der Astronom, Mathematiker, Physiker und Architekt Wren galt mit seinen vielfältigen Interessen als der Inbegriff des englischen Gentleman. Er war Absolvent der Universität Oxford und später Professor. Nach dem großen Brand von London 1666 wurde er zum Architekten für den Wiederaufbau der St. Paul's Cathedral und anderer Kirchen berufen, drei Jahre später zum Surveyor of the King's Works ernannt. Sein Meisterwerk ist die St. Paul's Cathedral (1625–1720), deren 111,5 m hohe Kuppel fast an die Kuppel des Petersdoms heranreicht. Wren wird auch für kleinere Kirchen wie St. Stephen Walbrook (1672–1679) und St. Mary Aldermary (1679–1682) geschätzt.

Auch der englische Barockarchitekt Nicholas Hawksmoor ist für seine Kirchen bekannt. Anders als Wren stammte er weder aus

LINKS. St. George's Church Bloomsbury, London, England (1716–1730)
Die individualistischen Ausdrucksformen, zu denen Nicholas Hawksmoor in einem klassischen Vokabular findet, werden am besten an den kühnen Bögen, tempelartigen Details, der steilen, als Turmhelm dienenden Stufenpyramide und vor allem an der Hauptfassade der Kirche deutlich, deren Proportionen und Gestaltung traditionell sind.

GEGENÜBER. Petersdom und Petersplatz, Rom, Italien (1506–1626)
Seit dem 16. Jahrhundert ist diese Basilika auf der ganzen Welt als Symbol des katholischen Glaubens und dessen geistlichen Oberhaupts, dem Papst, bekannt. Der Petersplatz fasst etwa 250 000 Besucher.

einer wohlhabenden Familie, noch genoss er eine umfassende Schulbildung. Als Wren aber 1679 vom Talent des jungen Hawksmoor hörte, stellte er den damals erst 18-Jährigen ein. Hawksmoor war beim Bau des Winchester Palace 1683–1684 Wrens stellvertretender Bauleiter und arbeitete bis zum Ende des Jahrhunderts mit Wren zusammen. 1705 arbeitete Hawksmoor mit John Vanbrugh am Blenheim Palace (1705–1722). Hawksmoor ist vor allem für seine individuell ausgedehnte Variation der kühnen Barockform in Erinnerung geblieben. Ein gutes Beispiel hierfür ist die Kirche St. Alphege's (1712–1718) in Greenwich, deren Eingangsportikus eine riesige Serliana ist. Das vielleicht berühmteste Beispiel für Hawksmoors persönlichen Stil ist die Londoner St. George's Church Bloomsbury (1716–1730), deren pyramidenförmiger Turmhelm von Rekonstruktionen des Mausoleums von Halikarnassos, einem der sieben Weltwunder der Antike, beeinflusst ist.

Die interessanteste Entwicklung in Mitteleuropa war die anhaltende Verbreitung barocker Formen in der nächsten Stilstufe, dem barocken Klassizismus. Mit dem Rokoko-Stil entwickelte sich ein leichtes, lockeres, aber auch vollkommen überladenes Stilextrem, das in den 1730ern und 1740ern in Frankreich aufkam und sich in den folgenden Jahrzehnten in Mitteleuropa verbreitete. Der Name „Rokoko" leitet sich vom französischen Wort *Rocaille* ab, einer Art von Dekoration, bei der Räume und Möbel mit kleinen Edelsteinen, Steinchen und Muscheln verziert werden. Im Vergleich zu den wuchtigen, geometrischen Formen des Barocks ist das Rokoko leicht und verspielt.

Zu den Musterbeispielen zählen die von den Brüdern Cosmas Damian und Egid Quirin Asam in Süddeutschland erbauten Provinzkirchen, deren spartanisches Äußeres nicht auf die Dekorationsexplosion im Innern schließen lässt. Die Brüder bauten sich in München ihre eigene Kapelle (1733–1746) und gestalteten viele weitere Kirchen in Bayern und Österreich, darunter die Ursulinenkirche (1736–1741) in Straubing. Vergleichbar sind die Werke der Architektenbrüder Dominikus und Johann Baptist Zimmermann, wie die Pilgerkirchen in Steinhausen (1727 begonnen) und Wies (1745–1754).

Interessant am Rokoko im Vergleich zu den früheren, von klassischen Formen geprägten Renaissance- und Barockbauten ist die Tatsache, dass sich die Entwicklung von schlichten, rationalen Gebäuden zu völlig übertriebener Gestaltung in der Gotik zwischen Hochgotik und Spielarten wie Flamboyant und Decorated ähnlich vollzogen hat. Dieses Muster von gestalterischer Mutation und Reaktion ist auch später anzutreffen, als Architekten auf der Suche nach Inspiration für gegenwärtige Entwürfe ihren Blick in die Vergangenheit richten.

1400–1420

Aufeinanderprallen von Kulturen. Im europäischen Kontext ist die frühe italienische Renaissance ein Quantensprung hin zum Humanismus und zur Wiederbelebung antiker römischer Ideale. Aber es gibt ganze Kulturkreise, an denen diese Bewegung vorbeigeht – von Nord- und Südamerika über Asien bis hin zum Nahen Osten und Afrika. Für viele Menschen außerhalb Westeuropas wird die Rückbesinnung auf die Klassik, die sich im Laufe des nächsten Jahrhunderts entwickelt, ein Kolonialstil, den die europäischen Nationen bei ihren Entdeckungsreisen mit sich bringen, während sie Nord- und Südamerika und sogar einige Orte in Asien erobern und kolonisieren. Im Zuge dieser weltweiten Verbreitung der klassisch geprägten Formen werden die Bauten, die eigentlich Monumente für den Humanismus sein sollten, zum Ausdruck unmenschlicher Kulturen. Zu Beginn dieser humanistischen Renaissance gibt es aber viele regionale Spielarten für die Planung und Gestaltung von Gebäuden.

Cahokia Mounds, USA
Präkolumbische Architektur gibt es auch außerhalb von Mittel- und Südamerika. Allerdings wurden die als Mounds bezeichneten, künstlich angelegten Hügel in Nordamerika nicht aus Stein, sondern aus Erde und Holz errichtet. Ein solcher Ort findet sich in der nördlich von St. Louis gelegenen, archäologischen Stätte Cahokia im südlichen Illinois. Die einstige Stadt existierte etwa zwischen 1000 und 1350 und versammelte auf einer Fläche von 16 km² 120 Mounds und eine Bevölkerung von bis zu 40 000 Einwohnern. Die Gründe für ihren Niedergang sind ungeklärt, allerdings gelten schwerwiegende Überschwemmungen in den Jahren zwischen etwa 1340 und 1460 als mögliche Ursache.

Goldener-Pavillon-Tempel, Japan
Dieser prächtige buddhistische Schrein gehörte einst zum Palast des Shoguns Ashikaga Yoshimitsu. Der Originalbau fiel 1950 einem Brand zum Opfer, aber der Pavillon wurde 1955 wiederaufgebaut. Das Erdgeschoss besteht aus unbearbeitetem Holz. Die vergoldeten Obergeschosse bergen die Wohnräume eines Zenpriesters sowie vermutlich zu religiösen Zwecken genutzte Räume. Der Goldene-Pavillon-Tempel ist nur 12,5 m hoch und diente dem Silbernen-Pavillon-Tempel in Kyoto als Vorbild.

Die chinesische Ming-Dynastie entsendet **Schiffsexpeditionen** nach Südostasien und in den Indischen Ozean.

1405

Registan, Usbekistan

Dieser öffentliche Platz war das Zentrum des alten Samarkand. Er wird von drei Koranschulen, sogenannten Medresen, eingerahmt, die zwischen 1420 und 1660 erbaut wurden. Die älteste geht auf das Reich zurück, das vom mongolischen Eroberer Timur, der auch als Tamerlan bekannt ist, gegründet wurde. Ihre *Pishtaks*, monumentale Eingangsportale mit Nischenbogen, und Mosaikdekorationen sind typisch für die islamische Architektur. Der Platz wurde für öffentliche Bekanntmachungen und Zeremonien genutzt. Flankiert von den drei Medresen steht er ähnlichen städtebaulichen Kompositionen in Westeuropa in nichts nach.

1415

Die **Schlacht von Azincourt** in Nordfrankreich ist ein wichtiger militärischer Sieg von englischen Bogenschützen über französische Ritter zu Pferde.

Portugal nimmt Ceuta an der Nordküste Afrikas ein. Diese Eroberung ermöglicht die weitere portugiesische Expansion an der afrikanischen Atlantikküste.

1419–1434

In den **Hussitenkriegen** in Mitteleuropa stellen sich christliche Hussiten gegen Kräfte, die der katholischen Kirche loyal ergeben sind. Sie nehmen spätere Religionskonflikte wie den Dreißigjährigen Krieg vorweg.

1420

1420–1440

Brunelleschis Renaissance. Filippo Brunelleschi ist einer der wichtigsten Architekten der italienischen Renaissance. Als genialer Techniker und Mathematiker entschied er sich gegen eine Laufbahn als Bildhauer und wurde stattdessen Architekt. 1401 nahm er an einem Wettbewerb zur Gestaltung der Türen des Baptisteriums von Florenz teil, bei dem er jedoch gegen den Bildhauer Lorenzo Ghiberti verlor. Neben seinen Bauten sind auch Brunelleschis Schriften zur Linearperspektive von großer Bedeutung. Darin geht es um die Darstellung eines Bildes, wie es vom menschlichen Auge wahrgenommen wird. In der Perspektive erscheinen weiter entfernte Objekte kleiner als nahe Objekte. Das Thema wurde auch von anderen behandelt, aber Brunelleschi gebührt das Verdienst, seine Erkenntnisse 1413 in einem Experiment umgesetzt zu haben. Dazu zeichnete er die Umrisslinien eines Gebäudes so auf eine spiegelnde Oberfläche, dass sie im Horizont zusammenliefen. Dieses Experiment und seine späteren Erfindungen, wie beispielsweise eine Hebevorrichtung für den Transport von Baumaterial für die Kuppel der Kathedrale von Florenz, haben Autoren wie Giorgio Vasari dokumentiert. Die Linearperspektive zählt zu den bedeutendsten Wiederentdeckungen aus der römischen Kunst, die in der Renaissance gemacht wurden, und ebnet den Weg für die Entwicklung naturalistischer Stile.

Ospedale degli Innocenti, Italien
Dieses Findelhaus in Florenz wurde von der Seidengilde gestiftet. Den ersten Bauabschnitt des 1427 fertiggestellten Komplexes entwarf Brunelleschi, spätere Anbauten stammen von anderen Architekten. Das Gebäude umfasst unter anderem ein Refektorium, Schlafsäle, eine Krankenabteilung, Schwesternzimmer sowie Kreuzgänge für Männer und Frauen. Die Fassade besitzt eine Arkade mit Kompositsäulen und glasierten blauen Terrakotta-Tondi, die vom Künstler Andrea della Robbia geschaffen wurden.

Papst Martin V. ruft zum Kreuzzug gegen das Osmanische Reich sowie gegen ketzerische Christen in Böhmen auf. Es ist der erste Kreuzzug gegen die Hussiten.

1420

Brunelleschi erhält das erste Patent Italiens für ein Schiff mit Hebevorrichtung zum Transport von Marmor. Es gilt als eines der ersten modernen Patente.

1421

Kuppel der Kathedrale von Florenz, Italien

1418 gewann Brunelleschi einen Wettbewerb zur Gestaltung der Kuppel. Seine Lösung besteht aus einem zweischaligen Mauerwerk mit gemauerten Ringankern. Die Kuppel wird darüber hinaus durch die darunterliegenden Exedren gestützt, die etwas später ergänzt wurden, um die herrschenden Kräfte abzuleiten. Die einzelnen Seiten der achteckigen Kuppel stützen sich gegenseitig ab. Mit der 1472 aufgesetzten Laterne ist sie 114 m hoch und war damit lange Zeit die höchste Kuppel Europas.

Santo Spirito, Italien

Kurz vor seinem Tod im Jahr 1446 begann Brunelleschi mit dem Bau dieser Kirche in Florenz. Der auf einem lateinischen Kreuz basierende Grundriss spiegelt sich auch in der klassisch geprägten Hauptschiffarkade wider. Brunelleschis Nachfolger Antonio Manetti, Giovanni da Gaiole und Salvi d'Andrea stellten die Kirche fertig, abgesehen von der Fassade, die aus dem Jahr 1792 stammt. Sie besaß früher eine dekorative Bemalung, die in den 1960ern entfernt wurde. Der kunstvolle Baldachin im Barockstil stammt aus dem Jahr 1601 und wurde von Giovanni Battista Caccini und Gherardo Silvani entworfen.

Das **Aztekenreich** entsteht, als drei Stadtstaaten im Tal von Mexiko den aztekischen Dreibund schließen.

Johannes Gutenberg erfindet in Mainz die Druckpresse. Das bekannteste von ihm gedruckte Buch ist die Gutenberg-Bibel (1454–1455).

1428 | **1428–1446** | **1439**

1440–1460

Auf die Fassade kommt es an. Fassaden aus der ganzen Welt erzählen unterschiedliche Geschichten und jede vermittelt einen anderen Eindruck. Egal, ob es sich um eine Moschee-Medrese in Timbuktu handelt oder eine Kirche bzw. einen Palast in Florenz. Sie alle besitzen ausgeprägte Merkmale, die sich dem Betrachter einprägen. Das westafrikanische Land Mali war durch seine Goldvorkommen und deren Abbau zu großem Reichtum gekommen, mit dem es ein umfassendes Bauprogramm finanzierte. Die in Timbuktu gebauten Moschee-Medresen bilden eine Art Universitätskomplex, der deutlich macht, welchen Stellenwert Religion und Bildung in dieser wohlhabenden islamischen Gesellschaft hatten. Sie vermitteln einen festungsartigen Eindruck und veranschaulichen so, dass Wissen Macht ist. In Europa tragen reiche Bankiersfamilien dazu bei, aus Florenz das Juwel der Renaissance zu machen. Die aufwendig dekorierten Kirchenfassaden und das massive Bossenwerk der Paläste in der Stadt verdeutlichen den Wohlstand und die wirtschaftliche Macht der Stadt.

Sidi Yahia, Mali
Die Sidi-Yahia-Moschee (1440; 1577 und nach 2012 restauriert) ist eine von mehreren, ähnlich gestalteten Moschee-Medresen, die im 15. Jahrhundert in Timbuktu errichtet wurden. Neben ihr gibt es noch die Sankoré- (ab dem 11. Jahrhundert) und die Djingerber-Moschee, die vom spanisch-islamischen Architekten Abu Ishaq al-Sahili stammen. Alle drei sind größtenteils aus Lehm erbaut. Sie waren jeweils unabhängig, mit eigenen Gelehrten und Schülern, bildeten aber zusammen die Universität von Timbuktu, an der 25 000 Studenten lernten.

1440

1441

Das Schloss **Herstmonceux Castle** wird in der englischen Grafschaft Sussex gebaut. Dieses Meisterwerk flämischer Steinmetze ist einer der frühesten Ziegelbauten des Landes. Seine Details erinnern eher an Renaissancepaläste als an mittelalterliche Festungen.

1452

Das **Hôtel-Dieu de Beaune**, ein Armenhaus und Hospital, wird in Burgund eröffnet. Nicolas Rolin, der Kanzler des Herzogtums Burgund, stiftet das Fachwerkrefugium, das vermutlich vom flämischen Architekten Jacques Wiscrère entworfen wurde.

Santa Maria Novella, Italien
Diese Florentiner Kirche wurde etwa zwischen 1246 und 1350 im Stil einer schlichteren toskanischen Gotik errichtet. Die Kapellen im Innern und die Eingangsfassade stammen von Leon Battista Alberti. Die ebenerdige Reihe gotischer Spitzbögen war bereits bei früheren Baumaßnahmen entstanden. Albertis Renaissancedesign vereint klassische korinthische Säulen mit einer stark gerasterten Fassade aus Marmortafeln, die ebenso nach Romanik wie nach Renaissance aussieht. Giorgio Vasari hat die Kirche nach 1567 renoviert.

Palazzo Pitti, Italien
Dieser Palast wurde für den Florentiner Bankier Luca Pitti erbaut, ein Unterstützer der mächtigen Medici-Familie. Der wuchtige, mit Bossenwerk versehene Palast wirkt wie eine Festung, ist aber ein Wohnsitz und wurde wohl vom Architekten Luca Fancelli entworfen. Vasari schreibt den Bau in *Die Leben der hervorragendsten Maler, Bildhauer und Architekten* (1550) Filippo Brunelleschi zu, der jedoch bereits 1446, also einige Jahre vor dem Bau des Palasts, gestorben war. Hinter seiner strengen, von Mauerbögen durchzogenen Fassade liegt ein nahezu quadratischer Innenhof.

1456–1470

1458–1472

1460–1480

Traum und Realität. Der Traum der Renaissance war die Erschaffung einer perfekten Welt. In einem rationalen visuellen System sollte alles am richtigen Platz sein, egal ob in dreidimensionaler Perspektive oder in einem zweidimensionalen Raster. Das wird in den Innenräumen von Kirchen ebenso deutlich wie in den Nachahmungen von klassisch geprägten Gebäuden in gemalten Stadtlandschaften. Ein rationaler Gestaltungsansatz zieht sich auch durch andere Gebäudetypen wie beispielsweise Festungen, die Angriffen mit neuartigen Waffen wie der Artillerie standhalten müssen. Es ist eine Binsenweisheit, dass ein Zylinder nicht nur die ideale Form ist, sondern auch fester als ein Würfel, Quadrat oder Rechteck. Der zentralisierte Grundriss setzt sich bei befestigten Städten ebenso durch wie bei runden Bastionen. Zur gleichen Zeit schafft Leonardo da Vinci nicht nur wegweisende Gemälde, sondern skizziert darüber hinaus obsessiv zahlreiche Erfindungen, darunter auch militärische Apparate, die teilweise Technologien des 20. Jahrhunderts wie Panzer, Flugzeuge und Hubschrauber vorwegnehmen.

Die ideale Stadt, Italien
Italienische Renaissancekünstler und -architekten wie Fra Carnevale und Francesco di Giorgio Martini sollen ihre Vorstellungen einer idealen Stadt als Gemälde festgehalten haben. Die Panoramaansichten mit Renaissancebauten, aber ohne störende Menschen sind unheimlich wirkende Vorbilder für die klassizistischen Stadtkulissen des italienischen Künstlers Giorgio de Chirico im 20. Jahrhundert.

Die **Schlacht von Northampton** wird im Rahmen der englischen Rosenkriege (1455–1487) zwischen den Häusern Lancaster und York, zwei Nebenlinien des Königshauses Plantagenet, ausgetragen. Erstmals kommt in England in einer Schlacht Artillerie zum Einsatz.

1460 — 1460–1480 — 1464

Fortezza San Leo, Italien
Der Maler, Architekt und Militäringenieur Francesco di Giorgio Martini soll Befestigungsanlagen und Militärmaschinen entworfen sowie Architekturbücher über die ideale Stadt und sternförmige Befestigungen geschrieben haben. Für Federico da Montefeltro führte er Um- und Ausbauten an der Festung San Leo durch, die in der Provinz Rimini auf einem 630 m hohen Felssporn liegt. Martini baute eine Verteidigungsmauer mit Auskragung und Bastionen mit geböschten Seiten, um dem damals üblichen Artilleriekreuzfeuer standhalten zu können.

Der türkische Militäringenieur **Munir Ali** stellt mit dem bronzenen Dardanellengeschütz die größte Kanone der Welt her. Es wiegt mehr als 14,5 t und ist über 5 m lang.

In der Schweiz wird die **überdachte Holzbrücke Neubrügg** über die Aare gebaut. Sie verbindet Bern mit dem Dorf Kirchlindach.

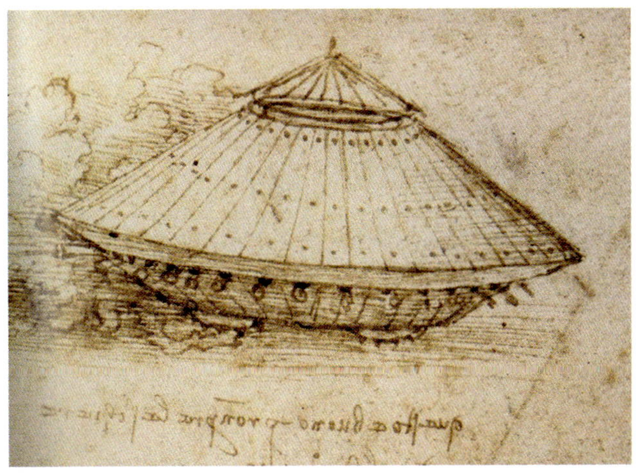

Zeichnung eines Panzerwagens, Leonardo da Vinci
Die malerischen Leistungen Leonardos sind weithin anerkannt, aber erst seine Skizzenbücher, die sich heute in verschiedenen Sammlungen befinden, erschließen seine Kreativität als Künstler, Ingenieur, Erfinder und Futurist. Seine militärischen Skizzen zeigen Armbrüste, Artilleriegeschütze und sogar da Vincis Vision eines Panzers: ein mit Kanonen bestücktes, kreisrundes Gehäuse auf Rädern, das über von Hand angekurbelte Getriebe in Bewegung versetzt werden sollte.

1469 | 1475 | ca. 1485

KIRCHE UND STADT-STAAT

Das Tauziehen um die Macht zwischen Kirche und Staat reicht bis ins 4. Jahrhundert zurück. 1077 entschied das Papsttum den Machtkampf schließlich für sich, als Heinrich IV., Kaiser des Heiligen Römischen Reichs, sich nach Canossa begab, um Papst Gregor VII. um Aufhebung seiner Exkommunikation zu bitten. Das mag Heinrich weniger aus Bußfertigkeit, denn zum Erhalt seiner Macht getan haben. Als dies fehlschlug, stellte er sich gegen Gregor VII. und setzte schließlich Clemens III. als Papst ein, der später zu den Gegenpäpsten zählte, die nicht von der Kirche gewählt worden waren. Der Katholizismus war die allgemein anerkannte Form des Christentums in Europa, weshalb sich die Päpste häufig auch politisch durchsetzen konnten.

OBEN. Innenhof des Palazzo Medici Riccardi, Florenz, Italien (1444–1484)
Der quadratische Innenhof im rechteckigen Grundriss des Palazzo bietet eine Außenfläche innerhalb des Gebäudes, ganz so, wie die Atrien antiker römischer Wohnhäuser.

GEGENÜBER. Palazzo Vecchio, Florenz, Italien (1299–1314 und später)
Der hier abgebildete Turm trägt wegen seiner großen Glocke den Spitznamen *Torre della Vaca* (Kuhturm). Die Glocke geht auf das Jahr 1353 zurück, die gegenwärtige stammt allerdings von 1667.

Aber nachdem der deutsche Priester Martin Luther die Kirche des Machtmissbrauchs bezichtigte, zersplitterte das Christentum im Laufe der Reformation zunehmend, was schließlich zum Dreißigjährigen Krieg (1618–1648) führte. Mit der Gegenreformation (1545–1781) holte die katholische Kirche liturgisch wie ekklesiastisch zum Gegenschlag aus. Angesichts des Religionszwists innerhalb des Christentums forderten auch weltliche Herrscher die Autorität des Papstes heraus. Der berühmteste unter ihnen ist wohl der englische König Heinrich VIII., der seine Autorität durchsetzte, indem er die englische Kirche von Rom abspaltete. 1531 ernannte er sich selbst zum Oberhaupt der Kirche von England und löste die Klöster im Land auf, die dem Papst gegenüber loyal geblieben waren.

Mit dieser neu entdeckten Unabhängigkeit hängt auch die Entwicklung der Stadtstaaten in der italienischen Renaissance zusammen. Zwar blieben die Italiener katholisch und erkannten die Autorität des Papstes in Religionsfragen an, doch entwickelten sich wohlhabende Führungspersönlichkeiten in Städten wie Florenz und Venedig zum Pendant der feudalen Könige und Adligen. Sie lenkten die Geschicke ihrer Städte und förderten die Künste, einschließlich der Architektur. Zu den einflussreichen Städten Italiens zählten Neapel als Hauptstadt eines größeren Königreichs, Rom als Sitz des Kirchenstaats und das Herzogtum Mailand sowie die Republiken Siena, Florenz und Venedig.

Florenz wurde im Wesentlichen von der bedeutenden Bankiersfamilie Medici beherrscht, die große Förderer der Kunst waren. Infolgedessen florierten die Handwerksgilden und die Kaufleute profitierten als Lieferanten der wohlhabenden Familien. Der Vertrag von Lodi zwischen Florenz, Mailand und Neapel legte 1454 die Grenzen zwischen den mailändischen und venezianischen Gebieten in Norditalien dauerhaft fest. Das sollte in den nächsten 40 Jahren dazu beitragen, den Wohlstand dieser Stadtstaaten in einer Region, in der die Diplomatie über den Konflikt gesiegt hatte, zu mehren.

Die Ursprünge der Familie Medici liegen in der Toskana des 12. Jahrhunderts, ihre private Bank gründeten sie aber erst im Jahr 1397. Sie war bis zu ihrer Auflösung 1499 eine der wohlhabendsten Institutionen Europas. Unter Cosimo dem Älteren gelangten die Medici im 15. Jahrhundert in Florenz an die Macht. Er war ein großer Mäzen und ließ Paläste bauen, die Festungen ähnelten, wie den von Michelozzo di Bartolomeo Michelozzi entworfenen Palazzo Medici Riccardi (1444–1484). Dessen Fassade wird von drei horizontalen Bogenreihen durchzogen, wobei das Mauerwerk der einzelnen Stockwerke nach oben immer feiner wird. Im Innern des Palazzo liegt ein von Kolonnaden umstellter Hof, dessen Gestaltung von der Arkade von Brunelleschis Ospedale degli Innocenti (1419–1447) beeinflusst ist.

Noch bevor die Medici ihre Paläste bauten, ließ die Stadt ein Rathaus errichten, das wie ein Palast für das Volk wirken, aber gleichzeitig eine verteidigbare Festung sein sollte. Der so entstandene Palazzo Vecchio (1299–1314) wurde von Arnolfo di Cambio entworfen, dem Architekten der Kathedrale von Florenz (1296–1436) und der Kirche Santa Croce (1294–1385). Der Palazzo Vecchio ist aus Bossenmauerwerk errichtet, das von gotischen Fenstern sowie späteren Dekorationen von Michelozzo aus dem 15. Jahrhundert durchbrochen wird. Er besitzt einen 94 m hohen Uhrenturm sowie drei Innenhöfe, von denen der erste 1453 von Michelozzo umgestaltet wurde. Im Innern des Palazzo Vecchio befindet sich der stattliche Salone dei Cinquecento von Simone del Pollaiolo, der ab 1494 vom Großen Rat genutzt und später vergrößert wurde. Das Gebäude fungiert auch heute noch als Rathaus sowie als Museum. Cosimo hat mit seinen Aufträgen für Architekten und Künstler dazu beigetragen, Florenz zu dem zu machen, was es heute ist. Er hat eine Dynastie begründet, die bis zum Jahr 1737 die Geschicke der Stadt gelenkt, in zahlreiche europäische Königsfamilien eingeheiratet und darüber hinaus vier Päpste gestellt hat.

1480–1500

Die venezianische Renaissance. Die Republik Venedig ist ein italienischer Stadtstaat, der aufgrund seiner Leistungen in der Seefahrt mit vielen anderen Staaten konkurrieren kann. Venedig ist eine bedeutende Handelsstadt mit Seeverbindungen in östliche Länder. Die Republik wird vom Dogen regiert, einem gewählten Beamten, der als Staatsoberhaupt fungiert. Der Doge gehört, ebenso wie die Mitglieder des Großen Rates, die ihn wählen, der venezianischen Elite, also den führenden Familien der Stadt an. Sein Wohnquartier befindet sich zusammen mit dem obersten Gericht, der Ratskammer und dem Gefängnis im Dogenpalast, der 1340 im Stil der venezianischen Gotik errichtet wurde. Einen ähnlichen Baustil findet man auch in anderen Gebäuden der Stadt, beispielsweise dem Ca' d'Oro (1428–1430). Der Renaissancestil, den man in Florenz und Rom pflegt, kommt in Venedig erst später an. Nach der osmanischen Eroberung Konstantinopels im Jahr 1453 verliert die Republik Venedig an Einfluss. Sie fällt schließlich 1797 unter dem Druck Napoleons, der ihr eine pro-französische Regierung aufzwingen will.

Arsenal, Italien

Das Arsenal von Venedig bestand aus mehreren Werften und Zeughäusern, die bereits seit dem frühen 12. Jahrhundert vom Stadtstaat unterhalten wurden. Auf seinem Höhepunkt im 16. Jahrhundert waren auf einer Fläche von 32 ha 16 000 Arbeiter tätig, die Schiffe und Waffen bauten. Heute erzählt ein Museum die Geschichte des Orts. Das als Porta Magna bekannte, giebelgeschmückte Eingangstor soll um 1460 von Antonio Gambello nach Zeichnungen von Jacopo Bellini gebaut worden sein.

Leon Battista Albertis *De re aedificatoria* (*Über die Baukunst*) und *De architectura* (*Über Architektur*) des römischen Architekten Vitruv zählen zu den ersten Architekturbüchern, die gedruckt werden.

Ivan der Große lässt den Moskauer Kreml umbauen. Mehrere italienische Architekten arbeiten an dem Projekt, darunter Pietro Antonio Solari.

1482–1495

1485–1486

Scala Contarini, Italien

Diese Spiraltreppe mit ihren markanten Arkaden befindet sich im Hof des Palazzo Contarini del Bovolo. Der Palast wurde im 15. Jahrhundert von Giovanni Candi für die Familie Contarini entworfen. Die Contarini waren eine der Gründerfamilien der venezianischen Republik und stellten acht Dogen und zahlreiche andere Beamte. Die Treppe des Palasts soll ein Werk von Giorgio Spavento aus dem Jahr 1499 sein und wurde jüngst restauriert.

Treppe der Giganten, Italien

Der Architekt Antonio Rizzo entwarf diese Treppe im Stil der Hochrenaissance für den Dogenpalast. Sie wurde aus Carrara- und Breccia-Medicea-Marmor errichtet. Ihren Namen verdankt sie den überlebensgroßen Statuen von Mars und Neptun, die Jacopo Sansovino 1567 geschaffen hat. Die Treppe wurde für offizielle Zeremonien wie die Dogenkrönung und den Empfang von wichtigen Persönlichkeiten genutzt. Zwischen 1724 und 1728 wurden verwitterte Bauteile ausgetauscht.

Bartolomeu Dias erreicht das Kap der Guten Hoffnung an der Südspitze Afrikas und erschließt den Portugiesen eine Seeroute nach Indien über den Atlantik.

Die **Seeschlacht von Zonchio** zwischen dem Osmanischen Reich und der Republik Venedig ist die erste Seeschlacht, in der Kanonen auf Schiffen eingesetzt werden.

1485–1491 | **1487** | **1499**

1500–1520

Hochrenaissance. Diese Epoche ist eine äußerst kreative Zeit in Italien. Künstler wie Leonardo da Vinci, Michelangelo und Raffael malen Meisterwerke, in Rom und Florenz entstehen Gebäude, die Weltruhm erlangen und für Jahrhunderte Bestand haben. Die Arbeiten am ursprünglich von Donato Bramante entworfenen Petersdom kommen in Gang. Antonio da Sangallo der Jüngere beginnt 1507 mit der Arbeit an seiner als Zentralbau geplanten Kirche Santa Maria di Loreto in Rom. Viele Gebäude setzen in ihrer Interpretation der Methoden und des Stils des antiken Roms auf die Kraft der Schlichtheit. Dies wird besonders deutlich, wenn man sie mit den gotischen Bauten vergleicht, die zur selben Zeit in Nordeuropa entstehen – von den Kielbögen des im Decorated-Stil gehaltenen Marktkreuzes von Chichester (1501) bis hin zu den dekorativen Rippen der gotischen Gewölbe im Wladislawsaal der Prager Burg (1502).

San Pietro in Montorio, Italien
Bramante schuf diesen von einer Kuppel bekrönten *Tempietto* (ein kleiner, meist runder, tempelartiger Bau) für den Hof der Kirche San Pietro in Montorio in Rom. In dieser, dem Hl. Petrus geweihten Kirche, dient er als *Martyrion*, das den Ort der Kreuzigung des Apostels markiert. Bramante hat römische Ruinen wie den Vesta-Tempel in Tivoli (1. Jahrhundert v. Chr.) und den Tempel des Hercules Victor (2. Jahrhundert v. Chr.) in Rom eingehend studiert und sich von ihnen inspirieren lassen. Sein *Tempietto* besitzt aber schlichte toskanische bzw. dorische Säulen.

1502

1504

Santa Maria della Pace, Italien
Kardinal Oliviero Carafa beauftragte Bramante 1482 mit dem Entwurf eines schlichten Kreuzgangs für seine Kirche in Rom. Möglicherweise ließ er sich von ihm auch seine Wohnräume in einem Palast der Orsini renovieren. Der Kreuzgang stammt aus der gleichen Zeit wie Bramantes Entwurf für den Petersdom (1506–1626) und sein *Tempietto* in San Pietro in Montorio. Er erinnert an die Schlichtheit der Werke Filippo Brunelleschis. Die Kirche wurde zwischen 1656 und 1667 renoviert und erhielt dabei eine Barockfassade von Pietro da Cortona.

San Lorenzo, Italien
Michelangelo gestaltete die Neue Sakristei in der von Filippo Brunelleschi erbauten Kirche San Lorenzo in Florenz sowie die darin befindlichen Grabmäler für zwei Mitglieder der Familie Medici. Noch vor Abschluss der Bauarbeiten verließ Michelangelo 1534 die Stadt in Richtung Rom. Hier abgebildet ist das Grabmal für Lorenzo II. de' Medici, Herzog von Urbino, der als nachdenkliche Sitzfigur wiedergegeben ist und von liegenden Personifikationen des Abends und des Morgens flankiert wird.

1507

In der Neuen Welt erreicht die Verbreitung der Pocken auf der Karibikinsel Hispaniola (heute Dominikanische Republik und Haiti) erstmals ein epidemisches Ausmaß. Die Krankheit dezimiert die indigene Taíno-Bevölkerung.

1513

Europäische Entdecker gelangen auf dem Seeweg nach China. Der portugiesische Seefahrer Jorge Álvares landet in der Nähe von Guangzhou.

1517–1518

Martin Luthers Kritik an der katholischen Kirche wird gedruckt und findet große Verbreitung, was schließlich zur Reformation führt.

1519–1524

GROSSE ENTDECKUNGEN

GEGENÜBER. Kathedrale Santa María la Menor (Fassade), Santo Domingo, Dominikanische Republik (1512–1540)
Mit ihrem aufwendigen Dekorationsprogramm entspricht die Fassade allen Erwartungen an ein Portal der spanischen Renaissance.

OBEN. Kathedrale Santa María la Menor (Innenraum)
Der Innenraum der Kathedrale wirkt mit seinen Rippengewölben wie ein Stein gewordener Nachklang der Gotik. Er steht in starkem Kontrast zu den Decken der Renaissance und auch der Spätrenaissance, die in ihren Details oft schlichter sind.

Der Kolumbus-Tag wird in den USA am zweiten Montag im Oktober als Feiertag begangen, um an die Landung Christoph Kolumbus' auf den Karibikinseln Kuba und Hispaniola sowie den Bahamas im Jahr 1492 zu erinnern. Dabei wollte Kolumbus auf dieser von der spanischen Krone finanzierten Entdeckungsfahrt eigentlich nach Asien gelangen. Doch es gibt auch kritische Stimmen, die meinen, Kolumbus und die nachfolgenden Expeditionen der Europäer hätten den indigenen Bevölkerungen vor allem Vorurteile, Missbrauch, Mord, Versklavung und Tod durch Seuchen gebracht. In Anerkennung dieses Leidens wird im US-Bundesstaat South Dakota nicht der Kolumbus-Tag, sondern der Native American Day (Tag der amerikanischen Ureinwohner) begangen. Auch andere Staaten und Städte der USA haben einen ähnlichen, zusätzlichen Gedenktag eingeführt.

Für Amerikaner mit skandinavischen Wurzeln spielt Kolumbus keine Rolle. Ihnen zufolge war der isländische Entdecker Leif Erikson der erste Europäer, der seinen Fuß auf das amerikanische Festland gesetzt hat – und zwar mehrere Hundert Jahre vor Kolumbus. Er soll auch die Siedlung in L'Anse aux Meadows (ca. 1000–1050) im kanadischen Neufundland gegründet haben. Angesichts der Kompetenz der Wikinger im Bau von außerordentlich seetüchtigen Schiffen, mit denen sie auf dem Atlantik bis nach Island, Grönland und sogar ins Mittelmeer vordrangen, ist das sogar plausibel.

Aber egal, ob Kolumbus der erste Europäer in Amerika war oder nicht, fest steht, dass seine Fahrten anderen europäischen Entdeckern Tür und Tor geöffnet haben, die ab dem späten 15. Jahrhundert in seine Fußstapfen traten. Viele dieser Expeditionen gehen auf den Wunsch zurück, eine kurze Route nach Asien zu finden, um Zugang zu bestimmten Waren zu erhalten und den Handel zu fördern. Sie profitierten vom Aufkommen fortschrittlicherer Navigationsinstrumente wie Astrolabien und Sextanten zwischen dem späten 15. und dem 17. Jahrhundert. Nationen wie England, Frankreich, die Niederlande und Portugal folgten Spanien, jedoch nicht unbedingt, um Routen nach Asien zu finden, sondern um die Reichtümer der Neuen Welt wie Gold und Pelze auszubeuten. Ein weiterer Beweggrund war der Wunsch, das Christentum unter den indigenen Völkern zu verbreiten und so in gewisser Weise die anhaltende Expansion des Islam auszugleichen.

Sie kamen im 15. Jahrhundert wie einst Kolumbus auf kleinen Karavellen, später auf mehrdeckigen Galeonen. Zu den bedeutendsten Entdeckern zählen der Italiener Giovanni Caboto, der 1497 die Küste Nordamerikas für die englische Krone auskundschaftete; der Italiener Amerigo Vespucci, der zwischen 1501 und 1504 Brasilien für Portugal erkundete und der Franzose Jacques Cartier, der die Gegend um Montreal in Kanada für Frankreich erforschte.

Den Entdeckungsreisen folgte im 16. und 17. Jahrhundert häufig die Kolonisierung und sogar die Gründung von Unternehmen, die von den umfassenden Ressourcen der Neuen Welt profitieren wollten, darunter die Niederländische Ostindien-Kompanie im Jahr 1602 und die Niederländische Westindien-Kompanie 1621. Erstere finanzierte 1609 auch Henry Hudsons Erkundung der Bucht von New York. 1670 wurde die englische Hudson's Bay Company gegründet, die die Pelztierjagd und den Pelzhandel in Nordamerika kontrollieren sollte. Diese Unternehmen waren Vorboten der staatlichen Aneignung der von ihnen erforschten, kontrollierten und ausgebeuteten Länder und riefen Konkurrenzunternehmen auf den Plan.

Europäische Siedler brachten ihre Sitten und Bräuche, Gewohnheiten und Gestaltungsformen mit in die Neue Welt. Sie übernahmen die vorgefundenen Baustoffe und verpflanzten ihre eigenen Baustile in die neue Umgebung. Eines der frühesten Beispiele hierfür ist die Kathedrale von Santa María la Menor in Santo Domingo in der Dominikanischen Republik. Sie wurde 1504 von Papst Julius II. in Auftrag gegeben und zwischen 1512 und 1540 von Luis Moya nach Plänen des Sevillaner Architekten Alonso Rodriguez erbaut. Das aus Kalkstein errichtete Gebäude vereint in sich Gestaltungselemente der Gotik und der Renaissance. Das gotische Gewölbe ist 16 m hoch und hat eine Fläche von 3000 m².

1520–1540

Spielarten der europäischen Renaissance. Das wiederauflebende Interesse an der Klassik durchdringt weite Teile Italiens und Westeuropas. Zeitgleich zur Hochrenaissance lässt Heinrich VIII. von England Paläste errichten, die den Eindruck kultivierter Burgen erwecken, darunter Hampton Court (ab 1529) und St. James (1531–1536) in London. Sie wirken in ihrer Baumasse mittelalterlich, insbesondere mit ihren zinnenbewehrten Türmen, aber ihre Ziegelmauern werden von großen Fenstern durchbrochen. Ähnlich gestaltete Paläste in Greenwich, Richmond und Whitehall haben sich nicht bis ins 21. Jahrhundert erhalten. Zu den Merkmalen dieses Tudorstils zählen dekorative, gemauerte Schornsteine, Fachwerkkonstruktionen, große Erker und Erkerfenster sowie flache Bögen, die denen des früheren Perpendicular-Stils ähneln. Dieselbe Ästhetik findet sich in den zylindrischen Festungen wieder, die entlang der englischen Küste errichtet werden. Sie sollen dem Beschuss mit Bombarden standhalten und der Verteidigungsartillerie ein flexibles Schussfeld bieten.

San Biagio, Italien

Antonio da Sangallo der Ältere ist vor allem für seine Militärfestungen bekannt. Diese kleine toskanische Kirche aber, die er zwischen 1518 und 1540 in Montepulciano gebaut hat, ist ein Juwel des Kirchenbaus. Es handelt sich um einen Zentralbau auf dem Grundriss eines griechischen Kreuzes – eine Bauweise, die damals auch bei anderen Architekten beliebt war, unter anderem bei Donato Bramante, dessen ursprünglicher Entwurf für den Petersdom ähnlich aufgebaut war. Die Kuppel sitzt auf einem zylinderförmigen Tambour. Die schlichten Fassaden aus Travertin besitzen Pilaster und übergiebelte Portale.

Süleyman der Prächtige wird Sultan des Osmanischen Reichs, das er bis nach Europa hinein ausweitet. Er ist auch für zahlreiche kulturelle Leistungen bekannt, darunter der Wiederaufbau der Stadtmauer Jerusalems und die Sanierung des Felsendoms.

Ferdinand Magellans Flotte von vier Schiffen durchquert die später Magellanstraße genannte Meerenge an der Spitze Südamerikas, die Atlantik und Pazifik voneinander trennt.

1520

Uhrenturm von Hampton Court, England

Hampton Court Palace ist einer von zwei erhaltenen Palästen König Heinrichs VIII., die im Tudor-Stil aus Ziegelsteinen errichtet wurden und ebenso ans Mittelalter wie an die Renaissance erinnern. Die hier integrierte astronomische Uhr wurde 1540 vom französischen Uhrmacher Nicholas Oursian nach Plänen des deutschen Astronomen Nikolaus Kratzer geschaffen. Sie wurde 2009 restauriert. Ihr Ziffernblatt hat einen Durchmesser von 4,5 m und zeigt, wie sich die Sonne um die Erde dreht – eine damals noch weit verbreitete Vorstellung.

Piazza del Campidoglio, Rom

Die berühmte Piazza auf dem Kapitolshügel in Rom verdankt ihre Existenz Papst Paul III., der Michelangelo 1537 mit der Umgestaltung des Platzes und der angrenzenden Gebäude beauftragte. Nach dem Tod Michelangelos im Jahr 1564 wurde das Bauvorhaben nach seinen Plänen fertiggestellt. Im Zentrum des dynamisch geschwungenen Musters im Boden der Piazza steht eine bronzene Reiterstatue des römischen Kaisers Mark Aurel.

Sogenannte **Device Forts** werden in der Regierungszeit König Heinrichs VIII. vor allem an der Südküste Englands errichtet. Sie dienen zum Schutz vor möglichen französischen und spanischen Invasionen. Die berühmteste dieser Festungen ist Deal Castle in Kent mit seinen konzentrischen Steinbastionen, die es erlauben, Invasoren mit Artillerie anzugreifen.

1539–1547

1540

1540–1560

Regionalismus in der Renaissance. England ist nicht das einzige nordeuropäische Land, das den aus Italien stammenden Renaissancestil bereitwillig übernimmt. Frankreich bildet eigene Mischformen aus, die beispielsweise in verschiedenen Schlössern im Loire-Tal wie dem Château de Chambord (1519–1547) oder dem Château d'Amboise (ab 1492) vorzufinden sind. Letzteres ließ König Karl VII. von Frankreich zunächst im Stil der Flamboyant-Gotik umbauen, bevor er es 1495 von den italienischen Architekten Domenico da Cortona und Fra Giovanni Giocundo in den „ersten italienisierten Palast Frankreichs" verwandeln ließ. Sie integrierten gestalterische Motive der Renaissance. Als König Franz I. von Frankreich Chambord baute, lud er das italienische Renaissance-Genie Leonardo da Vinci nach Amboise ein. Leonardo starb dort im Jahre 1519. Der renaissancistischste aller französischen Bauten aus dieser Zeit ist das Château de Fontainebleau (1528–1547), südöstlich von Paris, das vom französischen Architekten Gilles Le Breton stammt.

Château de Chambord, Frankreich
Dieses Jagdschloss für König Franz I. soll von Domenico da Cortona und Leonardo da Vinci gemeinsam mit Pierre Nepveu geplant worden sein. Im Grundriss ähnelt es einer mittelalterlichen Burg mit Wehrgraben, aber die vielen Fenster lassen es weniger abschreckend wirken. Mit seinen bis zu 58 m hohen Türmen und Türmchen erinnert sein Anblick an eine Stadtlandschaft. Die Zimmerfluchten sind von der italienischen Renaissance, eine doppelläufige Wendeltreppe im Innern möglicherweise von Leonardo beeinflusst.

Nikolaus Kopernikus stirbt. Der polnische Astronom ist bekannt für seine Theorie eines Universums, in dem Planeten um die Sonne kreisen. Die endgültige Fassung seiner Theorie *De revolutionibus orbium coelestium* (*Über die Kreisbewegungen der Weltkörper*) erscheint in seinem Todesjahr als Druckausgabe.

Michelangelo wird zum Leiter der Bauarbeiten am Petersdom in Rom ernannt. Von ihm soll der Großteil der Arbeiten an der riesigen Kuppel stammen.

1543

1547

Süleymaniye-Moschee, Türkei
Der osmanische Sultan Süleyman der Prächtige ließ diese Moschee in Istanbul vom Hofarchitekten Mimar Sinan bauen, der edle Materialien wie Granit und Marmor verwendete. Von einem Sultan gestiftete Moscheen besaßen damals vier Minarette als sichtbaren Hinweis auf das Patronat des Sultans. Das ist auch hier der Fall. Die zentrale Kuppel ist 53 m hoch und wird von kleineren Halbkuppeln flankiert. Der Innenraum ist vergleichsweise spärlich ausgestaltet. Die Moschee ist Teil eines größeren Komplexes, dem auch eine Schule, öffentliche Bäder, ein Krankenhaus und eine Armenküche angehören.

Basiliuskathedrale, Russland
Die Kathedrale von Vasilij dem Seligen, meist Hl. Basilius genannt, steht auf dem Roten Platz in Moskau. Sie wurde auf Geheiß von Zar Iwan dem Schrecklichen errichtet. Es handelt sich um eine einzigartige, optisch beeindruckende Interpretation der für den slawischen Raum typischen Kathedralen mit mehreren Zwiebeltürmen. Sie setzt sich wie ein Bündel aus mehreren Kirchen zusammen, die jeweils aus verputzten Ziegeln auf einem Holzrahmen errichtet wurden. Die heutige Farbgestaltung stammt aus der Zeit zwischen dem 17. und der Mitte des 19. Jahrhunderts.

Königin Elisabeth I. besteigt den englischen Thron. Es ist der Beginn des Elisabethanischen Zeitalters, in dem England sich in Politik, Handel und Kunst als führende Macht in Europa durchsetzt.

1550–1557

1555–1561

1558

DER PALLADIANISMUS

Eine Frage, die häufig gestellt wird, lautet: Wer ist der einflussreichste Architekt des 20. Jahrhunderts? Die beiden aussichtsreichsten Kandidaten auf diesen Titel sind Frank Lloyd Wright und der schweizerisch-französische Architekt Le Corbusier. Doch vielleicht ist die wichtigere Frage: Wer war der einflussreichste

OBEN. Chiswick House, London, England (1729)
Die von der römischen und palladianischen Renaissance beeinflusste Villa wurde aus Ziegeln gebaut, die mit Portland-Kalkstein aus Dorset verkleidet oder verputzt wurden.

GEGENÜBER. Villa La Rotonda, Vicenza, Italien (1566–1606)
Das an römische Tempel gemahnende Erscheinungsbild und der auf einem gleicharmigen griechischen Kreuz basierende Grundriss sind in dieser Ansicht deutlich zu erkennen. Die flache, konzentrisch abgetreppte Kuppel wird auch als *Kalotte* bezeichnet, was auf die Scheitelkäppchen von kirchlichen Würdenträgern anspielt.

Architekt aller Zeiten? Hier fällt einem schnell der italienische Renaissancearchitekt Andrea Palladio ein.

Wie seine Kollegen aus der italienischen Renaissance war Palladio ein Verfechter von römischen Architekturformen und Grundrissen. Ebenso wie auch andere Architekten wurde Palladio durch die Veröffentlichung von Vitruvs Buch beeinflusst, das 1486 in Rom erstmals gedruckt wurde und 1511 in einer illustrierten Fassung in Venedig erschien. Palladio wurde als Andrea di Pietro della Gondola in Padua geboren und arbeitete als Steinmetz, bevor er nach Vicenza zog. Dort war er den größten Teil seines Lebens als Architekt tätig, arbeitete allerdings auch im nahe gelegenen Venedig. Seine *I quattro libri dell'architettura* (*Die vier Bücher zur Architektur*) wurden 1570 auf Italienisch und 1663 auf Englisch veröffentlicht. Darin hat Palladio seine Ideen und Bauten dokumentiert.

Sein berühmtestes Gebäude ist die Villa Almerico-Capra, gemeinhin auch als Villa La Rotonda bekannt, etwas außerhalb von Vicenza. Sie wurde zwischen 1566 und 1606 als Ruhesitz und Landhaus für den Kanoniker Paolo Almerico, einen Berater des Papstes, gebaut. Das Gebäude, das eher als Palast denn als Landwirtschaftsbetrieb und Landvilla gedacht war, besitzt vier identische, erhöhte Portikus mit sechs ionischen Säulen und Giebeln sowie eine zentrale Kuppel über einem Zentralgrundriss. Auf seinen Giebelfirsten sind Statuen klassischer Gottheiten aufgestellt. Insgesamt wirkt es eher wie ein römischer Tempel als ein Landsitz. Der Bau aus Ziegeln, Putz und Stein wurde nach Palladios Tod im Jahr 1580 von Vincenzo Scamozzi fertiggestellt, der auch die nahe gelegenen Wirtschaftsgebäude für die neuen Eigentümer, die Familie Capra, errichtet hat. Scamozzi verlieh der Kuppel ein gegenüber Palladios Originalentwurf flacheres Profil, das dem Pantheon (126 n. Chr.) in Rom ähnelt.

Die Villa La Rotonda diente als konzeptuelles, palladianisches Vorbild für viele spätere, klassisch inspirierte Zentralbauten – vom Chiswick House (1729) in London, das von William Kent und anderen für Richard Boyle, dem 3. Earl of Burlington, gebaut wurde, bis hin zu Monticello (1796–1809), dem Wohnsitz des US-Präsidenten Thomas Jefferson in Charlottesville, den der Amateurarchitekt Jefferson selbst entworfen hat.

Der stilistische Einfluss Palladios macht sich in der ihm nachfolgenden Architektur immer wieder bemerkbar. Er geht weit über die beiden eben genannten Gebäude hinaus und findet sich auch in der Fassade des Palazzo Grimani di San Luca (ca. 1550–1557) in Venedig und im Banqueting House (1662) in Whitehall, London, wieder. Allein in den USA erkennt man ihn in der Fassade der Independence Hall in Philadelphia (1753), im Innenraum der Touro-Synagoge in Rhode Island (1763), in den gusseisernen Arkaden des Haughwout Building in New York (1857), im Eingang des kleinen Ford-Werks Piquette Avenue Plant in Detroit (1904) und in der Piazza d'Italia in New Orleans (1978).

Palladio bediente sich häufig der Serliana, bei der eine von einem Rundbogen überwölbte Öffnung von niedrigeren Rechtecköffnungen flankiert wird. Diese sieht man seither häufig und oft wird sie auch als Palladiomotiv oder venezianisches Fenster bezeichnet. Die Serliana findet sich unter anderem in Mount Vernon (ab 1734), dem Wohnsitz des US-Präsidenten George Washington in Virginia, sowie in den mit klassischen Details verzierten Eigenheimen und den als McMansions verspotteten, überdimensionierten Protzhäusern heutiger US-amerikanischer Vorstädte. Im 21. Jahrhundert haben konservative, klassisch orientierte Architekten wie der Brite Quinlan Terry sowie zeitgenössische Architekten mit einem Bewusstsein für Architekturgeschichte wie der US-Amerikaner Robert A. M. Stern diese Fenstervariante in ihren Entwürfen verwendet.

Palladios Bücher haben weite Verbreitung gefunden und wurden und werden immer wieder neu aufgelegt, auch in elektronischen Ausgaben. Seinen Einfluss erkennt man über Jahrhunderte, nicht bloß Jahrzehnte hinweg, und Architekten wie Wright oder Le Corbusier besitzen nicht einmal annähernd – oder wenigstens noch nicht – die Bedeutung von Palladio.

1560–1580

Die Bauten Palladios. Die Villa Barbaro ist ein Musterbeispiel für das Werk des italienischen Architekten Andrea Palladio. Er hat hier nicht nur das von der römischen Antike inspirierte Hauptgebäude, sondern auch den Tempietto Barbaro (etwa 1580) in der Nähe gestaltet. Möglicherweise zeichnete er auch für das Nymphäum im Garten der Villa verantwortlich. Neben seinen Landhäusern kann man Palladios Arbeiten aber auch in Venedig sehen. Dort hat er die spektakulär auf einer Insel gelegene Kirche San Giorgio Maggiore gestaltet. Die meisten seiner Bauten findet man jedoch in Vicenza, wo insgesamt 23 Gebäude von Palladio stehen. Zu den berühmtesten gehört die Basilica Palladiana, deren zweistöckige, an der Piazza gelegenen Arkade aus Serliana- bzw. Palladiobögen komponiert ist, die an Fenster erinnern.

Basilica Palladiana, Italien
Diese berühmte Fassade wurde von Palladio entworfen. Der Bauauftrag umfasste den Wiederaufbau eines Regierungsgebäudes aus dem späten 15. Jahrhundert, das teilweise eingestürzt war. Palladio konnte sich 1546 gegen einige Mitbewerber durchsetzen. Er hüllte den eigentlichen Bau in eine Marmorfassade mit Loggias, die später zu seinem Markenzeichen wurden. Der benachbarte Glockenturm Torre Bissara geht auf das Jahr 1174 zurück und wurde im 15. Jahrhundert auf eine Höhe von 82 m aufgestockt.

San Giorgio Maggiore, Italien
Diese Kirche auf einer der Inseln von Venedig ist das Werk von Palladio und Vincenzo Scamozzi, der das bereits größtenteils fertiggestellte Gebäude nach Palladios Tod vollendet hat. Mit der Kuppel, dem Turm und der weißen, einem antiken Tempel ähnelnden Fassade ist die Kirche eine auffällige Landmarke auf der Insel und von den Kanälen Venedigs aus leicht zu sehen. Die Fassade wurde am Ende der Bauzeit unter der Aufsicht von Simone Sorella errichtet, der weitestgehend auf Palladios Entwurf zurückgriff. Das Renaissance-Interieur der Kirche ist ebenfalls monochrom gehalten.

Villa Barbaro, Italien
Palladio entwarf dieses Landhaus in Maser für die Brüder Daniele und Marcantonio Barbaro. Dabei war auf Auftraggeberseite vermutlich Daniele Barbaro für die Auswahl des Architekten verantwortlich. Die Eingangsfassade wird von zwei Flügeln flankiert, die jeweils in Pavillons mit übergiebelten Sonnenuhren enden. Der Bildhauer Alessandro Vittoria hat den Skulpturenschmuck im Innern, Paolo Veronese die Fresken geschaffen.

Giorgio Vasari veröffentlicht die zweite Ausgabe von *Le vite de' pi eccellenti pittori, scultori e architettori* (*Die Leben der hervorragendsten Maler, Bildhauer und Architekten*), Teil seiner Reihe von Biografien über italienische Architekten und Künstler der Renaissance.

Gerardus Mercator erstellt eine Weltkarte auf Grundlage einer neuartigen Projektion mit Loxodromen, die sich auf die Krümmung der Erdkugel beziehen. Bildet man diese imaginären Linien auf einer Karte ab, können Seefahrer korrekt zu ihren Zielorten navigieren.

Die Brücke Stari Most über den Fluss Neretva in Mostar, Bosnien-Herzegowina, wird eröffnet. Sie wurde von Mimar Hayruddin entworfen, einem Nachfolger des Architekten Mimar Sinan.

1560 | 1566–1610 | 1567 | 1568 | 1569

1580–1600

Palasterlebnisse. Königen und Königinnen sind ihre Paläste niemals groß genug. Mit dem Bau dieser Komplexe möchten die Monarchen oft ein Bild von Größe und Macht vermitteln, weshalb sie ihren Palästen gelegentlich ein Kloster, eine Bibliothek, einen Landschaftsgarten oder gar ein ganzes Dorf für die Versorgung hinzufügen. Andere palastartige Bauten können, abhängig vom sozialen Status der Bauherren, bescheidener ausfallen. In dieser Zeit werden überall auf der Welt große Paläste errichtet. In Europa breiten sie sich aus, während die Länder dort durch den internationalen Handel mit Kolonien in Nord- und Südamerika, Afrika und Asien sowie anderen Märkten, die nicht unter ihrer unmittelbaren Kontrolle stehen, zu mehr und mehr Wohlstand gelangen. Dieser Wirtschaftskolonialismus ist das Ergebnis der Saat, die europäische Entdecker ein Jahrhundert zuvor gelegt haben, als sie auf der Suche nach neuen Seewegen nach Asien über neue Länder und Ressourcen für ihre heimischen Finanziers gestolpert waren.

Palazzo Grimani di San Luca, Italien
Dieser Renaissancepalast am Canal Grande von Venedig bricht die Dominanz der venezianischen Gotik. Er wurde etwa zwischen 1550 und 1557 vom Architekten Michele Sanmicheli für Girolamo Grimani errichtet und später von den Architekten Giangiacomo de' Grigi und Giovanni Antonio Rusconi zwischen 1561 und 1576 fertiggestellt und renoviert. Die sehr würdevolle, zurückhaltende Fassade besitzt einen Eingang, der vermutlich von einem römischen Triumphbogen inspiriert ist. Innen befindet sich ein Atrium. Das Gebäude ähnelt in Details und Ausführung Sanmichelis Palazzo Bevilacqua (ca. 1529) in Verona.

Spanien übernimmt nach einem entscheidenden Sieg in der Schlacht von Alcántara bei Lissabon die **Kontrolle über Portugal.**

1580

El Escorial, Spanien

König Philipp II. von Spanien ließ sich den Architekten Juan Bautista de Toledo kommen, um mit ihm eine königliche Palast- und Klosteranlage zu planen, die seiner Stellung als König von Spanien und, noch viel wichtiger, Herrscher eines Reichs, das sich bis in die goldreiche Neue Welt erstreckt, angemessen sein sollte. Die Bauarbeiten an dem Komplex wurden 1563 begonnen und betrafen auch das Dorf und die nähere Umgebung. Die Architekten Francisco de Mora und Juan de Herrera brachten sie 1584 zum Abschluss. Das Kloster diente auch als Grablege für Philipp II. und nachfolgende spanische Könige, die im Pantheon der Könige bestattet wurden. Dadurch gewann der Palast an Prestige.

Kaiservilla Katsura, Japan

Prinz Hachijō Toshihito ließ sich diese Villa am Rand von Kyoto am Ufer des Flusses Katsura bauen. Der Prinz war ein Bewunderer des Romans *Genji monogatari* (*Die Geschichte vom Prinzen Genji*) aus dem 11. Jahrhundert, in dem es heißt, der Mond würde sich in diesem Fluss perfekt spiegeln. Was als bescheidenes Teehaus begann, entwickelte sich mit zunehmender gesellschaftlicher Bedeutung des Prinzen zu einem Komplex aus mehreren Gebäuden und Gärten und wurde ab 1631 als Palast angesehen.

Nachdem er die Welt umsegelt hat, trifft **Francis Drake** auf seiner Galeone *Golden Hind* im September wieder im englischen Plymouth ein.

Robert Smythson entwirft Hardwick Hall, ein Landhaus in Derbyshire, das sieben Jahre später fertiggestellt wird. Die großzügig mit Fenstern versehene Fassade des Gebäudes nimmt Bauweisen des 20. Jahrhunderts vorweg.

1580 | 1580–1630 | 1590

OBEN LINKS. Vierung des Petersdoms, Rom, Italien (1547–1590)
Gian Lorenzo Berninis teilvergoldeter Bronzebaldachin (1624–1633) ist das Herzstück des Raums unter der großen Kuppel. Er ist von einem Ziborium inspiriert, einem kleinen Kelch zur Aufbewahrung der in der Eucharistie geheiligten Hostien. Die verdrehten Säulen sind eine Referenz an den Tempel Salomos in Jerusalem (587 v. Chr. zerstört).

LINKS. *Die Verzückung der Hl. Teresa*, Santa Maria della Vittoria, Rom, Italien (1647–1652)
Die Hl. Teresa von Ávila war eine Karmeliternonne, die sich in ihrem Orden für die Gegenreformation engagierte. Sie ist im westspanischen Alba de Tormes begraben, aber man hat Reliquien ihres Leichnams auch an Kirchen in Lissabon, Paris, Rom und Spanien gegeben.

DIE GEGENREFORMATION

Als der deutsche Reformator Martin Luther im Jahr 1517 erstmals gegen den Ablasshandel protestierte, mit dessen Einnahmen der Bau des neuen Petersdoms in Rom finanziert wurde, ahnte er nicht, welche Wirkung dies entfalten würde. Dieser und spätere Proteste führten schließlich zu seiner Exkommunikation. Die Gründung einer Gegenkirche führte wiederum zur Reformation und mit dem Dreißigjährigen Krieg (1618–1648) sogar zu einem militärischen Konflikt.

Die Gegenreformation sollte der Verbreitung und den Erfolgen des Protestantismus Einhalt gebieten und wurde von den Päpsten der katholischen Kirche auf dem Konzil von Trient (1545–1563) eingeleitet. Sie war ein direkter Angriff auf die verschiedenen christlichen Rebellen, die man als Ketzer betrachtete. Bei den Tagungen des Konzils wurden Dekrete über die Lehre der katholischen Kirche zu Themen wie Erbsünde, Erlösung, Liturgie, Verehrung der Heiligen und der Standardisierung von Liturgie und Katechismus erlassen. Das Konzil schaffte einige der schamloseren Missbräuche des Ablasshandels ab und führte Disziplinarmaßnahmen ein. Außerdem stellte es fest, dass die Deutungshoheit über die Bedeutung der Heiligen Schrift bei der katholischen Kirche liegt. Schließlich bekräftigte die katholische Kirche die Verehrung der Jungfrau Maria, der Mutter Jesu Christi, sowie der Heiligen und der mit diesen verbundenen Reliquien und erließ Dekrete über die Musik und die bildende Kunst.

Viele protestantische Reformatoren der damaligen Zeit zerstörten kirchliche Kunst, indem sie Wandmalereien und Fresken übermalten und Bilder und Statuen von Heiligen entfernten. Damit stellten sie sich gegen die katholische Kirche, die solche Bilder, insbesondere von der Jungfrau Maria und dem Leiden des gekreuzigten Christus, begrüßte, solange explizite Nacktheit vermieden oder zumindest unter Kontrolle gehalten wurde. Ironischerweise zelebrierte die Renaissance im Geiste der Wiedergeburt der römischen Antike die realistische Darstellung des menschlichen Körpers in Gemälden und Statuen. Führende Renaissancekünstler wurden deshalb regelmäßig von den Zensoren des Vatikans verhört. Die katholische Kirche wurde zum führenden Kunst- und Architekturmäzen dieser Epoche, insbesondere im späten 16. und 17. Jahrhundert.

Der Jesuitenorden engagierte sich am stärksten in der Verbreitung der gegenreformatorischen Lehren und spielte auch eine wichtige Rolle für die Entwicklung der Barockarchitektur.

Obwohl Michelangelos umfassende Tätigkeit als Architekt für den Vatikan offizielle Anerkennung fand, wurden seine Gemälde, die Aktdarstellungen enthielten, wie zum Beispiel in der Sixtinischen Kapelle (1508–1541), genau in Augenschein genommen. Die nächste Generation kreativer Kräfte hatte die Dekrete des Konzils von Trient bereits stärker verinnerlicht. Barockkünstler und -architekten wie Gian Lorenzo Bernini und Francesco Borromini machten in der Gegenreformation Karriere. Berninis berühmtestes Werk in diesem Zusammenhang ist die Marmorskulptur *Die Verzückung der heiligen Theresa* (1647–1652) in der Kirche Santa Maria della Vittoria in Rom. Sie ist in eine architektonische Komposition aus farbenprächtigem Marmor eingefasst, aus der sich Lichtstrahlen aus vergoldetem Stuck über den Engel und die Hl. Teresa von Ávila ergießen. Dem Bericht der Hl. Teresa zufolge erlebte sie die Verzückung eines spirituellen Schmerzes, als ein Engel ihr Herz mit dem Speer Gottes durchbohrte. Eine Darstellung, die den gegenreformatorischen Lehren über die Geheimnisse des Glaubens entspricht. Auch die kühne Architektur Borrominis sollte die Gläubigen in eine andere Sphäre entrücken. Er bemühte sich in der Gestaltung des architektonischen Raums um die visuelle Vermittlung einer ekstatischen Vision des Jenseits. Dies stand im Gegensatz zu der eher rationalen, zurückhaltenden Herangehensweise an religiöse Architektur und Kunst, die in der Hochrenaissance gepflegt worden war. Borrominis Kirche San Carlo alle Quattro Fontane (1638–1646) in Rom erzeugt ein solches visuell dynamisches Erlebnis. Sie ist dem Hl. Karl Borromäus geweiht, einem Führer der Gegenreformation, der sich konservativen Bildungsreformen gewidmet hatte, darunter Reformen, die auf die Architektur abzielten, zum Beispiel das Ausmerzen von klassisch geprägten, heidnischen Details. Diesem Heiligen wurden damals noch andere zeitgenössische Kirchen gewidmet, darunter die elegante Karlskirche (1716–1737) in Wien von Johann Bernhard Fischer von Erlach, einem Protegé Berninis.

1600–1620

Die Bildung regionaler Fraktionen. Die Schlichtheit der Renaissancearchitektur erweckt den irreführenden Eindruck einer kulturellen Einheit, die sich auf die Politik nicht übertragen lässt. In Europa herrschen anhaltende religiöse Konflikte zwischen Protestanten und Katholiken, im Islam zwischen verschiedenen Sekten. Der Habsburgerkönig und spätere Kaiser des Heiligen Römischen Reichs, Ferdinand II., versucht 1618, alle Einwohner der von ihm beherrschten Länder per Erlass zum katholischen Glauben zu zwingen. Damit setzt er sich über den Augsburger Religionsfrieden von 1555 hinweg, der es den Landesherren freigestellt hatte, die Religion ihrer Untertanen selbst zu bestimmen. In Prag tun sich aufgebrachte protestantische Adlige zusammen und werfen seine Statthalter aus einem Fenster der Prager Burg. Dieses Ereignis gilt als Auslöser des Dreißigjährigen Kriegs (1618–1648).

Kathedrale von Lima, Peru
Der Bau der ersten Lehmziegelkirche, die dem Heiligen Apostel Johannes gewidmet war, wurde 1535 begonnen und 1547 abgeschlossen. Sie wurde 1551 ersetzt. Die heutige dritte Kirche ist nach 1598 entstanden und wurde vom Architekten Francisco Becerra entworfen. Das Hauptportal (1626) stammt von Juan Martínez de Arona und dem Bildhauer Pedro de Noguera. Aufgrund von Erdbebenschäden musste die Kirche mehrmals renoviert werden. Der spanische Conquistador Francisco Pizarro war am Bau der ersten Kirche beteiligt und ist hier begraben.

William Gilbert veröffentlicht *De Magnete*, ein Buch über magnetische Körper. Darin spricht er über die Idee eines magnetischen Nordens sowie die Grundsätze der Elektrizität.

1600

William Shakespeares Stücke *Heinrich IV.* Teil 2, *Heinrich V.*, *Der Kaufmann von Venedig*, *Ein Sommernachtstraum* und *Viel Lärm um nichts* werden in London publiziert.

1600

Allahverdi-Khan-Brücke, Iran

Diese Brücke wurde unter der Herrschaft von Abbas dem Großen, dem Schah von Persien, gebaut. Benannt ist sie nach einem seiner Generäle, Allahverdi Khan, der die Armee erfolgreich reformiert und Gebiete, die an die osmanischen Türken und Usbeken verloren worden waren, zurückerobert hat. Die Brücke überspannt den Fluss Zayandeh auf einer Länge von 298 m und dient gleichzeitig als Staudamm. Ihre 33 Bögen waren im Innern ursprünglich teilweise bemalt.

Es werden weiterhin **aufwendige Festungsburgen** gebaut – von der Palastzitadelle Jahangir Mahal im indischen Mogulreich bis zu den wiederaufgebauten Burgen Inuyama und Osaka in Japan.

Die King-James-Bibel entsteht als offizielle englische Bibelübersetzung der anglikanischen Kirche und wird unter der Schirmherrschaft von König Jakob (engl. James) VI. und I. veröffentlicht. Er ist der erste König, der gleichzeitig König von Schottland und England ist.

Westerkerk, Niederlande

Diese protestantische Kirche wurde 1620 vom Architekten Hendrick de Keyser entworfen und von seinem Sohn Pieter fertiggestellt. Sie besitzt den Grundriss einer Basilika, der wegen seiner großen Querschiffe aber eher einem griechischen Kreuz ähnelt. Turm und Helm überragen mit 87 m Höhe alle anderen Kirchen in Amsterdam. Der Innenraum ist monochrom gehalten und besitzt nur minimalistisch skulptierte Dekorationen. Der niederländische Künstler Rembrandt van Rijn ist hier bestattet, allerdings ist sein genauer Begräbnisort unbekannt.

1600–1614

1604–1611

1620–1631

1620–1640

Barocker Pomp. Große, kühne Formen setzen sich durch. Egal ob Rom, Osteuropa oder das indische Mogulreich: Die großen wie kleinen Bauten dieser Epoche zeichnen sich durch aufwendige, scharfwinklige Formen, geschwungene Kurven und große Maßstäbe aus. Im Jahr 1620 treffen europäische Einwanderer auf dem Schiff *Mayflower* in der Neuen Welt ein. Sie gründen in Plymouth, Massachusetts, eine Kolonie und bauen sich kleine Holzrahmenhäuser, die durch einen einfachen Holzlattenzaun geschützt werden. Bis zum Ende dieser Epoche kommen weitere Religionsflüchtlinge mit dem Schiff nach Massachusetts und kulturelle Innovationen aus Europa fassen Fuß. Als John Winthrop, der Gouverneur von Massachusetts, 1633 einem skeptischen Publikum von Kolonisten die Gabel bzw. den „gespaltenen Löffel" präsentiert, hat das enorme Auswirkungen. Sein wagemutiger Vorstoß zur Veränderung der Tischmanieren ruft in dem strengen puritanischen Umfeld Kontroversen hervor, woraufhin der ortsansässige Klerus das Utensil als gotteslästerlich brandmarkt.

In Jamestown, der ersten englischen Siedlung in Virginia, kommt es zum **Jamestown-Massaker**, bei dem Indianer der Powhatan 347 Siedler, ein Viertel der Bevölkerung der Kolonie, töten. Der Angriff ist wahrscheinlich die Folge von früheren Streitigkeiten über verletzte Landrechte.

William Oughtred erfindet den Rechenschieber, ein grundlegendes Hilfsmittel, das bis ins 20. Jh. von Ingenieuren und Architekten für mathematische Berechnungen genutzt wird.

Inigo Jones entwirft mit dem Banqueting House einen Unterhaltungspavillon für den Londoner Whitehall-Palast.

Taj Mahal, Indien
Diesen Prachtbau in Agra ließ Großmogul Shah Jahan als Mausoleum für seine Lieblingsfrau Mumtaz Mahal errichten. Er ist wahrscheinlich das Werk mehrerer Architekten, darunter Ustad Ahmad Lahauri und Ustad Isa Shirazi, denen für das Projekt 20000 Bauarbeiter unterstanden haben sollen. Es handelt sich um einen marmorverkleideten Ziegelbau, der zusammen mit Moscheen, Torhäusern, Gärten und weiteren Mausoleen in einem ummauerten Gelände von 17 ha Fläche liegt. Seine doppelschalige Kuppel ist 44 m hoch.

1622 | 1632–1648

Sophienkathedrale, Ukraine
Die mit dreizehn Kuppeln bekrönte Kathedrale von Kiew wurde 1037 erbaut. Im Laufe der nächsten Jahrhunderte wurde sie allerdings so schwer beschädigt, dass ihr heutiges Aussehen fast vollständig auf einen Wiederaufbau nach Entwürfen des italienischen Architekten Octaviano Mancini im ukrainischen Barockstil zurückgeht. In dem mit byzantinischen Mosaiken geschmückten Innern der Kirche hat sich weit mehr mittelalterliche Bausubstanz erhalten als außen. Das gilt auch für den zwischen 1699 und 1707 erbauten neuen Glockenturm.

San Carlo alle Quattro Fontane, Italien
Der wichtige italienische Barockarchitekt Francesco Borromini wird 1634 mit dem Bau dieser von Kardinal Francesco Barberini finanzierten Kirche in Rom beauftragt. Borromini ist vor allem für seine charakteristisch starken, individuell kreativen, geometrischen Formen, insbesondere in seinen kleinen Kirchen, bekannt. Der Grundriss dieser Kirche, die eine Grundfläche von lediglich 186 m² einnimmt, ist eine sanft geschwungene Variante eines griechischen Kreuzes. Die markante Fassade mit konvexen und konkaven Kurven wurde nach Borrominis Tod fertiggestellt. Mit seiner ovalen Kuppel ist der Innenraum einzigartig in der damaligen römischen Kirchenarchitektur.

König Karl I. von England macht den königlichen Postdienst Royal Mail für die Öffentlichkeit zugänglich. Das Porto zahlt der Empfänger des Briefs.

1633–1767 | **1635** | **1638–1646**

1640–1660

Internationale Berühmtheit. Weltliche und sakrale Architekturmonumente können Aufschluss darüber geben, was einer Gesellschaft wichtig war, aber auch wichtige Ereignisse der Weltgeschichte dokumentieren. Das Ende des Dreißigjährigen Kriegs in Mitteleuropa 1648 legt das Fundament für die wachsende Macht Frankreichs, die durch die jahrzehntelange Herrschaft König Ludwigs XIV. verkörpert wird. Es führt auch dazu, dass Frankreich katholisch bleibt und die protestantischen Hugenotten aus dem Land vertrieben werden. Viele von ihnen gehen in die protestantischen Regionen Deutschlands oder verlassen Europa ganz, um in Nordamerika nach Religionsfreiheit zu suchen. Ebenso übersiedeln die Anhänger von Glaubensrichtungen am Rande des traditionellen Christentums wie die Quäker in tolerantere europäische Länder, vor allem aber in die Neue Welt. Ihre schlichten, aus Holz errichteten Versammlungshäuser werden zu wichtigen Wahrzeichen.

Das Rote Fort, Indien
Großmogul Shah Jahan ließ das Rote Fort zwischen 1638 und 1648 erbauen. Es ist ein Musterbeispiel für den indischen Mogulstil, der hinduistische, persische und timuridische Einflüsse vereint. Die aus rotem Sandstein errichtete Festungs- und Palastanlage am Fluss Yamuna in Delhi wurde von Ustad Ahmad Lahawri entworfen. Ihr Grundriss ist ein unregelmäßiges, gestrecktes Achteck, das eine Fläche von 103 ha einnimmt. Die kleine, mit weißem Marmor verkleidete Perlenmoschee wurde 1660 ergänzt.

Der Englische Bürgerkrieg bricht aus, als König Karl I. gegen den Willen des Parlaments eine Armee aufstellt. In den nächsten neun Jahren verwüstet der Krieg zwischen den Anhängern des Königs und den Anhängern des Parlaments das Land und führt schließlich zur Hinrichtung Karls I.

1642

1642–1660

Sant'Ivo alla Sapienza, Italien

Der Grundriss dieser von Francesco Borromini geschaffenen Barockkirche beruht auf einem sechszackigen Stern. Als Vorbild diente ihm der Stern Salomos, des biblischen Königs, der die Weisheit symbolisiert. Die Kuppel im Innern wird eingerahmt von drei abgeschnittenen und drei halbrunden Sternzacken. Die geschwungene Fassade begrenzt einen Innenhof der Universität Roms und findet ihren Abschluss in einer sich spiralförmig nach oben windenden Laterne, die ein Kreuz trägt.

Vaux-le-Vicomte, Frankreich

Dieses von einem Wassergraben umgebene, steinerne Château wurde für Nicolas Fouquet, den Finanzminister König Ludwigs XIV., erbaut. Fouquet hatte das Anwesen im südöstlich von Paris gelegenen Maincy 1641 erworben und durch den Zukauf von benachbarten Dörfern erweitert. Der kostspielige Palast, den er sich hier errichten ließ, war ein Streitpunkt in dem Prozess, der ihm später wegen der Veruntreuung von Geldern gemacht wurde und schließlich dazu führte, dass Fouquet von 1661 bis 1680 inhaftiert wurde. Sein Eigentum wurde vom König eingezogen. Die exquisiten Gärten waren, viel mehr noch als das Schloss, ein Vorbild für die Gärten von Schloss Versailles (1624–1770).

1643 – Der „Sonnenkönig" **Ludwig XIV.** besteigt im Alter von vier Jahren den Thron Frankreichs.

1650er – **George Fox** zieht als Prediger durch England und gründet die Religiöse Gesellschaft der Freunde, deren Mitglieder gemeinhin als Quäker bezeichnet werden. Die Glaubensbewegung, die den Dissenters zugerechnet wird, breitet sich von England in die Niederlande und bis nach Nordamerika aus.

1658–1661

LINKS. Schloss Versailles, Frankreich (1624–1770)
Luftaufnahme des zentralen Marmorhofs des Schlosses. Im Hintergrund erstreckt sich der Garten.

UNTEN. Spiegelsaal, Schloss Versailles, Frankreich (1684; 2006 restauriert)
Die Kompositkapitelle der Pilaster in diesem Raum waren als neue französische Architekturordnung erdacht worden, die zur Dekoration den gallischen Hahn, die französische Lilie und die königliche Sonne verwendete.

DER FRANZÖSISCHE BAROCK

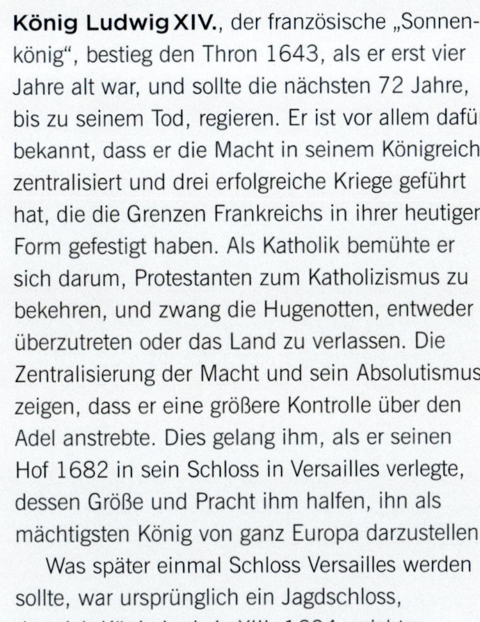

König Ludwig XIV., der französische „Sonnenkönig", bestieg den Thron 1643, als er erst vier Jahre alt war, und sollte die nächsten 72 Jahre, bis zu seinem Tod, regieren. Er ist vor allem dafür bekannt, dass er die Macht in seinem Königreich zentralisiert und drei erfolgreiche Kriege geführt hat, die die Grenzen Frankreichs in ihrer heutigen Form gefestigt haben. Als Katholik bemühte er sich darum, Protestanten zum Katholizismus zu bekehren, und zwang die Hugenotten, entweder überzutreten oder das Land zu verlassen. Die Zentralisierung der Macht und sein Absolutismus zeigen, dass er eine größere Kontrolle über den Adel anstrebte. Dies gelang ihm, als er seinen Hof 1682 in sein Schloss in Versailles verlegte, dessen Größe und Pracht ihm halfen, ihn als mächtigsten König von ganz Europa darzustellen.

Was später einmal Schloss Versailles werden sollte, war ursprünglich ein Jagdschloss, das sich König Ludwig XIII. 1624 errichten ließ. Sein Sohn heuerte das Team an, das für Vaux-le-Vicomte (1658–1661) verantwortlich gewesen war, um Versailles ab 1661 zu einem spektakulären Palast auszubauen. Die Architekten Louis Le Vau und François d'Orbay, der Künstler Charles Le Brun und der Landschaftsarchitekt André Le Nôtre arbeiteten gemeinsam daran, ein königliches Ensemble zu schaffen, das Eindruck machen würde. In den Gärten gibt es elf Brunnen und einen knapp 1,6 km langen Grand Canal, auf dem der König Gondelfahrten unternahm. Allein das Schloss hat eine Fläche von über 67 000 m². Der gesamte Komplex mit zahlreichen Nebengebäuden und Gärten nimmt eine Fläche von etwa 800 ha ein. Zum Vergleich: Der New Yorker Central Park ist 341 ha groß, der Londoner Hyde Park 253 ha.

Einige der Gebäude von Versailles wurden für die Mätressen des Königs errichtet, darunter das Grand Trianon (1688). Diese Ergänzungsbauten stammen vom Architekten Jules Hardouin-Mansart, der auch den Spiegelsaal (1678–1684) geschaffen hat, indem er eine 73 m lange, offene Terrasse ausfüllte. Hier hielt Le Brun die militärischen und politischen Erfolge Ludwigs XIV. in 30 Deckengemälden fest. An der Wand waren 357 Spiegel gegenüber von 17 Rundbogenfenstern angebracht. Le Brun schuf eine neue architektonische Ordnung, in deren Kapitellen die königliche Sonne, flankiert von gallischen Hähnen, über der französischen Lilie steht. Die in Frankreich gefertigten Spiegel sollten ähnlichen Glasarbeiten, die meist von venezianischen Handwerkern stammten, Konkurrenz machen. Der Spiegelsaal sollte Höflingen und hohen Besuchern imponieren, diente aber auch als Festsaal für besondere Veranstaltungen. Auf einem mobilen Podest konnte sogar ein Thron aufgestellt werden. Am 28. Juni 1919 wurde hier der Friedensvertrag von Versailles unterzeichnet, der den Ersten Weltkrieg (1914–1918) beendete.

Mansart schuf im Laufe seiner Karriere weitere beeindruckende Bauten wie den Place Vendôme (1690) mit den für ihn typischen gewalmten Dachsilhouetten, die später Mansardendächer genannt wurden, die Kuppel des Invalidendoms (1670–1691) und die von Robert de Cotte fertiggestellte königliche Kapelle in Versailles (1689–1710). Mansart ist untrennbar verbunden mit der prunkvollen Reifephase des französischen Barocks, die wegen der Verherrlichung des Königs oft als Louis-Quatorze-Stil bezeichnet wird. Er ist im Vergleich zum schlichteren, strengen Klassizismus der frühen Werke Le Vaus in Versailles durch sehr große, skulpturale Formen geprägt, die häufig stark vergoldet sind.

Nach dem Tod Ludwigs XIV. 1715 nahmen Ludwig XV. und Ludwig XVI. einige bauliche Veränderungen vor. Die auffälligsten sind die Königliche Oper (1770) von Ange-Jacques Gabriel, der Nordflügel (1780) und der Bau des Petit Trianon (1774). Nachdem man König Ludwig XVI. und Marie Antoinette in der Französischen Revolution 1793 hingerichtet hatte, wurde die Ausstattung des Palasts versteigert, die Gemälde und Skulpturen in den Louvre gebracht. Heute vermittelt dieser historische Ort einen Eindruck vom äußerst prunkvollen Leben vergangener Könige.

1660–1680

Zwischen klassischer Tradition und Gefecht. Obwohl sich Renaissance und Barock für die klassische Architektur begeistern konnten, hatten die im Bereich der Waffentechnik – insbesondere bei Sprengstoffen und in der Artillerie – gemachten Fortschritte zur Folge, dass sich die Militärarchitektur verändert und die Bastionsfestung hervorgebracht hat. Die Festungen der Renaissance besaßen zylindrische Türme, die feindlichen Artilleriebeschuss abwehren und den Artilleriestellungen der Verteidiger auf dem Turm ein 360-Grad-Schussfeld bieten sollten. Größere, sternförmige Festungen aus der Barockzeit lassen sich gelegentlich mit den kühnen Formen aus der Kirchenarchitektur vergleichen, auch wenn sie eher auf praktische als liturgische Gründe zurückgehen. Spitzwinklige Mauern können die Artilleriegeschosse der Angreifer ablenken und bieten vielfältige Optionen zum Aufstellen der eigenen Artillerie. Gleichzeitig bieten sie das größtmögliche Schussfeld, um feindliche Infanterie zurückzuschlagen. Die Erinnerung an diese allgegenwärtigen Festungen lebt in einem anderen Militärgebäude fort: dem Pentagon (1941–1943) in Washington, D.C., dessen Türen und Fenster klassische Details aufweisen.

Portugiesische Synagoge, Niederlande
Die Synagoge wurde für jüdische Flüchtlinge errichtet, die vor der Spanischen Inquisition (1478–1834) zunächst nach Portugal, dann nach Amsterdam geflohen waren. Der Architekt war Elias Bouman. Im Hauptgebäude des Ziegelkomplexes liegt ein großer, rechteckiger Raum mit einem Boden aus Sand, der Geräusche minimieren und Feuchtigkeit aufnehmen soll. Hier sind noch die Originalbänke vorhanden. Die Galerie im Obergeschoss war den Frauen vorbehalten. Die Synagoge ist von einem flacheren Bau umgeben, in dem sich Büroräume, Archive und eine Leichenhalle befinden.

Denkmal für den Großen Brand von London, England
Christopher Wren und Robert Hooke entwarfen diese Gedenksäule, die an den Wiederaufbau Londons nach dem Großen Brand von 1666 erinnert. Sie steht symbolisch für die Wiedergeburt der Stadt. Die dorische Triumphsäule aus Kalkstein erhebt sich über einem verzierten Sockel bis auf eine Höhe von 61,5 m. Bekrönt wird sie von einer vergoldeten Bronzeurne mit einer Flammenskulptur. Das Denkmal sollte auch ein Teleskop beherbergen sowie für Experimente mit der Schwerkraft genutzt werden. Eine Wendeltreppe im Säulenschaft führt zu einer Aussichtsplattform.

Christopher Wren wird als Surveyor General mit dem Wiederaufbau der St. Paul's Cathedral und mehrerer Pfarrkirchen in London betraut.

Gian Lorenzo Bernini stellt den Platz vor dem Petersdom in Rom fertig. Auf dieser enormen Fläche sollen angeblich 250 000 Menschen Platz finden können.

1666 | **1667** | **1671–1775** | **1671–1677**

Castillo de San Marcos, USA

Bei diesem Gebäude handelt es sich um die älteste Festung Nordamerikas. Sie wurde vom spanischen Militäringenieur Ignacio Daza zum Schutz der Stadt St. Augustine in Florida errichtet. Die Innenräume wurden 1738 vom venezolanischen Ingenieur Pedro Ruiz de Olano umgestaltet. Die dicken Wände der Festung bestehen aus Schillkalk, einem weichen Kalkstein aus Muschelbruchstücken, der den Beschuss mit Kanonen gut aufnehmen kann. Die Festung diente zur Verteidigung dieses entlegenen Außenpostens des spanischen Reichs gegen englische Überfälle, bis der Frieden von Paris 1763 den Siebenjährigen Krieg beendete und Florida an Großbritannien abgetreten, Havina und Manila an Spanien zurückgegeben wurden.

Das **Osmanische Reich** erleidet eine schwere Niederlage gegen das Heer der Polnisch-Litauischen Union unter Führung des polnischen Königs Johann III. Sobieski, mit der die Expansion des Osmanischen Reichs ins christliche Europa gestoppt wird.

1671–1695

1673

1680–1700

Die Alte und die Neue Welt. Als sich das 17. Jahrhundert dem Ende zuneigt, entstehen in Europa und in der Neuen Welt Gebäude, die beispielhaft für einen klassizistischen Barock sind, der ganz unterschiedliche Maßstäbe und Herangehensweisen an die Dekordichte aufweist. Da englische und französische Einwanderer in der Neuen Welt sich zunächst um ihr Überleben kümmern mussten, bevor sie die Bauweisen und stilistischen Präferenzen ihrer Heimatländer in die fremde Umgebung verpflanzen konnten, war das zu erwarten. Einfache Lattenzäune und Holzhütten sorgen mehrere Jahrzehnte für Sicherheit, bevor größere Holzrahmenhäuser errichtet werden – von nennenswerten Stein- und Ziegelbauten ganz zu schweigen. Die Schlichtheit der in Holzrahmenbauweise errichteten Old Ship Church in Massachusetts hängt auch damit zusammen, dass es sich um ein puritanisches Versammlungshaus handelt. Ein weiteres, kleines Gebäude ist das alte Ashmolean Museum in Oxford, das vermutlich erste Museumsgebäude der Welt, das eigens zu diesem Zweck errichtet wurde. Die klassisch inspirierten Giebel und Details seines Haupteingangs sorgen für eine gewisse Erhabenheit, wenn man sich dem Gebäude nähert. Beide Bauten würden im Pariser Invalidenheim Les Invalides spielend Platz finden.

Les Invalides, Frankreich

Les Invalides ist eine Pariser Einrichtung mit mehreren Gebäuden, die als Krankenhaus und Altersheim für französische Soldaten dienten. Hier befinden sich auch die Gräber bedeutender Militärangehöriger, darunter Napoleon Bonaparte, sowie ein Militärmuseum. Das Herzstück des Komplexes bildet der Invalidendom, eine 107 m hohe Barockkirche. Les Invalides entstand ab 1670 nach den Plänen des Architekten Libéral Bruant; Jules Hardouin-Mansart hat um 1677 mit dem Bau des Invalidendoms begonnen, der 1691 fertiggestellt wurde. Seine mit aufwendigen Details versehene, vergoldete Kuppel sitzt auf einem mehrstöckigen Tambour. Mit ihrem Prunk und ihrem Maßstab ist die Kirche dem Bauherrn, König Ludwig XIV., angemessen.

Old Ashmolean Building, England

Das zwischen 1678 und 1683 errichtete Old Ashmolean Building wurde von der University of Oxford in Auftrag gegeben, um die gesammelten Naturkuriositäten des englischen Altertumsforschers Elias Ashmole unterbringen zu können. Der Entwurf stammt vermutlich von dem Steinmetz Thomas Wood. Neben den Ausstellungsräumen war in dem Gebäude auch eine Naturkundeschule untergebracht. Das Ashmolean-Museum zog im 19. Jahrhundert in ein anderes Gebäude; heute befindet sich das History of Science Museum der Universität Oxford im Old Ashmolean Building.

Old Ship Church, USA
Dieses Versammlungshaus in Hingham, Massachusetts, ist ein Relikt der Puritaner, die sich hier niedergelassen und ihre Religion ausgeübt haben. Heute wird es von Unitariern genutzt. Die Schlichtheit des in Holzrahmenbauweise errichteten Gebäudes hängt mit seiner Funktion als Versammlungshaus der Puritaner zusammen. Die Puritaner waren eine protestantische Sekte aus England, die für ihre strenge Lebensführung und ihre Ablehnung der Exzesse des römischen Katholizismus sowie der Kirche von England bekannt war. Sowohl der in Fachwerkbauweise ausgeführte Innenraum als auch die Fenster mit Rautenscheiben sind Referenzen an die elisabethanische Architektur. Es handelt sich um das älteste erhaltene religiöse Versammlungshaus in Neuengland, vielleicht sogar der USA. Die Galerien im Innern wurden 1730 und 1755 eingezogen, das Gebäude 1930 und 2014 restauriert.

1681

1694
König Wilhelm III. gründet **die Bank of England**, um Gelder für einen Krieg gegen Frankreich aufzubringen. Sie nimmt den Betrieb in temporären Geschäftsräumen in der Mercers' Hall in Cheapside, London, auf.

1698
Thomas Savery erhält ein Patent auf die erste Dampfmaschine, eine Maschine zum Abpumpen von Grubenwasser aus gefluteten Bergwerken, und führt diese der Royal Academy in London vor.

1700
Das **Wren Building** am College of William and Mary in Williamsburg, Virginia, wird fertiggestellt. Es ist das erste College in den USA.

ANGRIFF UND VERTEIDIGUNG

König Ludwig XIV. von Frankreich war nach drei erfolgreichen Feldzügen wahrscheinlich der mächtigste europäische Herrscher seiner Zeit. Einen Beitrag zu diesem Erfolg leistete Sébastien Le Prestre de Vauban. Der aus einer Adelsfamilie stammende Vauban hatte Mathematik und Geometrie studiert und dann eine Karriere im Garten- und Festungsbau eingeschlagen. 1655 wurde er zum Königlichen Ingenieur ernannt und machte sich anschließend einen Namen im Festungsbau. Er behauptete von sich, an mehr als 40 Belagerungen teilgenommen zu haben, und hat wahrscheinlich mehr als 300 Festungen geplant oder gebaut. 1676 wurde er *Maréchal de camp* (Feldmarschall), ein Jahr später *Commissaire general des fortifications* (Generalkommissar der französischen Festungen). Obwohl sein Grab 1789 während der Französischen Revolution geschändet wurde, ließ Napoleon Bonaparte Vaubans Herz im prächtigen Invalidendom (1677–1691) bestatten, der später auch Napoleon selbst zur Ruhestätte werden sollte.

Vauban war, sowohl was den Angriff als auch die Verteidigung einer Festung betraf, der führende Experte seiner Zeit. Bei der Belagerung von Maastricht 1673 ließ Vauban eine Reihe von parallelen, konzentrischen Gräben um die Stadtmauern ausheben, um die französischen Soldaten vor Artilleriefeuer zu schützen. Die Gräben und die damit verbundenen Erdwälle erlaubten es den französischen Truppen auch, ihre eigene Artillerie näher an gegnerische Ziele heranzubringen, und hinderten feindliche Soldaten daran, ihre Kanonen weit genug herunterzudrücken, um das Feuer erwidern zu können. Bei der Belagerung von Philippsburg im Jahr 1688 entwickelte Vauban Rikoschettierbatterien, deren Kanonenkugeln auf den Brustwehren abprallten und diese mehrfach beschädigten, bevor sie zum Liegen kamen. Er erfand auch das Tüllenbajonett, mit dem Soldaten ihre Musketen abfeuern konnten, ohne die Bajonettklinge abnehmen zu müssen. In den folgenden Schlachten bei Namur (1692), Charleroi (1693) und Ath (1697) führte er erfolgreich Truppen in Stellungen des angreifenden Gegners. Was Defensivfestungen anbelangt, so überarbeitete er das italienische, sternförmige Bastionssystem des 15. Jahrhunderts und ergänzte Mauergewölbe, die Kasematten genannt wurden. Hierbei handelte es sich um geschlossene Stellungen, die der Artillerie auf den Festungsmauern zusätzlichen Schutz boten. Vauban bedachte bei der Planung seiner Festungen die logistischen Voraussetzungen und städtebaulichen Gegebenheiten. Außerdem arbeitete er an der Infrastruktur französischer Hafenstädte wie Brest und Toulon.

Die Zitadelle von Besançon (1668–1711) im Osten Frankreichs zählt zu Vaubans Meisterwerken des Festungsbaus. Sie liegt oberhalb der Stadt auf dem Berg Saint-Étienne und nimmt eine Fläche von 11 ha ein. Vauban hat hier Mauern integriert, die von der spanischen Armee errichtet worden waren, und ergänzte weitere Mauern, die 15–20 m hoch und

GEGENÜBER. Fort Ticonderoga, New York, USA (1755–1757)
Bevor er im Amerikanischen Unabhängigkeitskrieg zum Verräter wurde, war Benedict Arnold ein amerikanischer Kriegsheld, der an der Schlacht von Saratoga (1777) und zuvor an der Einnahme dieser Festung (1775) teilgenommen hat.

OBEN. Zitadelle von Besançon, Frankreich (1668–1711)
Die Zitadelle besitzt mehrere Tore, die auf kleinere Flächen führen und so größeren Menschenmengen den Zugang zum Kern der Festung erschweren. Gezackte Wehrmauern helfen bei der Verteidigung von oben.

5–6 m dick sind. Die Anlage ist so gestaltet, dass ein möglichst großes Schussfeld sowie Sichtfeld für die Wachen geboten wird. Sie ist größtenteils aus Kalkstein errichtet, jedoch wurden für die Brustwehren auf den Wällen Ziegel verwendet. Bei einem Treffer sind deren Splitter weniger gefährlich als bei Stein. Die Festung wurde im Zweiten Weltkrieg (1939–1945) militärisch genutzt.

Vauban ist untrennbar mit den sternförmigen Festungen dieser Epoche verbunden. Die größte derartige französische Festung außerhalb Frankreichs ist Fort Ticonderoga, die hoch über dem Lake Champlain im Norden des Bundesstaats New York liegt. Die ursprünglich Fort Carillon genannte Festung wurde zwischen 1755 und 1757 vom französisch-kanadischen Militäringenieur Michel-Alain Chartier de Lotbinière, Marquis de Lotbinière, errichtet. In dem im Rahmen des Siebenjährigen Kriegs (1756–1763) ausgetragenen Konflikt zwischen Frankreich und Großbritannien wurde die Festung 1758 von 4000 französischen Soldaten gegen einen Angriff von 16 000 britischen Soldaten verteidigt. Im Jahr darauf gelang den Briten jedoch die Einnahme der Festung, die in der Hand der Briten blieb, bis sie im Amerikanischen Unabhängigkeitskrieg (1775–1783) aufgegeben wurde und verfiel. Im frühen 20. Jahrhundert wurde sie restauriert, heute ist sie für die Öffentlichkeit zugänglich.

1700–1720

Klassische Traditionen in den Kolonien. Die Vorliebe für klassische Formen in den nordamerikanischen Kolonien ist eng verknüpft mit den Bautraditionen und Geschmäcken europäischer Nationen sowie den lokal verfügbaren Baustoffen. Die Architektur Neufrankreichs in Quebec und Montreal erinnert an den französischen Landhausstil, ist aber aus dem in der Region vorkommenden grauen Granit erbaut. Die englische Architektur in den Mittelatlantikstaaten und im weiter südlich gelegenen Virginia beruht vor allem auf Ziegeln und klassisch inspirierten Details aus bemaltem Holz an Türen und Fenstern. Damit ist sie den Bauten des georgianischen Englands nicht unähnlich. Die Formen der spanischen Renaissance und des spanischen Barocks finden sich, wenn auch stark vereinfacht, in den aus Lehmziegeln und Putz errichteten Missionsgebäuden in Kalifornien und Texas wieder. Manche dieser Gebäude stammen von Architekten aus den Mutterländern, die in die Neue Welt ausgewandert sind, andere wiederum werden von ortsansässigen Handwerkern errichtet, die sich nach schriftlichen Quellen wie Architekturpublikationen oder Musterbeispielen richten, wie sie in den Zünften wie der 1724 gegründeten Carpenters' Company of the City and County of Philadelphia im Umlauf waren.

Château Ramezay, Kanada
Dieser Bau wirkt wie ein vereinfachtes französisches Landhaus, das aus lokalem Feldstein errichtet wurde. Die Bezeichnung Château verdankt er vermutlich dem Turm, der aber erst 1903 ergänzt wurde. Das Wohnhaus von Claude de Ramezay, dem Gouverneur von Montreal, dient als Geschichtsmuseum, das einen Einblick in das Leben im damaligen Neufrankreich gibt. Von 1997 bis 2002 wurde die Stätte umfassend restauriert und der Gouverneursgarten neu angelegt. Im Unabhängigkeitskrieg (1775–1783) war das Gebäude während der erfolglosen Invasion von Kanada 1775 kurzzeitig von US-Truppen besetzt.

Der Quäker Joseph Avis baut in London die **Bevis-Marks-Synagoge** für eine Gemeinde spanischer und portugiesischer Juden. Die klassisch geprägten Formen und der Innenraum des Backsteinbaus sind von der portugiesischen Synagoge (1671–1675) in Amsterdam beeinflusst.

1701

1705

Gouverneurspalast, USA
Der Sitz des Gouverneurs von Virginia wurde zwischen 1931 und 1934 mit Geldern des Philanthropen und Standard-Oil-Erben John D. Rockefeller, Jr. wiederaufgebaut. Er finanzierte auch die Restaurierung des College of William and Mary (1695–1700), was die Instandsetzung weiterer Kolonialbauten in Williamsburg nach sich zog. Heute ist das koloniale Williamsburg ein denkmalgeschützter, historischer Stadtteil von mehr als 122 ha Fläche, der auch als Freilichtmuseum fungiert. Er ist das Vorbild für viele spätere Dorfrestaurierungen.

The Alamo, USA
„Erinnert euch an Alamo!" – unter diesem Schlachtruf rächten sich die Texaner in der Schlacht von San Jacinto (1836) für die Niederlage gegen mexikanische Truppen in der Schlacht von Alamo (1836) wenige Wochen zuvor und errangen so ihre Unabhängigkeit von Mexiko. Das Alamo war ursprünglich eine spanische Missionsstation namens Misión San Antonio de Valero, die 1718 aus Lehmziegeln errichtet worden war und später zur Festung ausgebaut wurde. Der Steinbau mit der skulpturalen Fassade entstand zwischen 1744 und 1758. Seit den 1930ern wurde der Komplex umfassend restauriert.

Der erste Leuchtturm der USA, Boston Light, wird auf Little Brewster Island im Hafen von Boston errichtet.

Jean-Baptiste Alexandre Le Blond, ein französischer Architekt und Gartenplaner, folgt der Einladung von Zar Peter dem Großen und wird Generalarchitekt im russischen St. Petersburg.

1705–1722

1716

1718–1758

1720–1740

Der europäische Barock. In der Barockarchitektur tendiert der klassisch inspirierte Ausdruck zu einem „je größer, desto besser“ – mit entsprechenden skalierten, aufwendigen Ornamenten in riesigen Palästen und zentralen Kuppeln. Viele Architekten aus England und Mitteleuropa sind von der dramatischen Dynamik des italienischen Künstlers und Architekten Gian Lorenzo Bernini beeinflusst, einige werden sogar seine Schüler. Kühne Formen und Flächen sind populär. Nach dem Bau des Petersdoms (1590) in Rom herrscht jahrzehntelang ein gewisser „Kuppelneid“. Der Invalidendom (1670–1691) in Paris, die St. Paul's Cathedral (1675–1720) in London und der Berliner Dom (1905) sind nur einige Beispiele für Versuche, ihm Konkurrenz zu machen. Weitere gibt es in den USA, in Österreich und in Russland. Diese zwischenstädtische Rivalität erinnert an das Mittelalter, als Städte einander zu übertreffen versuchten, indem sie immer höhere und größere Kirchtürme bauten.

Castle Howard, England

Bei diesem Anfang des 18. Jahrhunderts begonnenen Landsitz in der Nähe von York wird ein Mittelbau mit einer 24,5 m hohen Kuppel von langen Flügeln flankiert. Die aufwendige Kuppel und die großen Dachornamente am Dachrand sind gute Beispiele für den Barockstil. Ein Teil der maßstäblichen Übertreibung geht auf Nicholas Hawksmoor zurück, der gemeinsam mit dem Architekten und Dramatiker John Vanbrugh an dem Gebäude gearbeitet hat. Die Innenräume wurden vom venezianischen Künstler Giovanni Antonio Pellegrini dekoriert, von dessen Werk allerdings ein Großteil 1940 bei einem Brand zerstört wurde. Die Kuppel wurde 1961 wieder errichtet. Im Garten finden sich architektonische Spielereien wie die bizarre Pyramide (1728) von Hawksmoor und der Tempel der vier Winde (1738) von Vanbrugh.

Karlskirche, Österreich

Diese Kirche am Karlsplatz in Wien wurde ab 1716 vom Wiener Hofarchitekten Johann Bernhard Fischer von Erlach, der in Rom von Bernini ausgebildet worden war, errichtet und 1737 von seinem Sohn Joseph Emanuel fertiggestellt. Das umfassende ikonografische Programm der Kirche symbolisiert das Habsburgerreich. Die Fassade besitzt einen Eingangsportikus, der an griechisch-römische Tempel angelehnt ist, und wird von Triumphsäulen von Lorenzo Mattielli flankiert, die von der Trajanssäule (107–113) in Rom inspiriert sind. Ecktürme und Kuppel ähneln den von Bernini verwendeten Formen des römischen Barocks. Die Kirche ist dem Hl. Karl Borromäus gewidmet, einem Führer der von Rom ausgehenden Gegenreformation.

An der Universität Harvard wird die von den Universitätspräsidenten John Leverett und Benjamin Wadsworth entworfene **Massachusetts Hall** als Wohngebäude für Studenten eröffnet.

1720

Schloss Bruchsal, Deutschland

Dieses in der Nähe von Karlsruhe als Residenz für den Fürstbischof von Speyer errichtete Barockschloss steht anderen Palasten in Europa In Pomp und Größe in nichts nach. Es wurde von Maximilian von Welsch entworfen, der für seine Militärbauten ebenso bekannt ist wie für seine Schlösser, darunter Schloss Biebrich (1702) in Wiesbaden. Schloss Bruchsal besitzt ein außergewöhnliches, zweistöckiges Barocktreppenhaus und wurde im Zweiten Weltkrieg (1939–1945) größtenteils zerstört. Der Wiederaufbau wurde 2017 abgeschlossen. Heute haben hier zwei Museen ihren Sitz.

Der **Place d'Armes** (heute Jackson Square) entsteht im französischen Viertel von New Orleans. An diesem Platz steht die St. Louis Cathedral (1718).

Die **Dresdner Frauenkirche** wird nach den Plänen von George Bähr, dem Ratszimmermeister der Stadt, fertiggestellt.

1721 — **1731–1775** — **1743**

ROKOKO

Der Rückgriff auf die römische Antike in der italienischen Renaissance war von einer schlichten Rationalität geprägt und in der Dekoration eher zurückhaltend. Im Verlauf von Hochrenaissance, Manierismus und vor allem Barock entwickelte die Architektur jedoch zunehmend gestreckte, im Maßstab vergrößerte, dekorative Formen. Ironischerweise durchlief diese anfängliche Schlichtheit innerhalb von zweihundert Jahren eine radikale Verwandlung, die schließlich im Rokoko kulminiert, das – insbesondere bei der Innenarchitektur – einen Gestaltungsansatz verfolgt, für den es ein Zuviel nicht gibt.

Der Begriff Rokoko leitet sich vom französischen *Rocaille* ab, einer Dekorationsform, bei der Grotten und Brunnen mit kleinen Steinchen und Muscheln besetzt wurden. Ab dem 18. Jahrhundert beschreibt Rokoko einen Stil, der die Leichtigkeit von ineinander verwobenen, asymmetrisch geschwungenen Dekorformen betont, die den Rahmen für Gemälde mit unbeschwerten, oberflächlichen Sujets abgeben. Typisch für die Rokokokunst ist das Werk des Franzosen Jean-Honoré Fragonard, dessen Genrebilder erotische Untertöne besitzen. Die Rokokoarchitektur erscheint gleichermaßen luftig oder – anders ausgedrückt – ätherisch, Rokokoräume, insbesondere Sakralräume, sind äußerst fein und zart.

So wie die Raumwirkung der gotischen Architektur den Gläubigen ein spirituelles Vehikel sein sollte, wollen auch Rokokokirchen eine gewisse Jenseitigkeit vermitteln. Wie die verschlungenen Gewölberippen und das züngelnde Maßwerk der spätgotischen Architektur des 15. und 16. Jahrhunderts, bilden auch die Verzierungen des Rokoko ein Gegenstück zu eher klassisch inspirierten Formen. In Vollendung findet man diese spirituelle Ausdrucksweise in den Innenräumen der bayerischen Kirchen, die im 18. Jahrhundert von den Gebrüdern Zimmermann und Asam geschaffen wurden. Der Maler und Stuckateur Johann Baptist Zimmermann baute zusammen mit seinem Bruder, dem Architekten Dominikus Zimmermann Rokokojuwelen wie die Wieskirche (1745–1754) und die Wallfahrtskirche Steinhausen (1728–1733), deren aufwendige Fresken und Stuckarbeiten das Übernatürliche sichtbar machen sollten. Der Maler und Architekt Cosmas Damian Asam und sein Bruder Egid Quirin Asam, ein Stuckateur und Bildhauer, waren die Söhne von Hans Georg Asam, der als Maler im bayerischen Kloster Benediktbeuern (739–1686) tätig war. Die Brüder waren vom italienischen Bildhauer und Architekten Gian Lorenzo Bernini beeinflusst. Mit ihrer in Italien erworbenen Ausbildung und dem beruflichen Hintergrund des Vaters waren sie für Kirchenaufträge gut aufgestellt. Ihre berühmteste Schöpfung ist aber die Münchner Asamkirche (1733–1746), die sie sich als Privatkirche errichtet haben.

Ein Beispiel für einen weltlichen Rokokobau ist der Dresdner Zwinger. Nachdem August der Starke das Schloss Versailles (1624–1770) von König Ludwig XIV. gesehen hatte, ließ er sich von seinem Hofarchitekten Matthäus Daniel Pöppelmann und Hofbildhauer Balthasar Permoser zwischen 1711 und 1728 dieses Barockschloss entwerfen. Dessen kleinteiliges, überladenes Skulpturenprogramm erinnert an den Horror Vacui einiger spätromanischer Kirchen, wo jede noch so kleine Ecke mit einem Relief verziert sein muss. Der Zwinger wurde bei der Bombardierung Dresdens 1945 größtenteils zerstört, aber bis 1963 wieder aufgebaut.

Eine leichtere, verspieltere Version dieses Barocks findet man in einem der frühesten Rokokointerieurs überhaupt, dem Salon de Princesse, der 1737 im Pariser Hôtel de Soubise eingerichtet wurde. Der Entwurf

OBEN. Wallpavillon, Zwinger, Dresden, Deutschland (1711–1728)
Der Bau diente ursprünglich als Ausstellungsfläche und ist heute Sitz mehrerer bedeutender Museen für Gemälde alter Meister, Porzellan und wissenschaftliche Instrumente.

OBEN. Salon de Princesse, Hôtel de Soubise, Paris, Frankreich (1737)
Der gealterte Fürst Hercule Mériadec heiratete 1732 die 19-jährige Marie Sophie de Courcillon und ließ zu diesem Anlass sein Stadtpalais von Germain Boffrand renovieren. Seine Wohnräume lagen im Erdgeschoss, ihre darüber im ersten Stock, einschließlich dieses Salons.

stammt von Germain Boffrand, einem Schüler Jules Hardouin-Mansarts, für den er an der Orangerie von Versailles sowie am Place Vendôme (1690) in Paris gearbeitet hatte. Beim Salon de Princesse handelt es sich um ein polygonales Interieur mit vergoldeten Stuckranken an der Decke, bemalten Vertäfelungen und Wandgemälden von Charles Joseph Natoire in den Kuppelzwickeln. Die Zwickelgemälde erzählen den Mythos von Amor und Psyche, ein beliebtes Thema, das sich um verbotene Liebe dreht.

Im Rokoko verschmolzen Dekoration und Kunst mit der Raumplanung zu einem Gesamtkunstwerk. Mehr noch als andere Stile bot das Rokoko dem Betrachter das Erlebnis, ein Kunstwerk betreten zu können. Wie schon im Verlauf der fünf Jahrhunderte langen Entwicklung der gotischen Architektur vollzieht sich im Rückgriff auf die römische Antike eine parallele Entwicklung, in der sich der schlichte, rationale Bauausdruck im Laufe von 250 Jahren in einen irrational dekorativen Ansatz verwandelt.

1740–1750

Verschwenderisches Rokoko. Das üppig ornamentierte Rokoko scheint innerhalb des klassizistischen Barocks eine französische Bewegung zu sein, hatte aber auch Einfluss auf andere Regionen, vor allem Deutschland. In Venedig ist die Architektur des Mittelalters und der Renaissance häufig bereits reich verziert, sodass es kaum verwunderlich ist, dass dort auch Rokokobauten entstehen. Besonders auffällig ist, dass es aus den Niederlanden, England, Nordamerika und Skandinavien keine Beispiele gibt. Diese Länder pflegen einen klassizistischen Barock, der nüchterner, weniger überschwänglich und weniger flüchtig als das Rokoko ist. Als in Frankreich Kritik an der Oberflächlichkeit der Bewegung geäußert wird, unter anderem von Philosophen wie Voltaire und Architekten wie Jacques-François Blondel, entwickelt sich der Geschmack weg vom Rokoko und hin zum gehaltvolleren Klassizismus der nachfolgenden Jahrzehnte und schließlich zum Empire-Stil der napoleonischen Ära.

Friedrich II. besteigt den Thron Preußens. Wegen seiner militärischen Siege, Reform der preußischen Armee und Förderung der Künste und der Aufklärung geht er als Friedrich der Große in die Geschichte ein.

Der **Sabil-Kuttab von Katkhuda**, ein Mehrzweckbau in Kairo, wird vom ägyptischen Architekten Abd al-Rahman Katkhuda errichtet. Er umfasst einen öffentlichen Brunnen, eine Koran-Grundschule sowie Wohneinheiten und vereint Elemente des traditionellen, ägyptisch-mamlukischen und des osmanischen Stils.

Wieskirche, Deutschland
Diese kleine bayerische Wallfahrtskirche in Steingaden wurde von den Gebrüdern Zimmermann, dem Maler und Stuckateur Johann Baptist und dem Architekten Dominikus errichtet. Im Gegensatz zum eher zurückhaltenden Äußeren ist das Innere der Kirche eine Explosion von Farben, Ornamenten und Fresken, die den Gläubigen ein übernatürliches Raumerlebnis bieten. Nach der offiziellen Weihe der Kirche 1756 und dem Einbau der Orgel 1757 malte Dominikus ein Votivbild, mit dem er seine Dankbarkeit über die Fertigstellung dieses Juwels ausdrückte.

Friedrich der Große, König von Preußen, baut sich sein Rokoko-Sommerschloss Sanssouci in Potsdam bei Berlin. Der Architekt ist Georg Wenzeslaus von Knobelsdorff.

1740 | 1744 | 1745–1747 | 1745–1754

Ca' Rezzonico, Italien
Die dreistöckige, klassisch inspirierte Fassade dieses venezianischen Palazzo stammt vom Architekten Giorgio Massari. Das Interieur, unter anderem mit aufwendigen Deckengemälden von verschiedenen Künstlern, wurde zwischen 1756 und 1758 fertiggestellt. Die optisch ruhige und gelassene Fassade steht in Kontrast zur feierlichen Explosion von Kunst und Ornament im 14 × 24 m großen Ballsaal. Die dortigen Wand- und Deckengemälde stammen von Giovanni Battista Crosato und Gerolamo Mengozzi Colonna.

Nationalpalast von Queluz, Portugal
Der portugiesische Architekt Mateus Vicente de Oliveira hat diesen Sommerpalast in Lissabon für König Peter III. entworfen. Er gilt als einer der letzten Rokokobauten Europas. De Oliveira hatte bei João Frederico Ludovice und Jean-Baptiste Robillon gelernt, als diese den Palast von Mafra (1717–1755) bauten, dem portugiesischen Gegenstück zum spanischen El Escorial (1563–1584). Im Garten befinden sich Skulpturen des englischen Künstlers John Cheere und ein Neptunbrunnen, der Gian Lorenzo Bernini zugeschrieben wird.

Die **englische Kochbuchautorin** Hannah Glasse schreibt *The Art of Cookery Made Plain and Easy*, ein Handbuch zur Anleitung von Küchenpersonal.

Die **Radcliffe Camera** in Oxford wird fertiggestellt. Der von klassischen Formen geprägte Kuppelbau wurde als wissenschaftliche Bibliothek nach den Plänen von James Gibbs errichtet.

1747–1758 | **1747** | **1749** | **1750–1752**

3

DER TRIUMPH DES KLASSIZISMUS

Die meisten hier vorgestellten Bauten der westeuropäischen Architektur nehmen Bezug auf die griechisch-römische Vergangenheit und die klassischen Traditionen Europas. Das trifft auch auf die Architektur des 18. und 19. Jahrhunderts zu. In dieser Epoche vollzogen sich jedoch Veränderungen, die Auswirkungen auf die Industrialisierung von Planungs- und Bauverfahren sowie die Entwicklung von Nationalstaaten und nationalen Stilen haben sollten.

Die erste große Veränderung war die Mitte des 18. Jahrhunderts einsetzende Industrielle Revolution. Ihr Name bezieht sich auf die Erfindung von Fertigungs- und Distributionsprozessen in Europa und den USA sowie auf eine Revolution in der Herstellung von Baustoffen, insbesondere Eisen und Stahl, aber auch Stahlbeton. Der Londoner (1851) und der New Yorker (1853) Crystal Palace waren Glaspaläste, die für Weltausstellungen errichtet und zu Kathedralen eines neuen Zeitalters wurden. In der Industriellen Revolution wurden auch große Kanäle, Bahnlinien und Dampfschiffe gebaut, die im Laufe des 19. Jahrhunderts den internationalen Transport erleichterten. Die Kommunikation zwischen einzelnen Ländern und sogar Kontinenten verbesserte sich sprunghaft. Eine Art Fortsetzung der Industriellen Revolution war die im späten 19. Jahrhundert einsetzende elektronische Revolution, die uns den Telegrafen und das Telefon brachte. In Städten, Häusern und Unternehmen wurde elektrische Beleuchtung eingeführt.

Die zweite große Veränderung dieser Zeit hängt mit dem Nationalismus und den Nationalstaaten zusammen. Dieses Thema prägt das 19. Jahrhundert und hat großen Einfluss auf die Architektur, da man in vielen Ländern versuchte, zu einem nationalen Stil zu finden. Neuen Staaten wie den USA fiel es schwer, einen Stil zu finden, der

VORHERIGE SEITE. Pont Alexandre III, Paris, Frankreich (1896–1900)
Diese klassizistische Brücke über der Seine besticht nicht nur durch ihre Eleganz, sondern ist auch eine Glanzleistung der Ingenieurskunst des 19. Jahrhunderts: Sie besteht aus einem einzigen Stahlbogen von 6 m Länge.

GEGENÜBER. British Museum, London, England (1825–1857)
Dieses Meisterwerk des Greek Revival zählt zu den berühmtesten Museen der Welt. Es birgt Sammlungen von Weltrang, einschließlich der als Elgin Marbles bekannten Fragmente des Athener Parthenon (447 v. Chr.) und der Schätze aus dem Schiffsgrab von Sutton Hoo (ca. 600–650 n. Chr.).

OBEN. Fridericianum, Kassel, Deutschland (1779)
Mit Unterstützung seines Mäzens hat Simon Louis du Ry, der Architekt des Museums, Kassel architektonisch aufgewertet. Von ihm stammen auch der Königsplatz (1767), das Opernhaus (1769), der Friedrichsplatz (1769), Schloss Wilhelmshöhe (1786) und weitere Gebäude und Plätze.

in überzeugendem Zusammenhang zu ihrer Herkunft und ihren Werten stand. Einige hielten den Colonial-Revival-Stil für angemessen, andere die Gotik für besser geeignet, weil sie rationaler und, wie die USA, pragmatischer war. Wieder andere waren der Ansicht, dass eine eklektische Kombination unterschiedlicher Stile dem Charakter der USA am besten entsprechen würde.

Der Wunsch nach Eklektizismus übertrug die Vorstellung der USA als Schmelztiegel von Einwanderern auf die Architektur. Beispielhaft hierfür steht das Saratoga Monument (1877–1883), ein seltsamer Hybrid aus viktorianischer Gotik und einem ägyptischen Obelisken, der zum hundertsten Jahrestag der Schlacht von Bemis Heights bei Saratoga, New York, dem ersten großen Sieg der USA im Amerikanischen Unabhängigkeitskrieg (1775–1783), gebaut wurde. Im späten 19. sowie frühen 20. Jahrhundert kam in den USA der Prairie-Stil als eine der realistischeren Optionen für Wohnarchitektur auf, während die sachliche Chicagoer Schule im Gewerbebau führend wurde. Beide hatten Einfluss auf die frühmodernen Stile, die damals gerade in Mitteleuropa entstanden. Viele dieser Optionen waren eine Reaktion auf den Klassizismus, der sich im 19. Jahrhundert für alle Gebäudetypen durchgesetzt hatte und dessen Gestaltungsvokabular mit der imperialistischen, kolonialen Expansion europäischer Mächte und der USA in Verbindung gebracht wurde. Der Hang zum Klassizismus wurde durch die Dominanz der französischen Vorstellungen von der Architektenausbildung weiter begünstigt. An der 1648 in Paris gegründeten École nationale supérieure des Beaux-Arts beruhte die Ausbildung auf dem Studium klassischer Vorbilder. Talente aus der ganzen Welt strömten herbei, um hier zu studieren.

Im Kampf um den richtigen Stil konnten sich im 18. und 19. Jahrhundert jedoch verschiedene Varianten des Klassizismus durchsetzen. Das wird an Gewerbegebäuden wie dem E. V. Haughwout Building (1857) in New York mit seiner Gusseisenfassade sowie frühen Wolkenkratzern wie dem Home Insurance Building (1884; abgerissen) in Chicago deutlich, die sich beide der Tradition von Renaissancepalästen bedienen.

Auch die Museen, die zwischen dem 18. und dem 20. Jahrhundert weltweit entstanden, machten keinen Hehl aus ihren griechisch-römischen Vorbildern. Das erste eigens als Museum errichtete Gebäude war das Old Ashmolean Building (1678–1683) an der Universität von Oxford, das eine Bildungsfunktion erfüllen sollte. Eines der ersten öffentlichen Museen war das Fridericianum (1779) in Kassel, das heute für seine *Documenta* (seit 1955) genannten Ausstellungen zeitgenössischer Kunst bekannt ist. Friedrich II. hat es mit dem Vermögen gegründet, das er damit gemacht hatte, dass er England im Amerikanischen Unabhängigkeitskrieg Söldnertruppen zur Verfügung stellte. Das Museum wurde von dem in Deutschland geborenen Hugenotten Simon Louis du Ry entworfen, dessen Familie als Protestanten aus dem katholischen Frankreich von König Ludwig XIV. ausgewiesen worden war. Sein tempelartiger Eingangsportikus und die verputzte Steinfassade mit ionischen Säulen, Pilastern und klassisch inspirierten Urnen auf der Brüstung vermitteln einen würdevollen Klassizismus. Das gilt auch für das British Museum (1825–1857)

LINKS. Metropolitan Museum of Art, New York, USA (1871–1910)
Große, klassische Doppelsäulen sind ein Markenzeichen der prächtigen Beaux-Arts-Bauten des ausgehenden 19. und frühen 20. Jahrhunderts. Die Plaza an der Fifth Avenue wurde 2014 wiedereröffnet, nachdem sie mithilfe einer Spende des Museumsstiftungsmitglieds David H. Koch vom Büro des Landschaftsarchitekten Laurie Olin umgestaltet worden war.

GEGENÜBER. Philadelphia Museum of Art, Philadelphia, USA (1919–1928)
Dieses klassizistische Meisterwerk hat sich zu einem Wahrzeichen Philadelphias entwickelt. Die 72-stufige Freitreppe vor dem Haupteingang erlangte als Kulisse für die berühmte Trainingsszene im Film *Rocky* (1976) sogar popkulturelle Bedeutung.

in London von Robert Smirke. Der große, klassizistische Neubau des 1753 per Parlamentsbeschluss gegründeten Museums wurde 1852 fertiggestellt. Das sind nur zwei von zahlreichen klassizistischen Museen und öffentlichen Gebäuden, die zwischen 1820 und 1860 entstanden und auch unter dem Begriff Greek Revival bekannt sind. Dieses Wiederaufleben griechischer Architekturformen hängt auch mit dem Interesse zusammen, im Rahmen der als Grand Tour bezeichneten Bildungsreise griechische Tempel und Ruinen zu sehen, was insbesondere für Architekten aus Deutschland, England und den USA gilt. Beispiele für die entstandenen Bauten sind das Brandenburger Tor (1788–1791) in Berlin von Carl Gotthard Langhans, die Propyläen (1862) am Münchner Königsplatz von Leo von Klenze sowie William Stricklands Second Bank of the United States (1824) in Philadelphia. Die formelhafte Verwendung von griechisch-römischen Tempeln für solche Gebäude setzt sich bis weit ins 20. Jahrhundert fort, zum Beispiel im Philadelphia Museum of Art (1919–1928).

Eine klassizistische Gestaltung scheint im 18. und 19. Jahrhundert unausweichlich gewesen zu sein – was bis zu einem gewissen Grad sicherlich stimmt. Der Neuägyptische Stil fand eine gewisse Anhängerschaft, insbesondere nach Napoleons Ägyptenfeldzug 1792, ebenso wie der neogotische Stil und klassizistische französische Stile wie Second Empire und Beaux-Arts. Doch es gibt Ausnahmen von der Vorherrschaft des Klassizismus, darunter das in einem neumittelalterlichen Stil errichtete Natural History Museum (1881) in London von Alfred Waterhouse und das Metropolitan Museum of Art in New York. Dessen Hauptfassade (1902–1910) wurde vom Architekturbüro McKim, Mead & White im Beaux-Arts-Stil errichtet, obwohl Teile des ursprünglichen, 1871 im Stil der viktorianischen Hochgotik errichteten Museumsgebäudes von Calvert Vaux und Jacob Wrey Mold integriert wurden.

Ende des 19. Jahrhunderts wurden triumphale Leistungen im Ingenieurbau erzielt, darunter die Brooklyn Bridge (1883) in New York und der Pariser Eiffelturm (1889), und bedeutende klassizistische Bauten errichtet, was insbesondere durch die Architekten befördert wurde, die an der École des Beaux-Arts und ähnlichen Schulen ausgebildet wurden. Sowohl die Meisterwerke der Ingenieurskunst als auch die Paläste des Klassizismus sind der Industriellen Revolution sowie dem Kolonialismus und Imperialismus der USA und der europäischen Staaten, die häufig um wirtschaftlichen und politischen Einfluss konkurrierten, geschuldet. Diese beiden gestalterischen Aspekte sind oftmals in den großen Bahnhöfen und Weltausstellungen dieser Epoche vereint, etwa 1893 bei der Weltausstellung in Chicago, deren Ausstellungsgebäude mit Putzträgerkonstruktionen eine weiße, klassizistische Verkleidung erhielten. Sie waren um eine zentrale Lagune herum angeordnet und wurden nachts in elektrisches Licht getaucht, was den Besuchern einen ersten Ausblick auf die nahe Zukunft und die aufkommende City-Beautiful-Bewegung erlaubte.

1750–1760

Transozeanischer Klassizismus. Wie bei den früheren Kolonialbauten, die europäische Einwanderer in der Neuen Welt errichtet haben, werden viele nationale Stilpräferenzen beibehalten und der neuen Bauumgebung angepasst – das gilt für Kanada und die USA genauso wie für entlegenere Regionen am Pazifischen oder Indischen Ozean. Im kanadischen Teil Neufrankreichs wendet sich mit dem French and Indian War (1754–1763), der zum Siebenjährigen Krieg (1756–1763) gerechnet und zwischen Frankreich und Großbritannien und ihren jeweiligen Verbündeten ausgetragen wird, das politische Blatt. Der Siebenjährige Krieg ist der erste echte Weltkrieg – seine Schlachten werden auf allen fünf Kontinenten geschlagen. Als er zu Ende geht, hat Großbritannien Frankreich als vorherrschende Macht in Europa abgelöst. In Nordamerika tritt Frankreich sein kanadisches Territorium an Großbritannien und einen Teil der Gebiete seiner Kolonie Louisiana an Spanien ab. Das bekannte patriotische Lied *Rule, Britannia!* (1740) scheint mit dem Ende des Kriegs wahr geworden zu sein.

Mansion House, England
Dieses klassizistische Gebäude ist der offizielle Sitz des Lord Mayor of London. Es wurde zwischen 1739 und 1753 vom Architekten George Dance dem Älteren gebaut und besaß ursprünglich noch zwei Aufbauten auf dem Dach. Diese wurden 1795 von George Dance dem Jüngeren entfernt, als er den zentralen Innenhof überdachte. Im Verlauf des 19. Jahrhunderts wurde das Innere des Gebäudes immer wieder umgebaut. Der Ägyptische Saal, der eine palladianisch-römische Detailgestaltung besitzt, wird für besondere Veranstaltungen genutzt.

Das **zweite Ursulinenkloster** in New Orleans wird fertiggestellt und ersetzt den alten Vorgängerbau (1727–1734). Beide wurden vom französischen Militäringenieur Ignace François entworfen. Das zweite Ursulinenkloster ist ein gutes Beispiel für die Architektur der öffentlichen Bauten aus der französischen Kolonialzeit.

1751

Independence Hall, USA

Dieses Wahrzeichen von Philadelphia ist berühmt als das Gebäude, in dem die Unabhängigkeitserklärung (1776) und die Verfassung der Vereinigten Staaten (1787) angenommen wurden. Der im georgianischen Stil errichtete Backsteinbau fungierte als Pennsylvania State House bis 1799 als Sitz der Regierung von Pennsylvania. Von 1775 bis 1781 trat hier der zweite Kontinentalkongress zusammen, um die Kriegsanstrengungen der Kolonien im Amerikanischen Unabhängigkeitskrieg (1775–1783) zu koordinieren. Die Bauplanung stammt vermutlich vom Zimmermann Edmund Woolley. Der ursprüngliche Holzturm wurde 1828 durch den heutigen Turm ersetzt, der nach einem Entwurf des Architekten William Strickland entstand.

Valletta Waterfront, Malta

In diesem planmäßig angelegten Gebäudeensemble am Hafen von Malta waren bis 1844 die Bäckereien der britischen Marine untergebracht. Heute ist es ein Kreuzfahrtterminal mit Läden und Geschäften. Die barocken Kalksteindetails an den ursprünglichen neunzehn Ladeneinheiten und der Kirche werden dem Architekten Andrea Belli zugeschrieben, von dem auch andere wichtige Gebäude auf Malta stammen, beispielsweise die Auberge de Castille (1741–1744) in Valletta. Der wichtigste Baumäzen in Malta war damals Manuel Pinto da Fonseca, Großmeister des Johanniterordens.

Die **Wolvendaal-Kirche** in Colombo, Sri Lanka, wird fertiggestellt. Sie wurde aus Toneisenstein errichtet und mit Korallengips verputzt. Diese niederländisch-reformierte Kirche ist ein Zentralbau über einem griechischen Kreuz, komplett mit hölzerner, niederländischer Kanzel in einem monochromen Innenraum.

Die **Schlacht auf der Abraham-Ebene** in Quebec ist ein bedeutender Wendepunkt im Siebenjährigen Krieg. Die Franzosen erlangen danach nie wieder die Kontrolle über Quebec und Neufrankreich zurück.

1752 1757 1759 1773

1760–1770

Eigenwillige Interpretationen. Der Klassizismus hat eine dominierende Stellung eingenommen. Gelegentlich tauchen aber einige gotische Kuriositäten auf der Bildfläche auf, die meist persönlichen oder kirchenhistorischen Gründen geschuldet sind. Diese werden zuweilen nachgotische Bauten genannt, was aber eine irreführende Bezeichnung ist, da es sich in der Regel nicht um archäologisch-historische Baugestaltungen handelt, was an den vielen neogotischen Bauten aus der Mitte des 19. Jahrhunderts ersichtlich ist. Diese Bauten sind – ebenso wie die Interpretationen der asiatischen Architektur durch westliche Architekten im 18. und frühen 19. Jahrhundert – gestalterische Sonderfälle. Das Interesse an chinesischen Möbeln und Dekorationen bezeichnet man als Chinoiserie und geht mit der Entwicklung des exotischen Rokokostils zur selben Zeit einher. In ganz Europa lassen sich Könige und Adelige exzentrische Gartenhäuser errichten, darunter das Chinesische Teehaus (1755–1764) im Schlosspark Sanssouci in Potsdam.

Petit Trianon, Frankreich
Dieses Minipalais auf dem Gelände des Versailler Schlosses (1624–1770) wurde für Madame de Pompadour, die Mätresse König Ludwigs XV., erbaut. Der Entwurf stammt von Ange-Jacques Gabriel. Die Bedeutung des Palais rührt daher, dass es für den Übergang vom französischen Rokoko zu einem eher nüchternen Klassizismus steht. Darüber hinaus wurde es zum Vorbild für pavillonartige, klassizistische Bauten in der gesamten westlichen Welt, im frühen 20. Jahrhundert zum Beispiel für das Maxine Elliott's Theatre in New York (1907; abgerissen) des Architekturbüros Marshall & Fox.

Die Entwicklung des **Buckingham Palace** beginnt damit, dass König Georg III. den Dukes of Buckingham das Stadtpalais Buckingham House in London abkauft. Es soll seiner Frau Königin Charlotte und ihren Kindern als privater Familienwohnsitz dienen. William Chambers erhält den Auftrag, das Haus umzubauen und zu modernisieren.

1762

1762–1768

Strawberry Hill, England

Dieses neogotische Wohnhaus im Londoner Vorort Twickenham wurde zwischen 1749 und 1776 vom englischen Schriftsteller Horace Walpole erbaut. Er ließ sich dabei von einem „Geschmackskomitee" beraten, dem neben ihm selbst der Architekt John Chute und der Zeichner Richard Bentley angehörten, und wurde von den Architekten William Robinson und James Essex unterstützt. Walpole ist als Verfasser des ersten Gothic Novels (Schauerroman), *Das Schloss von Otranto* (1764), bekannt, in dem er spannungsvolle Ungewissheit und Nervenkitzel mit einer Faszination für das Mittelalter verbindet. Heutzutage wirkt seine eigenwillige Interpretation eines Schlosses allerdings alles andere als schreckenerregend.

Touro-Synagoge, USA

Diese Synagoge in Newport, Rhode Island, ist die älteste Synagoge der USA. Der von Galerien umstandene Hauptraum des angloamerikanischen Architekten Peter Harrison ähnelt den klassizistischen Kirchen und Versammlungssälen der damaligen Zeit. Die zwölf ionischen Säulen stehen symbolisch für die zwölf Stämme Israels und wurden jeweils aus einem einzigen Baum gefertigt. Die Synagoge von Touro ist in ihrer Gestaltung schlichter als Harrisons palladianische King's Chapel (1749–1754) in Boston bzw. Christ Church (1761) in Cambridge, Massachusetts.

Der französische Militäringenieur Nicolas-Joseph Cugnot erfindet **das Automobil**. Das dampfgetriebene, selbstfahrende Landfahrzeug ist für den Transport von Artillerie vorgesehen, kann aber auch Passagiere befördern. Cugnot soll 1771 mit einem Prototypen einen Unfall gehabt haben, was wohl der erste Autounfall der Welt gewesen sein dürfte.

Die **Jadebandbrücke** im Garten des Pekinger Sommerpalasts wird fertiggestellt. Die größtenteils aus Marmor errichtete Fußgängerbrücke besitzt einen außergewöhnlich hohen Bogen, damit der Kaiser sie in seinem Drachenboot passieren kann.

1763 | 1764 | 1769

REGENCY-ENGLAND

Denkt man an das England der Regency-Zeit, fällt einem vielleicht der Film *King George – Ein Königreich für mehr Verstand* (1994) ein. Diese Filmbiografie handelt vom irrationalen Verhalten des Königs Georg III., von dem man nicht genau weiß, ob es durch eine psychische Erkrankung, Demenz oder eine Blutkrankheit ausgelöst wurde, das aber zur Regentschaftskrise 1788/1789 führte. 1810 erlitt Georg III. einen neuerlichen Anfall, woraufhin sein Sohn 1811 die Regierungsgeschäfte übernahm. Der Prinzregent war ganz anders als sein Vater, u.a. weil er einen extravaganten Lebenswandel pflegte. Dass ihn Fragen des Stils und der Ästhetik mehr interessierten als das Lenken und Führen des Staats, wird an der Architektur dieser Epoche deutlich. Der vorherrschende Stil, der vom späten 18. Jahrhundert bis zum Beginn der Herrschaft von Königin Victoria 1837 populär war, wird oft als Regency bezeichnet.

In der Architektur unterscheidet sich der Regency-Stil deutlich von den vorherigen georgianischen Bauten des 18. Jahrhunderts. Diese wirken im Vergleich zur gestalterischen Leichtigkeit der Regency-Ära in ihren Details oft zurückhaltend und insgesamt zu massig. Ein gutes Beispiel für die optische Standhaftigkeit und die Vorstellung sozialer Stabilität unter Georg III. vor dem Chaos des Amerikanischen Unabhängigkeitskriegs (1775–1783) ist der Royal Crescent in Bath (1767–1774), ein Werk von John Wood dem Jüngeren. Der spektakuläre, 150 m lange Bogen dieses halbmondförmigen Reihenhauskomplexes mit dreißig Wohneinheiten wird durch seine eingelassene ionische Kolonnade akzentuiert. Als der Royal Crescent entstand, befand sich Großbritannien nach dem Siebenjährigen Krieg (1756–1763) auf dem Höhepunkt seiner Macht. Die gemessene Strenge des Baus steht in starkem Kontrast zum Royal Pavilion (1787–1823) in Brighton, eine hybride Fantasterei aus indisch-islamischen Gestaltungselementen, die sich Georg IV. 1787, damals noch Prinz von Wales, als Residenz am Meer bauen ließ. Nachdem er Prinzregent geworden war, beauftragte

GEGENÜBER. Royal Pavilion, Brighton, England (1787–1823)
Das exotische Erscheinungsbild ist ein greifbarer Ausdruck der fortschreitenden britischen Kolonisierung Indiens, insbesondere nach dem Siebenjährigen Krieg (1756–1763), und nimmt Bezug auf die von Zwiebelkuppeln bekrönten Monumente des Mogulreichs aus dem 16. Jahrhundert wie das Taj Mahal.

LINKS. Royal Crescent, Bath, England (1767–1774)
In Bath wurden noch weitere halbmond- bzw. bogenförmige Reihenhausanlagen errichtet, darunter Lansdown Crescent (1789–1793) von John Palmer und Somerset Place (1790–1820) von John Eveleigh.

er John Nash mit einer Erweiterung, bei der ab 1815 ein wahrhaft exotischer Palast entstanden ist. Die chinesisch inspirierten Interieurs umfassen Elemente, die hauptsächlich vom Innenarchitekten Frederick Crace stammen. Das eigenwillige Gebäude war in Sachen extravagantem Design auf dem neuesten Stand und dem Playboy-Lifestyle des Prinzen angemessen.

Eine solche Vorliebe für den Eklektizismus, der nicht nur asiatische, sondern auch gotische und sogar griechische Elemente vereint, stellt aber ein Extrem der Regency-Periode dar. Viele der besten, klassisch inspirierten Bauten der damaligen Zeit stammen ebenfalls von John Nash. Seine politische Einstellung und sein Status als Favorit des Prinzregenten verhalfen ihm nach 1806 zu bedeutenden königlichen Aufträgen. Unter anderem plante er die Regent Street sowie den Regent's Park (1809–1832) und den St. James's Park (1814–1827) in London. Die Londoner Kirche All Souls (1822–1824), Langham Place, ist ein gutes Beispiel für Nashs Werk. Ihr kreisrunder, *Tempietto*-artiger Turm, für den Nash einer Rotunde mit ionischen Säulen eine kleinere Rotunde mit korinthischen Säulen aufgesetzt hat, ihre schlanken Proportionen und Details und die weithin sichtbare, zackenartige Turmspitze waren leichter als der georgianische Klassizismus vergangener Zeiten. Nash baute auch Buckingham House zum Buckingham Palace (1825–1830) um. Im Rahmen dieses Umbaus entstand der Marble Arch (ab 1827).

Die Leichtigkeit des Regency-Klassizismus und die gelegentlichen Experimente mit pittoresken Formen exotischer Architekturen stehen auch in Zusammenhang mit den klassischen Architekturformen des späteren Adamstils, den man mit den Werken der schottischen Brüder Robert und James Adam verbindet. Auf gewisse Weise haben diese formell zwangloseren Vorläufer den frühen Federal Style in den USA beeinflusst. Gelegentlich heißt es, dieser würde lediglich einem georgianischen Backsteinkern eine von schlankeren Proportionen geprägte, in den Details leichtere Version des Klassizismus aufsetzen, doch es gibt auch Beispiele für eine Verspieltheit, die der des Royal Pavilion ähnelt, aber weniger extrem ist. Dazu zählt Boscobel (1804–1808) in Garrison, New York, das für den anglophilen Farmer States Morris Dyckman unter Mitwirkung des Baumeisters William Vermillyea errichtet wurde. Die Holzrahmenvilla besitzt eine Fassade mit Säulen, die nicht mehr einfach nur schlank, sondern geradezu dünn sind, und auffällige, geschnitzte Festons unter dem mittigen Giebel. Den Hintergrund bilden mehrere große Fenster, die die Fassade charakterisieren und sogar entmaterialisieren.

1770–1780

Kontinentaler Klassizismus. Es überrascht nicht, dass der Klassizismus in Europa regionale sowie individuelle Ausprägungen annimmt. Das Spektrum reicht dabei vom Festhalten an einem überladenen Barock oder Rokoko bis zur Schlichtheit eines nahezu rationalisierten, modernistischen Barocks. Zu den Individualisten zählen die beiden französischen Architekten und visionären Idealisten Étienne-Louis Boullée und Claude-Nicolas Ledoux. An Boullée erinnert man sich vor allem für die dramatische Geometrie und abstrahierten klassischen Formen in seinen theoretischen Werken. Die Beiträge von Ledoux sind in ihrer Planung utopisch, mit architektonischen Formen, die ebenso gewagt wie aufgeräumt sind, in ihrer Monumentalität aber trotzdem weniger extrem. Ledoux und Boullée haben spätere Generationen der französischen Architektur beeinflusst, insbesondere wie sie an der École nationale supérieure des Beaux-Arts in Paris gelehrt wurde.

Neues Palais von Sanssouci, Deutschland
Sanssouci war das Sommerschloss Friedrichs des Großen, dem König von Preußen, ein spektakulärer Rokokopalast, den er zwischen 1745 und 1747 in Potsdam bei Berlin baute. Mehr als zwanzig Jahre später ließ er sich am westlichen Rand des Schlossparks auch das Neue Palais errichten, das im selben Geiste steht wie das reich verzierte erste Schloss, anders als dieses aber in rotem und weißem Stein ausgeführt wird. Der Entwurf für Sanssouci stammt von Wenzeslaus von Knobelsdorff, das größere Neue Palais ist ein Werk von Johann Gottfried Büring und Carl von Gontard.

1771
Die **Society of Civil Engineers** wird in London gegründet. Es ist die weltweit erste Vereinigung von Ingenieuren. Zu Ehren ihres Mitgründers John Smeaton wird sie später in Smeatonian Society of Civil Engineers umbenannt.

1775
Der **Amerikanische Unabhängigkeitskrieg** bricht aus, als die Amerikaner den Kampf um die Unabhängigkeit von Großbritannien aufnehmen.

Königliche Saline, Frankreich

Diese Manufaktur zur Salzgewinnung gilt als Ledoux' größtes Bauwerk, von dem nur die erste Bauphase realisiert wurde. Eigentlich war es als halbkreisförmige Keimzelle einer größeren Idealstadt im ostfranzösischen Arc-et-Senans geplant worden. Die dorischen Details am Eingangsportikus sind von den griechischen Tempeln in Paestum (540–450 v. Chr.) inspiriert. Mehrere Gewerbegebäude beschreiben einen Bogen um das Haus des Direktors im Mittelpunkt des Halbkreises. Die Werkstätten wurden nach der Französischen Revolution von 1789 geschlossen und anschließend zu verschiedenen Zwecken genutzt.

La Scala, Italien

Dieses Opernhaus in Mailand wurde 1778 eröffnet. Die ursprüngliche Planung geht auf Giuseppe Piermarini zurück. Pietro Marliani, Pietro Nosetti sowie Antonio und Giuseppe Fe sollen Planung und Bau abgeschlossen haben. Die Baukosten für das Haus, das anfangs etwa 3000 Sitzplätze bot, wurden über den Verkauf von Logen finanziert, die von ihren Käufern jeweils individuell gestaltet werden konnten. Der Innenraum erhielt seine heutige Gestalt bei einer Renovierung 1907. Eine weitere Renovierung wurde zwischen 2002 und 2004 von Mario Botta durchgeführt.

Die **amerikanische Unabhängigkeitserklärung** wird am 4. Juli offiziell verabschiedet. Damit erklären die dreizehn Kolonien ihre Unabhängigkeit von Großbritannien.

Der **schottische Architekt Robert Adam realisiert** mit der Fassade des Stowe House in Buckinghamshire und der Renovierung von Kenwood House in Hampstead Heath, London, zwei bedeutende Projekte. Zusammen mit seinem Bruder James macht er eine unbeschwertere Herangehensweise an klassische Formen populär, die den palladianischen und georgianischen Stil hinter sich lässt und sich in den USA zum Federal Style weiterentwickelt.

1775–1778 | 1776 | 1778 | 1779

1780–1790

Eine zweite Eisenzeit. Werkzeuge und Waffen aus Eisen werden in Europa ab etwa 700 v. Chr. hergestellt. Gusseisen kennt man in China bereits im 5. Jahrhundert; in Europa ist es im 15. und 16. Jahrhundert zur Herstellung von Artilleriewaffen üblich. Aber der umfassende Einsatz von Eisen für Konsumgüter von Kochgeschirr bis Baustoffen keimt im 18. Jahrhundert in England auf, als der Quäker Abraham Darby der Ältere ein Verfahren entwickelt, um Eisenerz mithilfe von Kohlenkoks effizienter zu schmelzen und Eisengussteile mit Formen aus Sand zu gießen. Die Qualität seines Eisens erlaubt die Herstellung von dünnen Gussteilen, die beim Anfertigen von Gegenständen wie beispielsweise Töpfen erfolgreich mit Messing konkurrieren können. Sein Enkel Abraham Darby III. erbt das Familienunternehmen, als er erst 18 Jahre alt ist, und baut die Iron Bridge in Coalbrookdale, Shropshire, als Reklame für sein Geschäft. Niemand hätte damals absehen können, dass dies der Startschuss für die Revolution des Baugewerbes war.

Iron Bridge, England
Diese 1779 errichtete und 1781 eröffnete Konstruktion, die den Fluss Severn überspannt, war die erste erfolgreiche große Gusseisenbrücke der Welt. Sie wurde vom Architekten Thomas Farnolls Pritchard entworfen, der sich Holzkonstruktionen zum Vorbild für ihre Bögen nahm. Sie ist 30,5 m lang und wurde aus 1700 Gussteilen zusammengesetzt. Bereits 1783 waren Reparatur- und Restaurierungsarbeiten erforderlich. Die letzten wurden 2018 durchgeführt. Seit 1934 ist die Brücke für Fahrzeuge gesperrt und wird heute nur von Fußgängern genutzt.

Die Brüder Joseph-Michel und Jacques-Étienne Montgolfier führen **die ersten Heißluftballonflüge** durch. Einmal bleiben sie 25 Minuten in der Luft, erreichen eine Höhe von 910 m über Paris und legen eine Strecke von über 9 km zurück.

Der Vertrag von Paris wird von Großbritannien und den USA in Paris unterzeichnet. Er beendet den Amerikanischen Unabhängigkeitskrieg und legt die Grenzen der USA gegenüber den nordamerikanischen Gebieten des Britischen Empire fest.

Großbritannien erkennt nach seiner Niederlage in Yorktown, Virginia, **die Unabhängigkeit der USA an.**

1781

1783

Plaza de Toros, Spanien
Der Bau dieser Stierkampfarena in Ronda wurde 1779 begonnen und 1785 abgeschlossen. Die schlichte Putzfassade verbirgt eine spektakuläre Fläche von 66 m Durchmesser, die von zwei gedeckten, klassischen Arkaden mit Sitzplätzen für 5000 Zuschauer umgeben ist. Der Architekt war vermutlich José Martín de Aldehuela, der in Ronda 1793 auch die Puente Nuevo errichtet hat. In der Plaza de Toros befindet sich heute ein Stierkampfmuseum.

Am 14. Juli bricht die **Französische Revolution** aus, als rund 900 Revolutionäre die Bastille in Paris stürmen, die ein Symbol für die Macht des Königs ist. Die als Gefängnis genutzte mittelalterliche Festung wird bis zum Ende des Jahres vollständig abgerissen.

George Washington wird zum ersten Präsidenten der neuen Vereinigten Staaten von Amerika gewählt.

Panthéon, Frankreich
Dieses Pariser Gebäude wurde ursprünglich 1758 von Jacques-Germain Soufflot als klassizistische Kirche der Abtei Sainte-Geneviève begonnen und 1790 von seinem Schüler Jean-Baptiste Rondelet fertiggestellt. Nach der Französischen Revolution wurde es 1791 in ein Pantheon umgewandelt, das dem Gedenken an die Helden Frankreichs und als deren Mausoleum dient. Der über dem Grundriss eines griechischen Kreuzes errichtete überkuppelte Raum wird durch vier Nebenkuppeln weiter gegliedert. Zu den im Laufe der Zeit vorgenommenen Ergänzungen zählt eine Giebelgruppe, deren Skulpturen an die im Panthéon begrabenen Personen erinnert.

1789

1790–1800

Restaurierung und Renovierung. Das Ende des Jahrhunderts bringt einen Umschwung mit sich, der für Wiedergeburt und Wiederaufbau steht und häufig das klassische Vokabular der europäischen Architektur verwendet. Verschleiß und Abnutzung, aber auch Krieg, politische Unruhen und Aufstände sowie Unfälle und Naturkatastrophen wie Brände und Erdbeben machen die Sanierung, Konservierung und Restaurierung von Gebäuden erforderlich. Doch die Architektur ist in vielen Gesellschaften der damaligen Zeit auch mit dem Traum von einem neuen Leben verbunden. Das Weiße Haus in Washington, D.C., steht symbolhaft für die Wiedergeburt der dreizehn ursprünglichen Kolonien nach dem Amerikanischen Unabhängigkeitskrieg (1775–1783) in den Vereinigten Staaten. Es handelt sich um eine klassizistische Präsidentenvilla in der erst 1791 gegründeten neuen Hauptstadt, die ungefähr in der Mitte der Bundesstaaten der neuen Nation liegt und vom französischen Militäringenieur Pierre Charles L'Enfant mit sich diagonal kreuzenden Alleen geplant wurde.

Herkulesturm, Spanien
Dieser römische Leuchtturm aus dem 2. Jahrhundert in der Nähe von La Coruña in Spanien wurde zwischen 1788 und 1791 restauriert und erweitert. Der ursprünglich 34 m hohe, dreistöckige Turm wurde von Eustaquio Giannini zu einem 21 m höheren, vierstöckigen Turm umgebaut. Klassische Gesimse und Blendfenster charakterisieren den klassizistischen Turm, der den römischen Originalbau umschließt und von einem quadratischen Schaft in einen oktagonalen Abschluss übergeht.

Weißes Haus, USA
Der aus weiß gestrichenem Sandstein errichtete Wohnsitz des US-Präsidenten stammt vom irisch-amerikanischen Architekten James Hoban. Er hat die straßenseitige Fassade dem Leinster House (1748) in Dublin nachgebildet. Die 1824 ergänzte halbrunde Veranda besitzt eine gewisse Ähnlichkeit mit der Veranda des Château de Rastignac (1812) in Dordogne, Frankreich. Das Weiße Haus wurde mehrfach erweitert und restauriert, erstmalig nachdem es im Britisch-Amerikanischen Krieg von 1812 zu einem Brand gekommen war.

1792–1800

Festung Hwaseong, Südkorea

Diese Festung wurde gebaut, um darin die sterblichen Überreste eines koreanischen Prinzen beizusetzen, und sollte die Keimzelle einer neuen Hauptstadt werden, was der heute Suwon genannten Stadt südlich von Seoul aber verwehrt blieb. Geplant wurde die Festung vom Philosophen, Dichter und Diplomaten Jeong Yakyong, einem engen Vertrauten des Bauherrn König Jeongjo. Die aus Ziegeln und Naturstein errichteten Bauten wurden 1801 umfassend dokumentiert, was von entscheidender Bedeutung für den Wiederaufbau der im Koreakrieg (1950–1953) schwer beschädigten Festung in den 1970er Jahren war.

1793

Der US-amerikanische Erfinder **Eli Whitney** stellt die moderne Baumwoll-Egreniermaschine vor, die Samen und Baumwolle mechanisch voneinander trennt und so die Ernte effizienter macht. Sie prägt die Wirtschaft der Südstaaten in der Zeit vor dem Bürgerkrieg.

1794–1796

1797

Der englische Schiffsarchitekt **Samuel Bentham** entwickelt ein Verfahren, mit dem die Festigkeit von Holzplatten erhöht wird, indem sie miteinander verleimt werden, und erfindet so das Sperrholz.

1798

Edward Jenner entwickelt eine Methode zur Verabreichung der ersten Pockenimpfungen. Mit der Veröffentlichung seiner Ergebnisse prägt er auch das Wort „Vakzin“, das sich vom lateinischen Wort für Kuh *vacca* ableitet.

ROCKET

OBEN. Das Dampfschiff *Clermont* (Original von 1807)
Die *Clermont* wurde häufiger in Lithografien und Stichen dargestellt. Anlässlich der Hudson-Fulton Celebration, mit der 1909 das Jubiläum der erfolgreichen kommerziellen Nutzung des Raddampfers begangen wurde, ist außerdem ein angeblich akkurater Nachbau in Originalgröße entstanden. Da sich die visuellen Informationen aber gelegentlich widersprechen, lässt sich nur schwer sagen, welche Darstellung korrekt ist.

GEGENÜBER. Die Lokomotive *The Rocket* (Original von 1829)
Wie von der *Clermont* gibt es auch von dieser berühmten Lokomotive Nachbauten in Originalgröße, aber auch kleinere Bausatzmodelle. Anders als beim Schiff dürften diese aber wahrheitsgetreuer sein, da sich von der Lokomotive genauere Zeichnungen erhalten haben.

DAMPFKRAFT: AUF FLUSS UND SCHIENE

Die Dampfkraft war der Antrieb, wenn nicht sogar der Katalysator der Industriellen Revolution. Die Idee, den Dampf von erhitztem Wasser zum Antrieb von Maschinen zu nutzen, stammt aus dem 17. Jahrhundert. Der Spanier Jerónimo de Ayanz soll 1606 eine Dampfpumpe zur Entwässerung von gefluteten Bergwerksstollen erfunden haben. Der englische Ingenieur Thomas Savery wiederum hat 1698 die vermutlich erste über Dampfkessel angetriebene Arbeitsmaschine gebaut. Er konnte nicht ahnen, dass die Idee, Dampfkessel zum Antrieb einer mechanischen Vorrichtung zu nutzen, erhebliche Auswirkungen auf die Verkehrsmittel des ausgehenden 18. und frühen 19. Jahrhunderts haben und den Wasser- und Schienenverkehr auf Jahrzehnte hinaus verändern würde.

Die Antwort auf die Frage, wer als Erster die Dampfkraft für den Antrieb eines Wasserfahrzeugs genutzt hat, hängt davon ab, wie man Dampfkraft definiert. Der französische Adlige Claude-François-Dorothée Jouffroy d'Abbans könnte der Erste gewesen sein. Er entwickelte 1776 zunächst das 13 m lange Dampfschiff *Palmipède* und 1783 dann die *Pyroscaphe*. Doch war keins von beiden ein Erfolg, da es ihnen entweder an Geschwindigkeit oder an Seetüchtigkeit mangelte. In den USA baute der Ingenieur John Fitch ein Schiff mit dampfbetriebenen Rudern namens *Perseverance*, das seine Probefahrt 1787 bestand. Dem schottischen Ingenieur William Symington, der in den 1780er Jahren bereits an kleineren dampfbetriebenen Schiffen gearbeitet hatte, gelang 1803 mit der *Charlotte Dundas* das Schiff, das als erstes einsatzfähiges Dampfschiff gilt. Ihren Namen verdankt sie der Tochter des Finanziers, Sir Thomas Dundas. Die Jungfernfahrt fand am 4. Januar 1803 statt. Diese frühen Dampfschiffe waren jedoch nur einmalige Machbarkeitsdemonstrationen, die nicht zu kommerziell verwertbaren Modellen führten. Vor allem waren Dampfmaschinen damals eine Seltenheit. Man war entweder auf die nur begrenzt verfügbaren Niederdruckdampfmaschinen von Boulton & Watt angewiesen oder die Erfinder mussten sich eigene Kraftmaschinen bauen. Es fiel dem US-Ingenieur Robert Fulton zu, mit seinem auch als *Clermont* bekannten Dampfschiff *North River Steamboat* 1807 zu beweisen, dass ein kommerzieller Betrieb möglich war. Die *Clermont* brachte Passagiere auf dem Hudson River von New York nach Albany. Die Fahrt mit einer Durchschnittsgeschwindigkeit von etwa 8 km/h dauerte 62 Stunden. Das 41 m lange Schiff besaß 54 Kojen und eine Kombüse und wurde von Fulton zusammen mit seinem Geschäftspartner, dem Politiker Robert Livingston, entwickelt. Sie bauten ein ähnliches Dampfschiff, um den Mississippi zu befahren. Angesichts des anhaltenden Erfolgs dieser Schiffe traten schon bald Konkurrenten auf den Plan.

Die Entwicklung der Dampflokomotive verlief ganz ähnlich. Der englische Erfinder und Bergbauingenieur Robert Trevithick erfand 1801 die erste Dampfstraßenlokomotive, die wegen ihres Hochdruckdampfantriebs den Spitznamen *Puffing Devil* erhielt. Ein anderer englischer Erfinder und Bergbauingenieur namens John Blenkinsop erfand 1812 vermutlich die erste Lokomotive, die sich kommerziell bewähren sollte – und der Ingenieur George Stephenson und sein Sohn Robert bauten sie. Sie erhielt den Namen *Locomotion No. 1* und kam 1825 zum ersten Mal auf einer Passagierstrecke zum Einsatz. Auf ihrer Jungfernfahrt zog sie, von George Stephenson persönlich geführt, elf Kohle- und zwanzig Passagierwaggons mit einer Durchschnittsgeschwindigkeit von 12,8 km/h. Das Unternehmen der Stephensons baute noch zahlreiche verbesserte Lokomotiven wie *The Rocket* 1829 und die *John Bull* 1831.

Frühe Dampfschiffe und Dampflokomotiven wurden entweder als Wunderwerke und Vorboten der Zukunft wahrgenommen oder als gefährliche Ungetüme, die Passagieren und Passanten schaden würden. Nur ein Jahrzehnt später konkurrierten Dampfschiffe und die Eisenbahn um dieselben Reisenden – oft sogar in zuvor angekündigten Rennen. Einige dieser Rennen endeten für die Teilnehmer in einer tödlichen Katastrophe, was neben Rechtsstreitigkeiten auch öffentliche Besorgnis hervorrief. Aber es gab kein Zurück mehr. Die Welt war bereits von Grund auf industrialisiert.

1800–1810

Der Export des Klassizismus. Das neue Jahrhundert führt fort, was das alte begonnen hat – zumindest was die Vorliebe der westlichen Gesellschaft für verschiedene Spielarten des Klassizismus betrifft. In den europäischen Kolonien nimmt die bauliche Gestaltung häufig Bezug auf frühere Prototypen oder es entstehen gar Kopien von Gebäuden aus dem Heimatland des Architekten. Gelegentlich werden Entwürfe einfach aus Architekturbüchern kopiert, von denen wohlhabende Architekturliebhaber immense Sammlungen besitzen. Zu diesen zählt der US-Präsident und Gentleman-Architekt Thomas Jefferson, der seit seinen Studententagen Architekturbücher sammelt. Sein Bibliotheksbestand wächst stetig und umfasst schließlich 6487 Bände, darunter wichtige Werke von Andrea Palladio, Claude Perrault, Vincenzo Scamozzi, Sebastiano Serlio und James Stuart.

Four Courts, Irland

Die wichtigsten Gerichtshöfe Irlands haben ihren Sitz in diesem Prachtbau in Dublin. Der in England geborene irische Architekt Thomas Cooley hat als Erster an der Planung gearbeitet, die aber größtenteils von James Gandon stammt, der nach Cooleys Tod 1784 übernahm. Zwei Jahre später begannen die Bauarbeiten, 1802 wurden sie abgeschlossen. Beide Architekten waren vom Klassizismus des William Chambers beeinflusst, für den sie gearbeitet hatten. Das Gebäude wurde im irischen Bürgerkrieg (1922–1923) beschädigt und 1932 umgebaut, wobei die ursprüngliche Innendekoration und die Originalschornsteine weitestgehend entfernt und die wieder aufgebauten Flügel gegenüber dem Flussufer nach hinten versetzt wurden.

Die **Napoleonischen Kriege** brechen aus. In einer Reihe von kriegerischen Auseinandersetzungen stehen sich das französische Kaiserreich und seine Verbündeten unter der Führung Napoleon Bonapartes und verschiedene europäische Mächte gegenüber, die häufig vom Vereinigten Königreich finanziert und angeführt wurden.

US-Präsident Thomas Jeffersons bedeutendste Leistung ist vermutlich der Louisiana Purchase. Für 68 Millionen Francs kaufen die USA von Frankreich 2 140 000 km² Land westlich der ursprünglichen Bundesstaaten und das Nordwestterritorium.

1803

Raj Bhavan, Indien

Kalkutta (heute Kolkata) war eine der elegantesten britischen Kolonialstädte in Indien. Dort ließ sich Richard Colley Wellesley, der 1. Marquess Wellesley und Generalgouverneur der Britischen Ostindien-Kompanie, vom Architekten Charles Wyatt einen Amts- und Wohnsitz bauen. Das zunächst als Government House, später als Raj Bhavan bekannte Gebäude, wurde aus Ziegelsteinen errichtet und gelb verputzt. Wyatts Entwurf war von Robert Adams Kedleston Hall (1759) in Derbyshire beeinflusst. Die Kuppel über der Südveranda wurde 1814 ergänzt.

Monticello, USA

Diese ab 1796 in der Nähe von Charlottesville, Virginia, errichtete Villa war der Alterssitz von Präsident Thomas Jefferson. Weil er sich schon sein Lebtag lang für Architektur begeistert hatte, hat er das Anwesen selbst geplant. Von Jefferson stammen auch andere, ähnliche palladianische Bauten, darunter das Virginia State Capitol (1785–1788), das er gemeinsam mit dem französischen Architekten Charles-Louis Clérisseau entworfen hat und das auf dem Maison Carrée (12 v. Chr.–7 n. Chr.), einem römischen Tempel im französischen Nîmes, beruht, sowie die Universität von Virginia (1822–1826), der das Pantheon (126) in Rom als Vorbild gedient hat und deren Herzstück eine als Bibliothek genutzte Rotunde bildet.

Der Mexikanische Unabhängigkeitskrieg gegen das Königreich Spanien beginnt, als Pater Miguel Hidalgo in seiner bewegenden Rede „Schrei von Dolores“ dazu aufruft, zu den Waffen zu greifen.

1810

1810–1820

Die Bedeutung des Gewöhnlichen. Das architektonische Gefüge einer jeden Stadt besteht zum größeren Teil aus Hintergrundgebäuden denn aus außergewöhnlichen Bauten. Oft entsteht erst durch die Abfolge verschiedener Gebäude oder ein Gebäudeensemble ein herausragendes Umgebungserlebnis. Dabei können kleine Bauten für den Eindruck, den ein Ort hinterlässt, genauso wichtig sein wie eine Kathedrale oder ein herrschaftlicher Landsitz. Die eher kleinen Martello-Türme, die im sehr späten 18. und frühen 19. Jahrhundert zur Verteidigung des britischen Empire errichtet wurden, sind für die Militärgeschichte und das Bild der Nation genauso wichtig wie der zur gleichen Zeit entstandene Flaggenturm von Hanoi für Vietnam. Die zierliche Liffey Bridge in Dublin ist ebenso ein Wahrzeichen der Stadt wie das gewaltige Gerichtsgebäude Four Courts (1802).

Martello-Turm, England
Diese kleinen, zylindrischen Festungen sind etwa 12 m hoch und wurden entlang der britischen Küste errichtet, um das Empire vor feindlichen Invasionen, vor allem aus Frankreich, zu schützen. Die dicken, geböschten Mauern schützen vor Artilleriebeschuss und bieten Platz für eine große Kanone. Die Türme konnten eine kleine Einheit, bestehend aus einem Offizier und 15 bis 20 Männern, beherbergen. Dieser über einem Vierpassgrundriss errichtete Turm steht in Aldeburgh und kann heute als Ferienunterkunft gemietet werden.

Flaggenturm von Hanoi, Vietnam
Dieser polygonale Beobachtungsturm auf einem dreistufigen Sockel ist ein Wahrzeichen von Hanoi und ein Symbol für die Unabhängigkeit Vietnams. Es war das letzte Gebäude, das hier vor der französischen Kolonisation Mitte der 1880er Jahre errichtet wurde. Der 33,5 m hohe Turm entging wegen seiner militärischen Nutzung dem Abriss. Die Zitadelle, die den Turm umgibt, gehört heute zum militärgeschichtlichen Museum von Vietnam.

1812

Liffey Bridge, Irland
Die ursprünglich nach dem Duke of Wellington benannte Brücke über den Fluss Liffey in Dublin ist auch als Ha'penny Bridge bekannt, weil man für die Überquerung anfangs einen Wegezoll von einem halben Penny entrichten musste. Es handelt sich um eine frühe gusseiserne Fußgängerbrücke mit kielbogenförmigen Laternen, die 43 m lang und 3,5 m breit ist. Sie wurde in England von der Coalbrookdale Company gefertigt, von der auch die Iron Bridge (1779–1781) in Shropshire stammt. Für die Montage der Liffey-Brücke war deren Polier John Windsor verantwortlich.

Im englischen Manchester ereignet sich **das Peterloo-Massaker**, als Infanterie und Kavallerie gewaltsam eine Demonstration auflösen. Die Opfer ebnen jedoch den Weg zum allgemeinen Wahlrecht, zur Gründung von Gewerkschaften und zu mehr Demokratie für britische Bürger.

Am 27. Januar **erreichen Europäer die Antarktis**. Auf einer von Russland finanzierten Forschungsreise unter Leitung des deutschen Marineoffiziers Fabian Gottlieb von Bellingshausen und des russischen Marinekommandanten und Entdeckers Michail Petrowitsch Lasarew wird die Existenz des Kontinents erstmals durch Sichtung bestätigt. Innerhalb weniger Tage und Monate folgen Sichtungen durch Briten und US-Amerikaner.

1816 | 1819 | 1820

DAS INDUSTRIEZEITALTER: ISAMBARD KINGDOM BRUNEL

Von allen britischen Ingenieuren der Industriellen Revolution ist Isambard Kingdom Brunel der faszinierendste. Sein Vater Marc war ebenfalls Ingenieur und ist während der Französischen Revolution (1789–1799) aus Frankreich in die USA ausgewandert. Er brachte Isambard das Zeichnen bei. Isambard sammelte nach seiner Ausbildung erste Berufserfahrung als stellvertretender Ingenieur seines Vaters beim Bau des Themse-Tunnels (1825–1843). Gemeinsam entwickelten sie den Schildvortrieb, ein Tunnelbauverfahren, bei dem eine als Tunnelschild bezeichnete Stützkonstruktion den Einsturz der vorderen Tunnelwand verhindert, während der rückseitig entstandene Hohlraum ausgemauert wird. Der Themse-Tunnel war der erste Tunnel unter der Themse, vermutlich sogar der erste unter einem schiffbaren Fluss. Er ist 396 m lang, liegt 23 m unter Tidehochwasser und war eigentlich für Pferdekutschen gedacht, wurde aber später ins Londoner U-Bahn-Netz integriert.

Von Brunel stammen auch einige der berühmtesten Brücken Englands. Die Clifton Suspension Bridge (1831–1864) über dem Fluss Avon beruht ursprünglich auf seiner Planung. Nach finanzierungsbedingten Verzögerungen wurde der Bau den Ingenieuren William Henry Barlow und John Hawkshaw übertragen, die sich mit der zweiten Brücke über den Firth of Tay (1887) in Schottland bzw. dem Severn-Tunnel (1886) zwischen England und Wales bereits einen Namen gemacht hatten. Mit einer Spannweite von 214 m war die Clifton Suspension Bridge zur Bauzeit die größte Hängebrücke der Welt. Brunel baute mehrere Brücken, vor allem für die Eisenbahn, darunter die aus Eisenfachwerkträgern konstruierte Royal Albert Bridge (1854–1859) über den Tamar in Südwestengland und die Three Bridges (1859) in London, wo sich eine Straßen-, Kanal- und Bahnbrücke übereinander kreuzen.

Unter Brunels verkehrstechnischen Leistungen besonders hervorzuheben ist die Great Western Railway, zu deren Chefingenieur er 1833 ernannt wurde. Sein erstes Konzept sah die nahtlose Beförderung zwischen London und New York vor. Die Passagiere sollten mit der Bahn nach Bristol reisen, um dort den – selbstverständlich von Brunel entworfenen – Raddampfer SS *Great Western* (1836–1838) zu besteigen. Von Brunel stammt auch der Londoner Endbahnhof der Bahnlinie Paddington Station (1854). Um die Züge mit höherer Geschwindigkeit verkehren lassen zu können, setzte Brunel auf eine breitere Spurweite, aber nach seinem Tod 1859 wurde die Spurweite in ganz Großbritannien, auch auf der Great Western Railway, vereinheitlicht.

Obwohl Brunels Vision einer nahtlosen Transatlantikreise nicht ganz nach seinen Vorstellungen umgesetzt werden konnte, bescherte ihm seine Vorliebe für den Schiffbau weitere Karrierehöhepunkte, darunter die SS *Great Britain* (1839–1845), die auf der Transatlantiklinie verkehrte. Das 98 m lange Schiff bot Platz für 360 Passagiere und 120 Besatzungsmitglieder. Es war das erste Dampfschiff, das einen Eisenrumpf mit einer Schiffsschraube kombinierte. Diese Schraube wurde von zwei Maschinen angetrieben. Wie auch bei der *Great Western* standen Segel als zweiter Antrieb zur Verfügung. Danach konstruierte Brunel die SS *Great Eastern* (1853–1859). Mit einer Länge von 211 m und einer Kapazität von 4000 Personen war dieses Dampfschiff mit Eisenrumpf bis 1899 das größte Schiff der Welt. Die *Great Eastern* verkehrte zwischen England und den USA und sogar Australien. Später wurde sie zum Kabelleger umgebaut und verlegte 1866 die erste permanente Telegrafenleitung durch den Atlantik.

Brunel war zweifellos ein Universalgenie, wenn man die Bandbreite seiner herausragenden Ingenieurleistungen betrachtet – von Gebäuden und Brücken bis hin zu ganzen Eisenbahnnetzen und den größten Schiffen seiner Zeit. Noch dazu erreichte er das alles in nur 53 Jahren, weil eine Nierenerkrankung und ein Schlaganfall das Leben des starken Rauchers vorzeitig beendeten.

GEGENÜBER. SS *Great Eastern* (1853–1859)
Diese künstlerische Darstellung vom Bau des Schiffsrumpfs im Eisenwerk Millwall an der Themse macht die enorme Größe des Schiffs deutlich.

RECHTS. Clifton Suspension Bridge, Bristol, England (1831–1864)
Die Brückentürme wirken in ihrer Schlichtheit überraschend modern. Die Gesimse, die den oberen Abschluss bilden, sorgen für einen Hauch neuägyptischen Stils.

1820–1830

Monumentale Denkmäler. Traditionelle Denkmalgestaltungen weisen klare Bezüge zur Antike auf. Der Londoner Marble Arch orientiert sich an den römischen Triumphbögen, die als Siegesdenkmäler für verschiedene Kaiser errichtet wurden. Der monumentale Obelisk von Bunker Hill in Boston, Massachusetts, erinnert an ägyptische Denkmäler. Seine Funktion als Aussichtsplattform verbindet ihn mit der Offenheit der US-amerikanischen Landschaft und der im 19. Jahrhundert aufkommenden Idee des Manifest Destiny, also der Vorstellung, dass die Amerikaner vom Schicksal zur Besiedlung des nordamerikanischen Kontinents ausersehen sind. Im Vergleich zum kaiserlichen Triumphbogen erachtet man den monumentalen Obelisken für demokratischer, weshalb er für die neue Nation der USA als besser geeignet galt. Schließlich erlebt auch der griechische Tempel eine überzeugende Auferstehung in der Walhalla, einer deutschen Ruhmeshalle, die eine Nachbildung des Parthenons ist. In ihrem Innern versammelt die Walhalla ein Pantheon deutscher Talente aus Kunst und Wissenschaft in Form von Marmorbüsten.

Bunker Hill, USA
Solomon Willard hat diesen monumentalen Granitobelisken zum Gedenken an die Schlacht von Bunker Hill (1775), der ersten großen Schlacht des Amerikanischen Unabhängigkeitskriegs (1775–1783), in Charlestown, Boston, errichtet. Im Innern des 67 m hohen Denkmals führt eine Treppe mit 294 Stufen zu einer Aussichtsplattform. Zu seinen Füßen wurde ein klassizistischer Ausstellungspavillon errichtet. Die Stätte wurde 2007 renoviert.

1821 – Michael Faraday entwickelt im Rahmen seiner elektromagnetischen Experimente den **ersten Elektromotor**.

1824 – Joseph Aspdin lässt den **Portland-Zement** patentieren, die Grundlage für modernen Beton.

1825 – Der **Eriekanal** wird eröffnet. Er verbindet den Eriesee, einen der Großen Seen an der Grenze zwischen den USA und Kanada, mit dem Hudson River und somit schließlich mit dem Atlantischen Ozean. Mit seinen 584 km ist er einer der längsten Kanäle der Welt. Für den Bau war der Ingenieur Benjamin Wright verantwortlich.

1825–1843 – Bunker Hill, USA

Walhalla, Deutschland

Diese auf einem Hügel über der Donau gelegene, klassizistische Ruhmeshalle im griechischen Stil war eine Idee des Kronprinzen Ludwig I. von Bayern und wurde vom Architekten Leo von Klenze realisiert. Ludwig pflegte eine Vorliebe für die griechische Klassik, weshalb es kaum verwundert, dass der Tempel zu Ehren der größten Persönlichkeiten Deutschlands vom Parthenon inspiriert ist. Die Skulpturen im Giebel erinnern an die Schlacht im Teutoburger Wald (9 n. Chr.) und die Gründung des Deutschen Bundes (1815). In der Walhalla befinden sich 64 Gedenktafeln und 130 Marmorbüsten, die an berühmte Deutsche seit der Antike erinnern.

Marble Arch, England

Dieses marmorverkleidete Bauwerk hatte der Architekt John Nash ursprünglich als Triumphtor für die Zufahrt zum Buckingham Palace (1825–1830) entworfen. Es wurde 1851 vom Architekten Decimus Burton an seinen heutigen Standort, einer Kreuzung auf der Londoner Oxford Street, versetzt. Nashs Vorbilder waren der Konstantinsbogen (315) in Rom und der Arc de Triomphe du Carrousel (1808) in Paris. Die Skulpturen wurden von verschiedenen Künstlern geschaffen. Einige Stücke, die keine Verwendung fanden, wurden im Buckingham Palace und an anderen Orten aufgestellt.

Die **Liverpool and Manchester Railway** wird eröffnet und verbindet die englischen Städte Liverpool und Manchester. Es ist die erste zwischenstädtische Verbindung im Personenschienenverkehr, auf der ausschließlich Dampflokomotiven eingesetzt werden.

1827

1830

1830–1842

1830–1840

Meister des Revivals. Mehrere Architekten dieser Epoche – die gelegentlich auch Greek Revival genannt wird – waren echte Meister in der Wiederbelebung griechischer Architekturformen und schufen beeindruckend akkurate Tempelbauten für Banken, Behörden, Museen, Konzerthäuser, Schulen und Kirchen. Die meisten von ihnen waren Amerikaner, Briten oder Deutsche; Franzosen und Italiener findet man seltener. Manche, wie die Amerikaner Benjamin Henry Latrobe und Thomas Ustick Walter und die Deutschen Karl Friedrich Schinkel und Leo von Klenze, erhalten prestigeträchtige öffentliche Aufträge, mit denen sie sich an die Spitze ihres Berufsstands arbeiten. Ähnlich ergeht es Robert Smirke in England. Andere, wie die partnerschaftlich zusammenarbeitenden US-Architekten Ithiel Town und Alexander Jackson Davis sowie der Engländer Charles Barry sind im griechischen, gotischen und italienisierenden Stil gleichermaßen bewandert.

Altes Museum, Deutschland
Das Alte Museum in Berlin wurde zwischen 1825 und 1830 von Schinkel errichtet, um die königliche Kunstsammlung unterzubringen. Der damalige Kronprinz Friedrich Wilhelm IV. von Preußen wirkte aktiv an der Planung mit. Die ionische Arkade und das polychrome Mauerwerk dahinter verbergen eine zentrale Rotunde, die vom Pantheon (126) in Rom inspiriert ist. Das Gebäude liegt an einem großen, offenen Platz und ist als Museum zur Erziehung und Bildung der Bürger gedacht. Die von Ludwig Mies van der Rohe geschaffene Neue Nationalgalerie in Berlin (1965–1968) soll eine gestalterische Hommage an Schinkels Altes Museum sein.

Athenäum von Manchester, England
Der englische Architekt Charles Barry hat das Athenäum in einem klassizistischen Stil ausgeführt, den man als italienisierend bezeichnet. Stadthäuser wie dieses folgten dem Vorbild des Palazzo der italienischen Renaissancestadt, während sich etwas später, in den 1840ern entstandene Landhäuser eher an toskanischen Villen orientierten. Der italienisierende Stil galt damals als klassische Alternative zum griechischen und römischen Stil.

Der englische Architekt **Joseph Hansom** meldet das Hansom-Cab zum Patent an – eine geschlossene Pferdekutsche, die sich durch Sicherheitsmerkmale wie größere Räder und eine tiefer liegende Karosserie auszeichnet.

1833–1837

1834

Bank of Chester County, USA

Diese Bank in Form eines ionisch-griechischen Tempels in West Chester, Pennsylvania, ist eines von mehreren ähnlichen Greek-Revival-Gebäuden, die Thomas Ustick Walter im Laufe seiner Karriere, insbesondere im Umland von Philadelphia geschaffen hat. Die Bank nimmt eine Fläche von 14 × 27 m ein und ersetzte frühere Bauten an anderen Standorten. Der aus der Region stammende Marmor kostete 33.000 US-Dollar. Bei späteren Renovierungen im 19. und 20. Jahrhundert wurde vor allem das Interieur, weniger die straßenseitige Fassade verändert.

1836–1837

Das **Royal Institute of British Architects** wird durch königliche Konzession (Royal Charter) errichtet. Zwei Jahre später entsteht das Royal Institute of the Architects of Ireland.

1837

Dampfbetriebene Baumaschinen und Baugeräte werden erfunden. Der US-Ingenieur William Otis beantragt ein Patent für den Dampfbagger, der schottische Ingenieur James Nasmyth entwickelt den Dampfhammer, der beim Einrammen von Pfählen nützlich ist.

1839

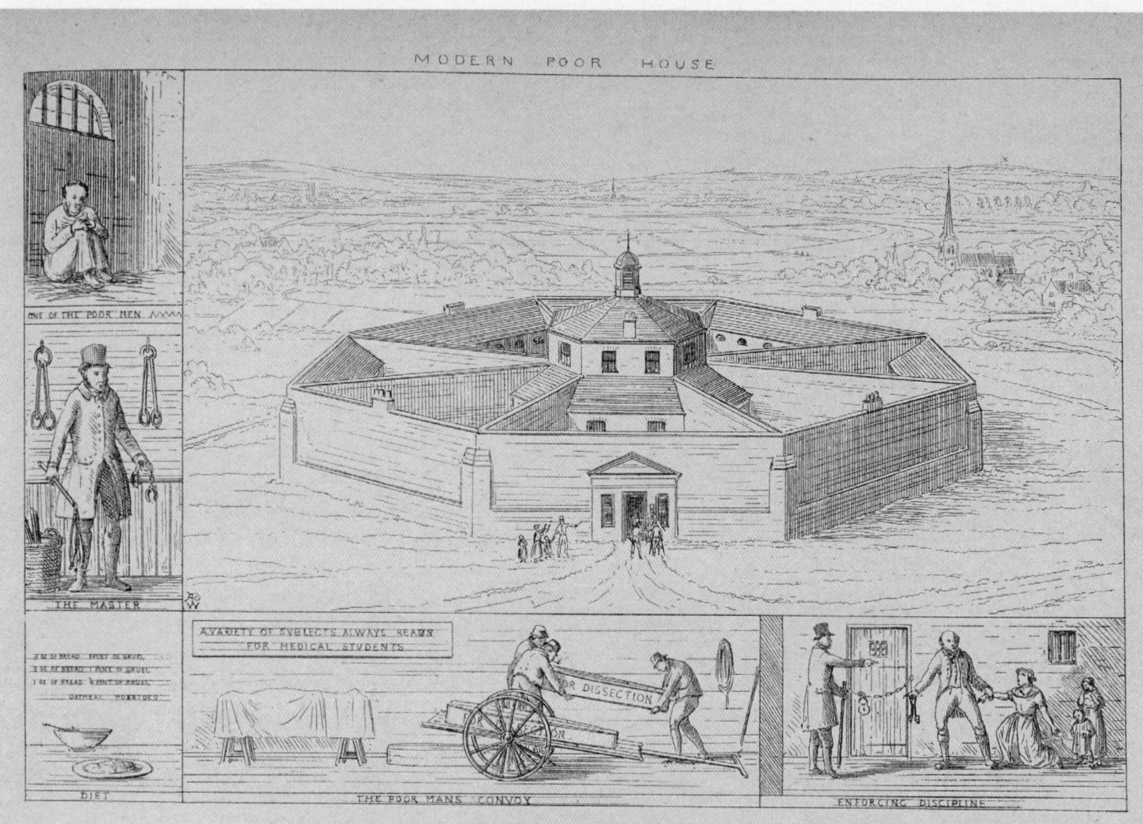

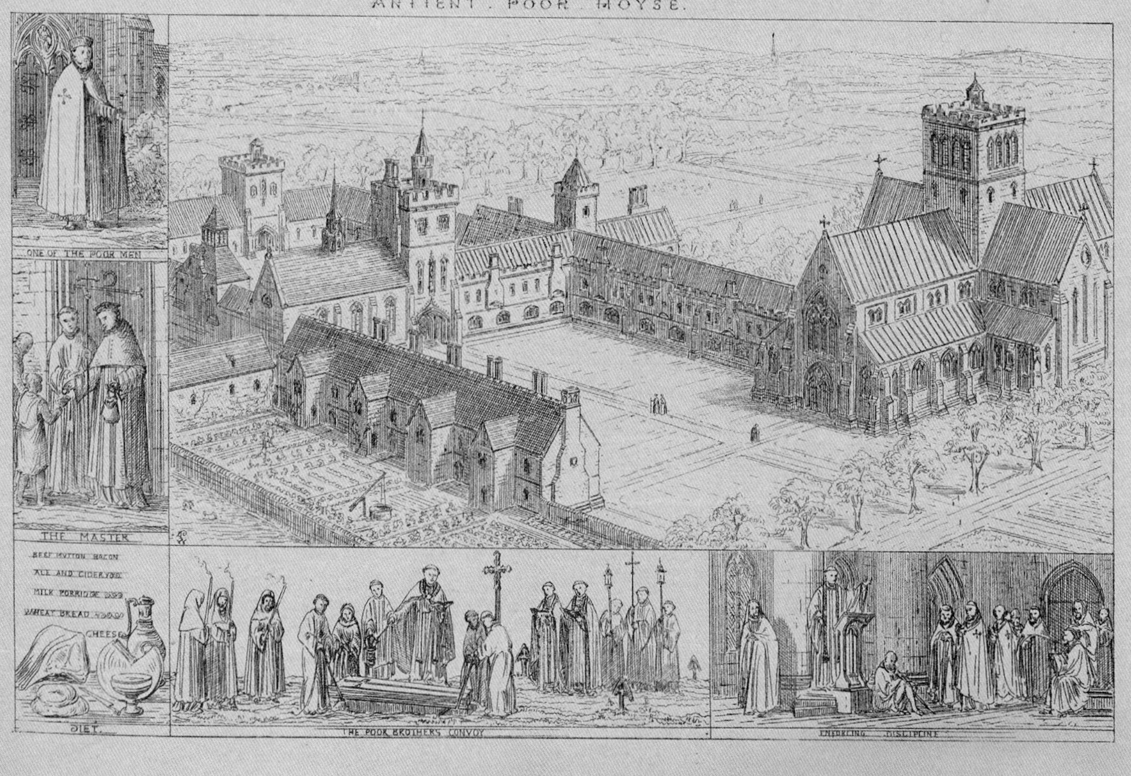

LINKS. „Contrasted Residences of the Poor: Ancient and Modern", *Contrasts* (1836) Augustus Pugin stellt in den naiv moralistischen Vignetten seines Buchs das damalige Großbritannien des Industriezeitalters im Vergleich zu unrealistischen Verklärungen des Lebens im Mittelalter als grausam und unmenschlich dar.

GEGENÜBER. Mittelalterliche Stadtmauer, Carcassonne, Frankreich (1853 restauriert) Eugène Viollet-le-Ducs makellose Restaurationen, zum Beispiel dieser Stadtmauer, gelten bei Kritikern gelegentlich als das damalige Gegenstück zu heutigen Hollywood-Fantasien des Mittelalters wie Disney's Magic Kingdom oder das Hogwarts von *Harry Potter*.

DIE NEOGOTIK: PUGIN UND VIOLLET-LE-DUC

Die Neogotik der ersten Jahrzehnte des 19. Jahrhunderts war die einzige ästhetische Strömung, die der Vorherrschaft des Klassizismus erfolgreich Konkurrenz machen konnte. Das lag zumindest zum Teil daran, dass man beim Einsatz der Gotik auf Angemessenheit gegenüber der Landschaft oder der kirchlichen oder moralischen Bauaufgabe bedacht war. Zum Beispiel ist das Tal des Hudson River nördlich von New York ziemlich schroff. Durch die Erschließung der nördlich von New York, in den Hügeln auf dem Ostufer des Hudson liegenden Städte durch Dampfschiffe und später die Eisenbahn entwickelten sich diese zu bedeutenden Pendlervororten, in denen sich reiche Magnaten ihre Villen bauten. Wegen der ländlichen Assoziation hielt man zwischen 1830 und 1860 den italienisierenden oder toskanischen Stil für diese Region für angemessen, im Laufe der Zeit entwickelten sich aber neogotische Villen, Herrenhäuser und kleine Burgen zum letzten Schrei am Rhein Amerikas. Der berühmteste erhaltene Bau ist das zinnengeschmückte Herrenhaus Lyndhurst (1838–1842; 1864) in Tarrytown, New York, von Alexander Jackson Davis. Davis und seine Kollegen wie Andrew Jackson Downing und Calvert Vaux verfassten populäre Bücher, die Zeichnungen von Villen enthielten, die für solche Umgebungen geeignet waren, und bauten selbst mehrere gotische Burgen, Villen und Cottages in hügeligen Landschaften.

Neben ästhetischen Aspekten besaß die Neogotik aber auch starke moralische Untertöne. Dies geht auf Reformbewegungen in der anglikanischen und der Episkopalkirche zurück, die versuchten, bestimmte römisch-katholische Praktiken wieder in die anglikanische Liturgie und Theologie einzuführen. Die Bewegung war Teil eines Bestrebens, zur Einfachheit und Reinheit der mittelalterlichen Kirche und des mittelalterlichen Lebens zurückzukehren.

Der englische Architekt Augustus Pugin, selbst katholischer Konvertit, erwies sich mit seinen kontroversen Schriften wie *Contrasts* (1836) als ein führender Verfechter dieser nostalgischen Sichtweise. Das Buch enthält Illustrationen, in denen die Bauten und Gesellschaft des 19. Jahrhunderts vergleichbaren Beispielen aus der Gotik gegenübergestellt wurden, um zu veranschaulichen, welche Gesellschaft die besseren Gebäude hat und sich mehr um ihre Mitglieder kümmert. Die Illustration zur Unterbringung der Armen zeigt für das 19. Jahrhundert einen gefängnisähnlichen Bau, für das Mittelalter ein gemeinschaftliches Zusammenleben. Pugin veröffentlichte später mit *Die wahren Prinzipien der spitzen oder christlichen Architektur* (1841) ein weiteres Buch, in dem er die Angemessenheit der Gotik für Sakralbauten hervorhebt. Für seinen Einfluss auf bestimmte Bauwerke wird häufig der Wiederaufbau des Londoner Parlamentsgebäudes (ab 1835) angeführt, bei dem er für die gotischen Elemente verantwortlich zeichnete und der eher klassizistisch orientierte Charles Barry den symmetrischen Grundriss entwarf. Pugin wirkte auch an der Planung der Kathedrale von Northampton (1840 begonnen) und der St. Chad's Cathedral in Birmingham (1841) sowie der Restaurierung anderer anglikanischer und katholischer Kirchen mit.

Der Fokus auf die Gotik und die gotische Gesellschaft führte zu einer neuen Wertschätzung der gotischen Bauten, die sich in England und anderen Ländern erhalten hatten. Englische Architekten wie George Gilbert Scott und George Edmund Street schufen nicht nur bedeutende neogotische Neubauten, sondern restaurierten auch viele gotische Originale.

Der berühmteste Architekt dieser Zeit ist der Franzose Eugène Emmanuel Viollet-le-Duc. Seine Familie war gut vernetzt, wodurch er wichtige Aufträge erhielt, darunter 1840 die Restaurierung der Abtei von Vézelay aus dem 12. Jahrhundert sowie 1844 die Restaurierung der Kathedrale Notre-Dame in Paris. Seine Restaurierungen, zum Beispiel der mittelalterlichen Festung von Carcassonne, wurden später für Ungenauigkeiten und den Versuch, einen Zustand der Perfektion herzustellen, den es in der Realität nie gegeben hat, kritisiert. Seine Anhänger hielten dem jedoch entgegen, dass sich diese Bauten ohne die Bemühungen Viollet-le-Ducs womöglich nicht bis ins 21. Jahrhundert erhalten hätten.

1840–1850

In Geschichte gehüllt. Die Industrielle Revolution ist in vollem Gange. Die Bedeutung von Eisen und Dampfkraft ist selbst im Baugewerbe ein *Fait accompli*. Der Einsatz von Eisen als Baumaterial ist dabei ganz unabhängig vom jeweiligen Stil. Obwohl gelegentlich noch das gesamte Gebäude von Steinmauern getragen wird, setzt sich Eisen in der Dekoration und im Tragwerksbereich zunehmend durch. Die berühmtesten Beispiele für diese beiden Anwendungsfälle sind die Massenfertigung der klassizistischen Gusseisenfassaden des New Yorker Architekten James Bogardus, der sich diese 1850 patentieren ließ, und die glasverkleidete Eisenkonstruktion der von Joseph Paxton entworfenen Londoner Ausstellungshalle Crystal Palace (1851; zerstört). Andere Beispiele sind weniger auffällig. Bemerkenswert ist das gusseiserne Tragwerk im kalksteinverkleideten Victoria Tower (1843–1860) des Londoner Parlamentsgebäudes, das einen Beitrag dazu leistet, dass hier Archivmaterialien in einer brandgeschützten Umgebung aufbewahrt werden können.

Parlamentsgebäude, England
Charles Barry und Augustus Pugin gewannen 1835 den Wettbewerb zum Wiederaufbau des Londoner Parlamentsgebäudes, das ein Jahr zuvor bei einem Brand schwer beschädigt worden war. Die Arbeiten an diesem neogotischen Kalksteinkomplex, der als Sitz des britischen Parlaments auch Houses of Parliament genannt wird, begannen 1840 und wurden erst drei Jahrzehnte später abgeschlossen. Die spektakuläre, etwa 300 m lange, zur Themse gelegene Fassade ist ebenso charakteristisch für den Bau wie seine Türme, dessen berühmtester der 96 m hohe Elizabeth Tower mit der Uhr und der „Big Ben“ genannten Glocke ist.

1842

Der englische Universalgelehrte John Herschel erfindet **die Blaupause**. Es handelt sich um ein fotografisches Verfahren, mit dem sich Architekturzeichnungen auf lichtempfindlichem Papier kostengünstig vervielfältigen lassen, und das in der Bauindustrie entsprechend große Verbreitung findet.

1843

Portland-Zement wird von William Aspdin, dem Sohn des Erfinders Joseph Aspdin, in seinem Werk in Rotherhithe, London, hergestellt. Er verändert das Produkt seines Vaters und verbessert Festigkeit und Eignung des Zements für den Einsatz in Beton.

Bibliothèque Sainte-Geneviève, Frankreich

Diese Bibliothek wurde von Henri Labrouste zwischen 1838 und 1839 geplant und im Laufe des nächsten Jahrzehnts in Paris gebaut. Das zweistöckige Gebäude hat eine Fläche von 85 × 21 m. Im Lesesaal im oberen Geschoss findet sich eine Reihe freiliegender, äußerst dekorativer Gusseisenbogen, die das Deckengewölbe stützen, aber eher wie ein Spitzenbesatz anmuten und den Raum locker und leicht wirken lassen. Später schuf Labrouste auch den Salle Labrouste (1861–1868) für die Bibliothèque nationale de France in Paris – ein spektakulärer Raum mit neun Kuppeln, die von schlanken Gusseisensäulen getragen werden.

Starrucca Viaduct, USA

Dieses Eisenbahnviadukt in der Nähe von Lanesboro, Pennsylvania, wurde von den Bauingenieuren Julius Walker Adams und James P. Kirkwood aus lokalem Blaustein, Ziegeln und Beton errichtet. Zur Bauzeit war es mit 320 m Länge das größte gemauerte Eisenbahnviadukt der Welt. Die Brücke ist seit damals in Benutzung, lediglich der Bahnkörper wurde inzwischen erweitert und verstärkt.

Der Erfinder Jonathan J. Couch lässt den ersten **Schlagbohrhammer** patentieren, Vorläufer des Presslufthammers.

1843–1850

1847–1848

1849

1850–1860

Die Ästhetik des Industriezeitalters. Prozesse rund um Eisen und Stahl werden weiterentwickelt, wovon die Fertigung von dekorativem Gusseisen und der wachsende Markt für Stahl profitieren. Architekten verlassen sich zunehmend auf Eisen als Baustoff, sowohl bei Konstruktionen in Mauerwerksbauten als auch bei Wänden, die die Detailgestaltung von behauenem Stein nachahmen. Auch Beton wird im Bau verstärkt eingesetzt, seit man ihn mit Eisen und später Stahl kombiniert, um ihm mehr Festigkeit zu verleihen. Architekten und Ingenieure gründen Berufsverbände, um den Status ihrer jeweiligen Berufsstände aufzuwerten. So können sie mit geeinter Stimme sprechen und öffentlich Einfluss nehmen.

Kathedrale von Helsinki, Finnland
Diese evangelische Kathedrale wurde zwischen 1830 und 1852 zu Ehren von Zar Nikolaus I. von Russland erbaut, der zugleich Großfürst von Finnland war. Der Grundriss in Form eines griechischen Kreuzes mit fünf Kuppeln ist eine Hommage an die byzantinische und russische Architektur, die hier aber klassizistisch ausgeführt ist. Die vier kleineren Kuppeln wurden vom finnischen Architekten Ernst Lohrmann errichtet, nachdem der eigentliche Architekt der Kathedrale, der Deutsche Carl Ludwig Engel, 1840 gestorben war. Engel hatte die Kirche in die von ihm geplante, klassizistische Bebauung des umliegenden Senatsplatzes eingebunden.

1852
Der amerikanische Ingenieursverband **American Society of Civil Engineers** wird gegründet.

1853
Der französische Bauunternehmer François Coignet setzt erstmals einen **mit Eisenbewehrungen verstärkten Beton** ein. In Paris baut er ein Haus aus *Béton armé*, einem Vorläufer des Stahlbetons.

E. V. Haughwout Building, USA

Der in Irland geborene Architekt John P. Gaynor hat dieses Einzelhandelsgeschäft in New York entworfen. Mit seinen straßenseitigen Gusseisenfassaden ist es ein typisches Beispiel für die Gewerbegebäude seiner Zeit. In diesem Fall stammen die Gusseisenteile aus den Architectural Iron Works von Daniel D. Badger. Die Arkaden sind von denen der Biblioteca Marciana (1553) von Jacopo Sansovino in Venedig inspiriert. Das E. V. Haughwout Building ist aber vor allem deshalb bedeutend, weil es das erste Gebäude war, das einen Personenaufzug besaß.

Isaakskathedrale, Russland

Der französische Architekt Auguste de Montferrand baut dieses Wahrzeichen von St. Petersburg zwischen 1818 und 1858. Wie bei russischen Kirchen üblich, beruht ihr Grundriss auf dem griechischen Kreuz. Die Säulen aus rotem Granit bilden einen auffälligen Kontrast zur grauen Steinfassade. Der prächtige Innenraum fasst 14 000 Menschen. Die vergoldete Hauptkuppel ist 101,5 m hoch und besitzt eine bedeutende gusseiserne Tragkonstruktion, die mit anderen Kuppeln, wie zum Beispiel der des Kapitols der USA (1855–1866) von Thomas Ustick Walter, vergleichbar ist.

Der englische Erfinder **Henry Bessemer** lässt ein Verfahren zur kostengünstigeren Erzeugung von Stahl patentieren und öffnet so die Tür für dessen Verwendung als Baustoff.

Das **American Institute of Architects** wird in New York gegründet, um „die Stellung des Berufs zu verbessern".

1856 1857

DER AUFZUG UND DIE WOLKENKRATZER

Seit man in den 1880ern und 1890ern in Chicago und New York begonnen hatte, hohe Geschäftshäuser zu bauen, wurde viel darüber gestritten, welcher Wolkenkratzer eigentlich der erste war. In den 1880ern wurde das Wort „skyscraper" (Wolkenkratzer) jedenfalls erstmals zur Beschreibung hoher Bauten in New York verwendet. Aus Historikerkreisen hieß es zuletzt, dass die 10- bis 20-stöckigen Gebäude im Chicago und New York des ausgehenden 19. Jahrhunderts Vorläufer dieses Gebäudetyps seien, das New Yorker Woolworth Building (1913) aber der erste moderne Wolkenkratzer wäre. Dieses von Cass Gilbert entworfene Gebäude erreichte mit 57 Stockwerken eine Rekordhöhe von 241 m. Eine Leistung, die nur durch neue getriebelose, elektrische Aufzüge möglich geworden war.

Für den Bau von Wolkenkratzern spielen verschiedene Faktoren eine Rolle, entscheidend ist jedoch die vertikale Erschließung der einzelnen Stockwerke über Aufzüge. Dem US-Industriellen Elisha Graves Otis wird die Erfindung des absturzsicheren Aufzugs zugeschrieben, bei dem die Kabine zum Stillstand gebracht wird, wenn die Tragseile reißen. Otis, der das Gerät als Lastenaufzug entwickelt hatte, führte den absturzsicheren Aufzug nach ausgiebigen Tests auf der New Yorker Weltausstellung 1854 im Crystal Palace vor. Es war ein dramatischer Auftritt, der seinem jungen Unternehmen zahlreiche Aufträge einbrachte. Frühe dampfbetriebene Aufzüge kannte man bereits aus Geschäftshäusern wie dem E. V. Haughwout Building (1857) in New York, elektrische folgten in den 1880er Jahren. Die Otis Elevator Company entwickelte sich zu einem weltweit führenden Hersteller von vertikalen Aufzügen und hat sogar den Pariser Eiffelturm (1889) ausgestattet. 1913 erfand das Unternehmen den getriebelosen, elektrischen Hochgeschwindigkeitsaufzug. Er kam in den wirklich hohen Gebäuden zum Einsatz, die während des Wolkenkratzerbooms nach dem Ersten Weltkrieg (1914–1918) entstanden.

Nach dem Zweiten Weltkrieg (1939–1945) entwickelten sich der Wolkenkratzerbau und die Aufzugstechnik weiter. Mit Kone, Mitsubishi, Schindler und Thyssenkrupp trat eine ganze Reihe von Unternehmen auf den Plan, die weltweit Anlagen installieren. Die Chicagoer Supertalls (Wolkenkratzer über 300 m Höhe) der 1960er und 1970er, wie der Hancock Tower (1969, 344 m) und der Sears Tower (1974, 442 m), haben ganze Batterien von Aufzügen. Beide wurden von Skidmore, Owings & Merrill geplant. Sie besitzen Sky Lobbys, in denen man zwischen verschiedenen Aufzügen umsteigt, sowie Expressaufzüge, die nur in den Sky Lobbys, und Nahaufzüge, die auf jedem Stockwerk halten. Im Sears Tower werden, wie auch in anderen Gebäuden dieser Zeit, doppelstöckige Aufzüge eingesetzt. Dabei handelt es sich um „übereinander gestapelte" Kabinen, die gleichzeitig ein Stockwerk mit ungerader und eins mit gerader Zahl anfahren. Solche Aufzüge werden auch im aktuell höchsten Gebäude der Welt, dem 828 m hohen Burj Khalifa (2010), genutzt. Heute experimentieren Hersteller mit seillosen Aufzügen, die über Magnete sowohl vertikal als auch horizontal bewegt werden können. Für die Tests von neuen Aufzugskonstruktionen errichten sie häufig Türme mit vertikalen Schächten, die so hoch sind wie Wolkenkratzer. Ein besonders bemerkenswertes Exemplar ist der Testturm von Thyssenkrupp in Rottweil. Anders als ähnliche Türme besitzt er ein ästhetisch angenehmes Design und schraubt sich 246 m spiralförmig in die Höhe. Er wurde vom Architekten Helmut Jahn zusammen mit dem Tragwerksplaner Werner Sobek entworfen. Das 2018 errichtete Betonrohr ist mit Platten aus Polytetrafluorethylen verkleidet, die Wind ablenken, um Beeinträchtigungen der Tests durch Schwingungen zu vermeiden. Der Turm, der auch eine öffentlich zugängliche Aussichtsplattform besitzt, ist nicht nur eine Testanlage, sondern auch eine skulpturale Landmarke, die das Unternehmen in der Umgebung verortet.

GEGENÜBER. Elisha Graves Otis führt seinen absturzsicheren Aufzug im Crystal Palace, New York, USA, vor (1854)
Diese Illustration zeigt, wie Otis seine Erfindung einem begeisterten Publikum vorführt. Die erfolgreiche Demonstration brachte ihm zahlreiche Aufträge ein und ebnete den Weg für den zukünftigen Erfolg seines Unternehmens.

RECHTS. Thyssenkrupp-Testturm, Rottweil, Deutschland (2018)
Helmut Jahn und Werner Sobek haben auch an Projekten wie dem Flughafen Suvarnabhumi (2006) in Bangkok zusammengearbeitet. Mit *Archi-Neering* (2000) haben sie ein Buch darüber geschrieben, wie Architektur und Bauingenieurwesen ineinandergreifen.

1860–1870

Demokratische Wohnhäuser. Achteckige Häuser werden vom Phrenologen Orson Squire Fowler als Lösung für die Probleme des Wohnungsbaus angepriesen und entwickeln sich in den USA zu einer vorübergehenden Modeerscheinung. Fowler ist eine Medienberühmtheit und verbreitet seine Ideen in Vorlesungen und zahlreichen Ratgebern, darunter einer mit dem Titel *The Octagon House: A Home for All* (1848). Fowler argumentiert, dass in einem achteckigen Haus mit rechteckigen Haupträumen dreieckige Nebenräume übrig bleiben, die als Wandschrank, Bad oder Vorratskammer genutzt werden können. Seiner Ansicht nach handelt es sich um ein pragmatisches Wohnhauskonzept und somit um eine typisch amerikanische Lösung für eine demokratische Form des Wohnens. Außerdem befürwortet er unter anderem die zentrale Heißluftheizung, das Sammeln von Regenwasser und das Bauen mit betonähnlichen Außenwänden, die er als „Gravel Wall" bezeichnet. Infolge von Fowlers Popularität werden viele derartige Wohnhäuser in ganz Nordamerika gebaut. Mehr als 100 davon haben ins 21. Jahrhundert überdauert.

Armour-Stiner House, USA
Dieses 1860 in Holzrahmenbauweise errichtete, achteckige Haus erhielt 1876 einen kuppelartigen Aufsatz im französischen Second-Empire-Stil. Es steht in der Stadt Irvington, New York, in der Nähe des Hudson River. Achteckige Häuser wurden durch Orson Squire Fowler populär gemacht, dem zufolge sie effizienter wären als rechteckige Häuser, weil weniger Baumaterial verbraucht werden würde. Damit wären sie pragmatische, dem Charakter der Vereinigten Staaten angemessene Lösungen.

Der **gegen die Sklaverei eintretende Kandidat Abraham Lincoln** wird zum Präsidenten der USA gewählt. Daraufhin erklärt der Bundesstaat South Carolina als erster der Südstaaten den Austritt aus der Union und bereitet so dem amerikanischen Bürgerkrieg (1861–1865) die Bühne.

1860

St. James the Less, England

St. James the Less ist eine kleine Kirche im Londoner Stadtteil Pimlico, die der Architekt George Edmund Street 1861 im Stil der viktorianischen Gotik errichtet hat. Anders als bei den archäologisch und ekklesiologisch peniblen Spielarten der Neogotik, die einige Jahrzehnte zuvor aufkamen, besitzt diese stilistische Spielart mehr polychromes Mauerwerk. Sie bezieht sich auf Traditionen der frühenglischen Gotik und ist durch die Bücher John Ruskins wie *The Stones of Venice* (*Die Steine von Venedig*, 1851) beeinflusst. Das Äußere der Kirche deutet diese Polychromie mit Granit und Ziegeln nur an, aber der Innenraum ist eine Explosion von Farbe.

Gyeongbokgung-Palast, Südkorea

Dieser koreanische Königspalast geht auf das Jahr 1395 zurück, durchlief aber mehrere Phasen, in denen er aufgegeben wurde, verfiel oder zerstört wurde. Er wurde unter der Herrschaft von Heungseon Daewongun wieder aufgebaut, der den koreanischen Nationalismus förderte. Heungseon Daewongun ließ hier mehr als 300 Gebäude sowie die Gärten restaurieren. Während der japanischen Besatzung Koreas (1910–1945) wurden viele der Gebäude wegen ihrer unterschwelligen nationalistischen Bedeutung abgerissen. Seit 1989 bemüht man sich darum, erhaltene Gebäude zu restaurieren und verschwundene wieder aufzubauen.

Dynamit wird vom schwedischen Ingenieur, Chemiker und Gründer des Friedensnobelpreises Alfred Nobel erfunden. Bei der Mischung aus Nitroglycerin und Kieselgur handelt es sich um den ersten sicher handhabbaren Sprengstoff. Nobel setzt ihn erstmals im Steinbruch Merstham in Surrey, England, ein.

Der US-Erfinder J. B. Sutherland lässt sich den **Eisenbahnkühlwagen** patentieren. Mit ihm kann Fleisch aus den Schlachthöfen Chicagos ins ganze Land gebracht werden.

Die mehr als 2897 km lange **Transcontinental Railroad** verbindet Chicago mit der US-Westküste.

1861 | 1867 | 1868 | 1869

1870–1880

Historisierendes und pragmatisches Design. In diesem Jahrzehnt konkurrieren zwei Designbewegungen – eine französische und eine amerikanische – miteinander. In Frankreich befeuert die Ausbildung an der École nationale supérieure des Beaux-Arts die internationale Beliebtheit des historistischen Beaux-Arts-Stils. Dieser ist häufig geprägt von großformatigen Doppelsäulen, kunstvollen Dekorationen und einem achsensymmetrischen Ansatz, der den Besucher an das Gebäude heran und in es hinein führt, wo ihm dann ein beeindruckendes Raumerlebnis geboten wird. In öffentlichen Gebäuden ist das häufig ein überkuppelter Raum. In den USA hingegen ist der neoromanische Richardsonian-Romanesque-Stil in Mode, für den grob behauener Stein typisch ist. Optisch greift er auf eine nicht klassizistische Vergangenheit zurück, jedoch mit einer von Bögen geprägten Kühnheit, die keine bloße Reproduktion der Romanik ist, sowie der Neigung – zumindest in herrschaftlichen Wohnhäusern –, Eingangshallen in Wohnräume übergehen zu lassen. Außerdem wird mit Baumaterialien experimentiert, die in jedem beliebigen Stil hergestellt werden können, insbesondere mit kostengünstigen Gussmaterialien wie Terrakotta und Beton.

Trinity Church, USA
Henry Hobson Richardson war in den 1870er und 1880er Jahren der bedeutendste Architekt der USA. Er war einer der ersten US-amerikanischen Absolventen der École des Beaux-Arts in Paris und hatte auch am Harvard College studiert. Die Trinity Church in Boston, Massachusetts, gilt als sein Meisterwerk. Richardson zufolge ist sein Entwurf von spanischer, französischer und byzantinischer Architektur inspiriert, die hier aber einen für die Richardsonsche Romanik typischen Ausdruck findet und Arts-&-Crafts-Untertöne besitzt. Seine unerschrocken neoromanischen Gebäude stehen für einen der einflussreicheren US-amerikanischen Stile dieser Epoche.

1870
Das **Sandstrahlverfahren** von Benjamin Chew Tilghman, einem General des Unionsheers, wird patentiert. In seinem Patent sind zahlreiche Anwendungen aufgelistet, für die diese Technik geeignet ist, zum Beispiel das Reinigen von Kesseln und das Hervorheben von Holzmaserungen.

1872
Der **Yellowstone-Nationalpark** wird gegründet. Er ist der erste Nationalpark der USA, wahrscheinlich sogar der Welt, und erstreckt sich über eine Fläche von mehr als 8983 km² in Wyoming, Montana und Idaho.

1872–1877

Opéra, Frankreich
Die ab 1861 erbaute Pariser Oper wird nach ihrem Architekten Charles Garnier häufig auch als Palais Garnier bezeichnet. Das Opernhaus besitzt in Planung und Ausdruck viele Merkmale des allgemeinen Beaux-Arts-Stils, wird aber wegen seiner Extravaganz gelegentlich auch dem Napoleon-III- oder Second-Empire-Stil zugerechnet. Das aus einem eisernen Rahmenwerk und Mauerwerkskonstruktionen errichtete Gebäude verfügt über 1979 Sitzplätze. Im Innern führt eine Marmortreppe in einen hufeisenförmigen Zuschauersaal, der 1881 mit einer elektrischen Beleuchtung ausgestattet wurde.

William E. Ward House, USA
Dieses Gebäude in Rye Brook, New York, ist das älteste in den USA erhaltene Gebäude aus bewehrtem Beton. Es stammt vom Ingenieur William E. Ward und vom Architekten Robert Mook, deren Ziel es war, ein feuerfestes Haus zu bauen. Das Haus wurde aus Portlandzement mit Bewehrungsstäben und Doppel-T-Trägern aus Eisen errichtet. Stilistisch ist es Second Empire, wofür insbesondere das klassische Mansarddach und die gegossenen Ecksteine charakteristisch sind.

Die **Lange Depression** hat negative Auswirkungen auf die ganze Welt. Am schwersten betroffen sind Europa und die USA, die einen starken Konjunkturaufschwung verzeichnet hatten, der von der zweiten Industriellen Revolution nach dem amerikanischen Bürgerkrieg (1861–1865) befeuert worden war.

Die **Vereinigten Staaten** feiern ihr 100-jähriges Bestehen mit der ersten offiziellen Weltausstellung des Landes, der Centennial International Exhibition in Philadelphia.

George Armstrong Custer wird mit 700 Soldaten in der Schlacht am Little Bighorn in Montana von mehr als 1500 Kriegern der amerikanischen Ureinwohner besiegt.

1873–1876 | 1873–1896 | 1876

BRANDSICHERES BAUEN UND WOLKENKRATZER

Stadtbrände bereiteten den Menschen bereits in der Antike große Sorgen. Nach dem Großen Brand von Rom im Jahr 64 n. Chr. wurde eine Verordnung erlassen, die ziegelverkleidete Betonbauten vorschrieb, um die Ausbreitung etwaiger Brände einzudämmen. Ähnliches geschah 1871 nach dem Großen Brand von Chicago. Die Stadt war rasch gewachsen: Noch 1833 zählte Chicago rund 200 Einwohner; als 1848 der Illinois- und Michigankanal eröffnet wurde, war die Bevölkerung bereits auf 20 000 angewachsen. Während des amerikanischen Bürgerkriegs (1861–1865) erlebte die Stadt einen Boom und schwoll auf 280 000 Einwohner an. Beim Großen Brand von Chicago, der vom 8. bis zum 10. Oktober 1871 andauerte, wurden mehr als 8 km² der Innenstadt zerstört. Die Hitze des Feuersturms war so groß, dass Gusseisenfassaden schmolzen und Mauerwerksbauten erheblich beschädigt, teils sogar pulverisiert wurden.

Man begann praktisch sofort mit dem Wiederaufbau und die Stadt bot Architekten und Bauarbeitern in Zeiten einer landesweiten Rezession gute Beschäftigungsmöglichkeiten. Schon bald wurden Brandschutzlösungen für brandsicheres Bauen angeboten und vorgeschrieben. Ursprünglich wollte man Eisenpfeiler mit Eichenverkleidungen schützen, wie in einem Patent der Architekten William H. Drake und Peter B. Wight aus dem Jahr 1874 vorgesehen. Sie verbesserten ihr Patent

LINKS. Ruinen am Gerichtsgebäude nach dem Großen Brand von Chicago 1871. Als sich der Rauch verzogen und der Staub gelegt hatte, sah Chicago aus wie eine vom Krieg verwüstete Stadt. Mehrere Tausend Gebäude waren zerstört oder beschädigt worden. Zeitgenössische Fotografien dokumentieren die Zerstörung in ähnlicher Weise wie die Bilder aus dem amerikanischen Bürgerkrieg wenige Jahre zuvor.

GEGENÜBER. Tragwerksdetail des Reliance Building (1891–1895) Die Fassade des Gebäudes war mit weiß glasierter Terrakotta verkleidet, die zu gotischen Details ausgebildet worden war. Das keramische Material trug dazu bei, die Stahlkonstruktion feuerfest zu machen.

1877, indem sie die Eiche durch Beton ersetzten. Wight setzte seine Bemühungen fort und entwickelte Brandschutzlösungen mit Keramikfliesen auf einer Unterkonstruktion aus Stahl. Noch vor 1881 gründete er sein eigenes Unternehmen, das schon bald Konkurrenz aus Chicago und anderen großen Städten bekam.

Über seine persönlichen Erfahrungen schrieb Wight in der ersten Ausgabe des neu gegründeten *Fireproof Magazine*. Das Magazin wurde zur Stimme derjenigen, die sich für brandgeschützte Stahlskelettbauten mit Terrakotta- oder Steinverkleidung aussprachen anstelle von Bauten, die ausschließlich aus bewehrtem Beton errichtet wurden.

Der Wunsch nach brandsicheren Bauweisen hatte ab dem ausgehenden 19. Jahrhundert auch Einfluss auf die Entwicklung von Wolkenkratzern. Die Verwendung von Terrakottaguss war günstiger als Stein und bot den gleichen, wenn nicht sogar einen besseren Schutz. Das galt auch für die brandsichere Verkleidung von Stahlstützen und -trägern mit Terrakotta oder Ziegeln. Nachdem das Architekturbüro D. H. Burnham & Co sie beim Chicagoer Reliance Building (1891–1895) eingesetzt hatte, kam glasierte Terrakotta in Mode. Sie ist leichter zu reinigen als absorbierender Stein und trug so in einer Zeit, in der Städte oft mit dem schwarzen Ruß aus Kohleöfen überzogen waren, zu einem saubereren Stadtbild bei.

Das war der Fall beim Wrigley Building (1921–1925), dem von Graham, Anderson, Probst & White entworfenen Hauptsitz der Wrigley Company in Chicago. Das strahlende Weiß seiner 250 000 Terrakottafliesen war eine gigantische Reklame für die Reinheit des Wrigley-Kaugummis und ein blendendes „Denkmal für den Spearmint".

Abgesehen davon, dass terrakottaverkleidete Stahlskelettbauten zum Standard für die meisten historischen Wolkenkratzer wurden, ergaben sich auch bei den Glasbauten der Nachkriegszeit interessante Überlegungen zum Brandschutz. So zum Beispiel bei den minimalistischen Wohntürmen 860–880 Lake Shore Drive (1948–1951), die Ludwig Mies van der Rohe in Chicago errichtet hat. Die tragende Stahlkonstruktion wurde mit Beton feuerfest umhüllt und anschließend wieder mit lackiertem Stahl verkleidet, um dem jetzt verborgenen Tragwerk sichtbaren Ausdruck zu verleihen. Heute werden Stahlkonstruktionen mit Spritzbeton oder Spritzputz feuerfest gemacht. Jedoch erfordern Stahlbetonbauten grundsätzlich keine externen Brandschutzelemente. Das erste derartige Gebäude war vermutlich das 64 m hohe Ingalls Building (1903) von Elzner & Anderson in Cincinnati. Bei ihm dient die äußere Verkleidung mit glasierten Ziegeln und Marmorplatten in den unteren Stockwerken sowie einem Terrakottagesims am Dach nur ästhetischen Gründen.

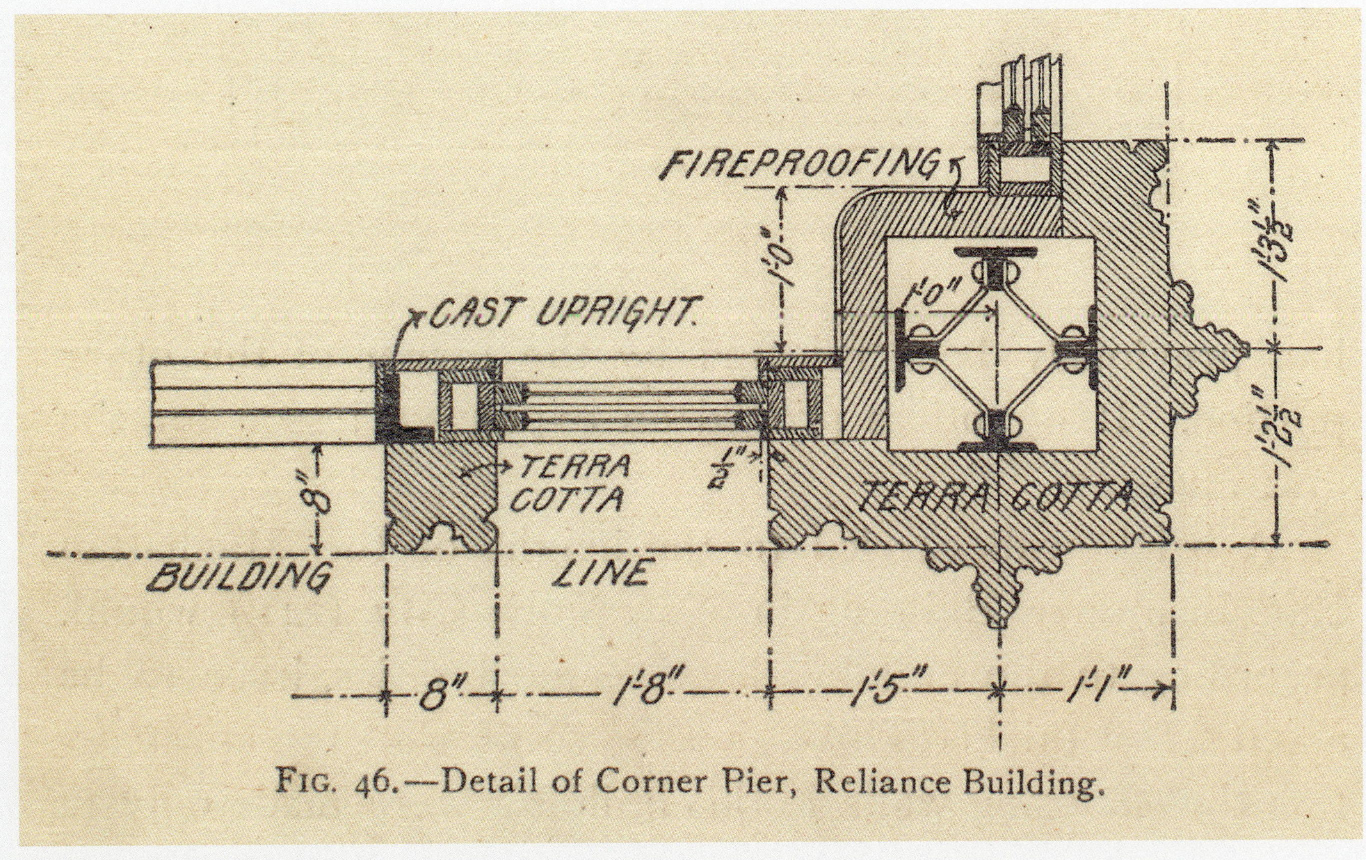

FIG. 46.—Detail of Corner Pier, Reliance Building.

1880–1890

Wunder der Technik. Es werden enorme Fortschritte in der Bau- und Ingenieurtechnik gemacht. In Städten wie New York und Chicago entstehen Wolkenkratzer mit zehn oder mehr Stockwerken in Form von ziegel- oder terrakottaverkleideten Eisen- und Stahlskelettbauten. Auch riesige Hängebrücken werden errichtet, für deren Fundamente die frühesten bekannten Caissons (Senkkästen) genutzt werden. In Europa und Nordamerika entstehen enorme Einkaufspassagen als Kathedralen des Kommerzes, die von Glasdächern auf gusseisernen Tragkonstruktionen überspannt werden. Es finden zahlreiche internationale Ausstellungen statt; 1881 sogar eine, die sich ausschließlich der Elektrizität widmet: die erste Internationale Elektrizitätsausstellung in Paris. Erfindungen werden gemacht, die die Welt verändern – von der elektrischen Beleuchtung bis hin zum Automobil.

Thomas Edisons Experimente mit elektrischer Beleuchtung führen zum ersten kommerziellen Einsatz von Glühlampen. Auf dem Dampfschiff SS *Columbia* wird ein Beleuchtungssystem installiert, das über einen an Bord befindlichen Dynamo mit Strom versorgt wird. Das populärwissenschaftliche Magazin *Scientific American* berichtet.

Der Kölner Dom wird fertiggestellt. Die Bauarbeiten an der Kirche waren 1248 begonnen und 1473 unterbrochen worden. Ab 1842 wurden sie nach den mittelalterlichen Originalplänen, insbesondere für die Westfassade, wieder aufgenommen. Kaiser Wilhelm I. nimmt am 14. August die große Wiedereröffnung vor.

Brooklyn Bridge, USA

Der Bauingenieur und Brückenbauer John Augustus Roebling und sein ebenfalls als Bauingenieur tätiger Sohn Washington Augustus Roebling bauten in New York dieses Meisterwerk, das die Insel Manhattan mit Brooklyn verbindet. Die 1869 begonnene und 1883 eröffnete Brooklyn Bridge war die erste Stahlseilhängebrücke der Welt. Sie hat eine Spannweite von 486,5 m. Die Pylonen aus Kalkstein und Granit stehen auf einigen der frühesten Caissons, die hier 13,5 bis 24 m tief ins Grundgestein versenkt wurden.

1880

Home Insurance Building, USA (abgerissen)

Der in Paris ausgebildete Architekt, Ingenieur und Veteran des Unionsheers William Le Baron Jenney gilt vielen als Schöpfer des ersten Wolkenkratzers der Welt. Sein zehnstöckiges, über Aufzüge erschlossenes Home Insurance Building in Chicago besaß ein Rahmenwerk aus Eisen und Stahl, das mit Mauerwerk ausgesteift und verblendet wurde. So erreichte das Gebäude eine Höhe von 42 m. 1891 wurde ein zweigeschossiger Aufsatz ergänzt. Das Gebäude wurde 1931 abgerissen, wegen seiner architekturgeschichtlichen Bedeutung aber ausführlich dokumentiert.

Der **Benz Patent-Motorwagen** wird vom deutschen Ingenieur Karl Benz gebaut, dessen Unternehmen auf Fahrradreparaturen und kleine Gasmotoren spezialisiert ist. Er kombiniert einen Motor mit einem grazilen, dreirädrigen Wagen und kreiert so das erste Automobil. Innerhalb von acht Jahren werden 25 Stück hergestellt.

Galleria Umberto I, Italien

Galerien wie diese in Neapel von Emanuele Rocco und Ernesto di Mauro sind mehrstöckige Einzelhandelsbauten mit spektakulären Dächern aus Eisen und Glas. Sie sind die Vorgänger der modernen Shoppingmalls. Die vielleicht berühmteste ist die Galleria Vittorio Emanuele II (1877) in Mailand, aber man findet sie auch an Orten wie Cleveland, Ohio, wo 1890 die Arcade errichtet wurde.

1885

1890

1890–1900

Extravagant und funktional. Einige Stilarten wie Arts and Crafts oder der Jugendstil (Art Nouveau) sind Ausdrucksformen, die eher mit bestimmten Ländern als einzelnen Personen verbunden werden. Architekten wie der Franzose Hector Guimard, der Belgier Victor Horta und der Amerikaner Louis H. Sullivan bevorzugen eine anthropomorphe Gestaltung, die optisch irrational wirken mag, aber dennoch einer geometrischen Struktur folgt. Einen Gegensatz zu dieser Extravaganz bildet die zunehmende Strenge der Schule von Chicago. Dies gilt insbesondere für die schmucklosen Hochhäuser dieser Stadt. Diese oft kostenbewusst errichteten, spekulativen Bürogebäude, für die ein brandgeschütztes Stahlskelett mit glasierter Terrakotta verkleidet wird, sind ein Fanal für die minimalistischen Modernisten des 20. Jahrhunderts. Das sogenannte Chicagoer Fenster wird entwickelt, bei dem ein feststehendes Mittelfeld von zwei seitlichen Schiebefenstern flankiert wird. Es war erst durch eine neue Technik zur Herstellung von großen Flachglastafeln möglich geworden.

Reliance Building, USA
Dieses Gebäude in Chicago wurde ursprünglich von John Wellborn Root geplant, der nach seinem Tod 1891 durch Charles B. Atwood ersetzt wurde. Die Tragwerksplanung stammt von Edward C. Shankland. Sie alle waren für das in Chicago ansässige Architekturbüro D. H. Burnham & Co. tätig. Das Reliance Building war eine spekulative Büroimmobilie und ist heute ein Hotel. Mit 15 Stockwerken kommt es auf eine Höhe von 61,5 m. Das Reliance Building war eines der ersten Hochhäuser mit elektrischer Beleuchtung und Telefonanschluss.

In Boise, Idaho, werden **die ersten geothermischen Brunnen** für Heizungsanlagen gebohrt.

1890–1892

1891–1895

Pont Alexandre III, Frankreich

Diese Brücke über der Seine in Paris ist 160 m lang. Sie verdankt ihren Namen dem russischen Zaren Alexander III. und erinnert an die 1892 geschlossene französisch-russische Allianz und die neuen diplomatischen Beziehungen zwischen den beiden Ländern. Sie ist ein Werk der Architekten Joseph Cassien-Bernard und Gaston Cousin sowie der Ingenieure Louis-Jean Résal und Amédée d'Alby und wurde pünktlich zur Pariser Weltausstellung 1900 fertiggestellt. Die gemauerten Beaux-Arts-Pfeiler an den Ecken der Brücke stabilisieren die Widerlager.

Hôtel Tassel, Belgien

Victor Horta entwarf dieses Brüsseler Stadthaus für den Akademiker Emile Tassel. Hinter der stoischen Kalksteinfassade ergießen sich Hortas aufwallende Ornamente in dynamischen Wirbeln. Die abstrahierten, an Tentakel erinnernden Formen werden auch als „Peitschenhieblinien" bezeichnet. Geht man durch die Eingangshalle die Treppe hinauf, hat man den Eindruck, eines der berühmten Jugendstilplakate zu betreten. Das vierstöckige Haus nimmt eine Fläche von 8 × 29 m ein.

Der italienische Elektroingenieur **Guglielmo Marconi** erfindet die Funkkommunikation mithilfe von Radiowellen und einer großen Antenne und überträgt Signale über eine Entfernung von etwa 3 km hinweg.

Der englische Architekt **Banister Fletcher** verfasst *A History of Architecture on the Comparative Method*, eine Gesamtdarstellung der Architekturgeschichte.

1894 | 1895 | 1896 | 1896–1900

DANIEL H. BURNHAM: BEAUX-ARTS UND DIE CITY-BEAUTIFUL-BEWEGUNG

1893 findet in Chicago die Weltausstellung World's Columbian Exposition statt, die 27 Millionen Besucher ins Herzland der USA lockt. Erfindungen wie das Riesenrad und der elektrische Fahrsteig wurden hier erstmals der Öffentlichkeit präsentiert, ebenso wie die vermutlich erste großflächige elektrische Beleuchtung, die das gesamte Messegelände abdeckte. Architekturhistoriker haben auf den anhaltenden Einfluss hingewiesen, den die auf Stahl- und Eisenskeletten mit Putzträgern modellierten klassizistischen Pavillons hatten. So wirkten die um eine Lagune angeordneten Ausstellungsgebäude im Vergleich zu den Mitte des 19. Jahrhunderts veranstalteten Weltausstellungen in London und New York mit ihren industrieartigen, gusseisernen Crystal Palaces wie die ideale Stadtlandschaft. Das wohlkoordinierte Ensemble der von verschiedenen Architekten entworfenen Gebäude entsprang der Planung von Daniel H. Burnham, einem autodidaktischen Architekten, der noch großen Einfluss gewinnen sollte.

Der Chicagoer Architekt Louis H. Sullivan kritisierte die Weltausstellung in *The Autobiography of an Idea* (*Die Autobiografie einer Idee*, 1924) für ihren dominanten Klassizismus und gab zu bedenken, sie hätte die Eigenständigkeit der US-amerikanischen Architekturwelt mit ihrem Rückgriff auf klassische Vorbilder aus Europa um Jahrzehnte zurückgeworfen. Er nannte es das „Virus der Weltausstellung", dessen „Übertragung" zu einem „schwerwiegenden Ausbruch von Klassizismus und Renaissance im Osten" geführt hätte, der „sich langsam nach Westen ausbreitet und alles kontaminiert, das er berührt…" Weiter heißt es: „So ist die Architektur im Land der Freien, der Heimat der Tapferen gestorben" und „der Schaden, den die Weltausstellung angerichtet hat, wird noch ein halbes Jahrhundert, wenn nicht sogar länger, andauern". Er beendete seine Schimpftirade mit der Behauptung, die US-Architektur wäre von einer Art „Demenz" befallen worden.

Sullivans Ausbruch mag irrational erscheinen, aber mit seiner Einschätzung der Wirkung, die der Klassizismus auf die USA und andere Länder ab dem ausgehenden 19. Jahrhundert bis zum Zweiten Weltkrieg haben würde, sollte er recht behalten. Das liegt vor allem am Ausbildungssystem der Pariser Kunsthochschule École nationale supérieure des Beaux-Arts und am Einfluss, den sie durch ihre Absolventen und Nachahmer weltweit hatte. Ein Erfolg, an dem Burnham mit zahlreichen klassizistischen Bauten in den USA und anderen Ländern mitwirkte – von der Orchestra Hall (1904) in Chicago über den Bahnhof Union Station (1907) in Washington, D.C., bis hin zum Kaufhaus Selfridges (1909) auf der Londoner Oxford Street. Nachdem John Wellborn Root, sein Partner bei Burnham & Root, 1891 gestorben war und Burnham auf der Weltausstellung erfolgreich mit New Yorker Klassizisten zusammengearbeitet hatte, begann Burnham, klassizistische Bauten

GEGENÜBER. Visualisierung für die Stadtplanung von Chicago (1909)
Diese Abbildung zeigt den Blick nach Norden entlang einer verbreiterten Michigan Avenue mit einer neuen Brücke über den Chicago River. Es ist eine von vielen ähnlichen Zeichnungen aus der Planung, die verdeutlichen sollen, dass man aus der Stadt ein Paris der Prärie machen könnte.

UNTEN. World's Columbian Exposition, Chicago, USA (1893; abgerissen)
Die vom Landschaftsarchitekten Frederick Law Olmsted gestaltete Ehrenhof-Lagune fand ihren Abschluss auf der einen Seite in der vergoldeten Statue *The Republic* von Daniel Chester French, auf der anderen in dem kuppelbekrönten Verwaltungsgebäude von Richard Morris Hunt.

gegenüber Roots Neoromanik zu bevorzugen. Mit der Umstrukturierung seines Unternehmens wurde er zum Geschäftsführer, der eine Reihe anderer Architekten anleitete, darunter Charles B. Atwood, den Planer des Reliance Building (1891–1895); Peter J. Weber, den Planer des Fisher Building (1896) in Chicago und der Union Station (1897; abgerissen) in Columbus, Ohio; sowie Frederick P. Dinkelberg, den Planer des New Yorker Flatiron Building (1902) und des Railway Exchange Building (1904) und des Conway Building (1912; heute Burnham Center) in Chicago.

Nach dem Erfolg der Weltausstellung hinterließ Burnham auch im Bereich der Stadtplanung seine Spuren. Er setzte sich stark für den McMillan-Plan (1902) für Washington, D.C., ein, mit dem die berühmte National Mall geschaffen wurde, die heute von Museen und bedeutenden Denkmälern gesäumt ist. 1905 erarbeitete er Pläne für Manila und Baguio auf den Philippinen. Zusammen mit seinem Mitarbeiter Edward H. Bennett entwickelte Burnham 1905 Planungen für San Francisco und 1909 für Chicago.

Nach Burnhams Tod 1912 übernahm Bennet die Aufgabe, die City-Beautiful-Bewegung weiter zu verbreiten. Diese Bewegung unternahm den Versuch, die Pracht und den – ihrer Ansicht nach – kommerziellen Erfolg europäischer Städte auf die US-amerikanische Stadtlandschaft zu übertragen. Ihre positive Einstellung fasst Burnham so zusammen: „Machen Sie keine kleinen Pläne. Diesen fehlt die Kraft, um Menschen begeistern zu können… Machen Sie große Pläne. Machen Sie sich große Hoffnungen und setzen Sie sich hohe Ziele und denken Sie stets daran, dass ein edler, logischer Entwurf, einmal umgesetzt, niemals vergeht…“

4

DIE MODERNE

VORHERIGE SEITE. Barcelona-Pavillon, Spanien (1929; 1986 wiederaufgebaut)
Die minimalistischen, geraden Linien verkörpern die ästhetischen Ideale der Moderne. Die asymmetrisch angeordneten Wand- und Glasscheiben sind von Entwürfen der amerikanischen Prairie School inspiriert, die über ein Jahrzehnt zuvor den Weg für solche offenen Grundrisse geebnet hat.

LINKS. Railway Exchange Building, Chicago, USA (1904)
Dieser Stahlskelettwolkenkratzer besitzt eine Verkleidung aus glasierter Gussterrakotta, ein beliebtes Baumaterial, das feuerbeständig, aber viel günstiger als Stein war und sich außerdem durch Verschmutzungen nicht verfärbte. Das war in den rußgeschwängerten Städten der damaligen Zeit besonders wichtig.

Für die erste Hälfte des 20. Jahrhunderts sind zwei Gebäudetypen charakteristisch, die erst in dieser Zeit entstanden sind. Zum einen der Flughafen. Ein Gebäudetyp für dieses Verkehrsmittel entwickelte sich erst lange nach dem geschichtsträchtigen Erstflug der Gebrüder Wright im Jahr 1903. Der erste kommerzielle Flughafen, für den man sogar eigens ein Flughafengebäude (1921–1922; abgerissen) errichtete, entstand vermutlich in Königsberg (heute Kaliningrad, Russland). Die Luftfahrt durchlief von den Propellerflugzeugen der 1930er bis zum Jet-Zeitalter der 1950er und 1960er eine erstaunliche Entwicklung. Welche Bauten und Einrichtungen benötigt wurden, gaben die Flugzeuge der jeweiligen Epoche vor.

Doch ungeachtet dieser rasanten architektonischen und technischen Fortschritte würden die meisten Menschen auf die Frage, welches Gebäude sinnbildlich für das 20. Jahrhundert steht, sicherlich den Wolkenkratzer nennen. Die Öffentlichkeit ist derart fasziniert von Wolkenkratzern und ihren immer neuen Formen und Höhen, dass der 1969 gegründete Council on Tall Buildings and Urban Habitat zum Schiedsrichter darüber wurde, wann es sich um einen Wolkenkratzer handelt und welches das höchste Gebäude der Welt ist.

Die Entwicklung des Wolkenkratzers beginnt für einige in den 1880ern, für andere sind 10 bis 20 Stockwerke nicht ausreichend – sie betrachten das Woolworth Building (1910–1913) in New York als ersten Wolkenkratzer. Anfang des 20. Jahrhunderts war die Skelettbauweise üblich, bei der ein brandsicheres Stahltragwerk mit glasierter Terrakotta oder Stein verkleidet wurde und die Erschließung über elektrische Getriebeaufzüge erfolgte. Architekten wie D. H. Burnham & Company aus Chicago und andere errichteten solche Wolkenkratzer in den ganzen USA. Ein typisches Beispiel hierfür ist das 78 m hohe, 17-stöckige Railway Exchange Building (1904) in Chicago. In dieser Stadt baute man Hochhäuser bis an die Grundstücksgrenze, von wo aus

OBEN. Woolworth Building, New York, USA (1910–1913)
Die Stockwerke 29 bis 58 dieses New Yorker Wolkenkratzers wurden ab 2015 vom Society-Architekten Thierry W. Despont zu 33 Luxuswohneinheiten umgebaut. 2019 wurde eine Vier-Zimmer-Wohnung mit 566 m² Fläche für 21,3 Millionen US-Dollar verkauft.

sich ihre Baumasse auf allen vier Seiten vertikal in die Höhe erhebt. Burnham & Root stellten 1888 das Rookery Building im Herzen des Chicagoer Finanzdistrikts fertig, das mit 11 Stockwerken damals zu den größten Bauten der Welt zählte. Burnhams spätere Bauten ähnelten im Grundriss oft einem quadratischen Donut. Sie besitzen einen Lichthof mit glasüberdachten Einzelhandelsflächen in den unteren Geschossen und offenen Etagen darüber. So werden alle vier Seiten über Hof und Straße mit Tageslicht und Frischluft versorgt. Diese Bauweise war vermutlich von den Atrien damaliger französischer Kaufhäuser beeinflusst.

Burnhams Geschäftspartner Ernest Graham baute nach Burnhams Tod das ähnlich klassizistische, aber viel größere Equitable Building (1915) in New York. Über einem U-förmigen Grundriss mit offenem Innenhof erhebt sich ein 38-stöckiges Gebäude bis auf eine Höhe von 169 m. Weil das Gebäude durch seine Höhe und die Bebauung bis an den Grundstücksrand den Einfall von Sonnenlicht in die umliegenden Straßen verhinderte und vier Blocks verschattete, wurde Kritik laut. Daraufhin änderte man in vielen US-Städten die Vorschriften zu Gebäudehöhen und Flächennutzung. Die New Yorker Bauordnung von 1916 schrieb vor, dass Gebäude in 91,5 m Höhe gegenüber der Grundstücksgrenze zurückspringen müssen. Viele New Yorker Wolkenkratzer besaßen jedoch bereits davor turmartige Abschlüsse – anders als in Chicago, wo Wolkenkratzer meist in einem flachen Dach endeten. Infolge einer 1923 in Chicago erlassenen, ähnlichen Vorschrift entwickelte sich alles über einer Höhe von 79 m zu einem schlanken Turm oder einem dekorativen Element.

Das Woolworth Building in New York ist ein frühes Beispiel für einen besonders hohen Wolkenkratzer. Bei seiner Fertigstellung 1913 war es mit 241 m und 75 Stockwerken das höchste Gebäude der Welt. Diese Höhe war nur dank der neuen, elektrischen, getriebelosen Hochgeschwindigkeitsaufzüge der Otis Elevator Company möglich geworden. Cass Gilbert hat das Gebäude für den Einzelhandelsmagnaten F. W. Woolworth in einer überladenen Neogotik mit Unmengen an Zierelementen errichtet. Der Stahlskelettturm ist auf den ersten vier Etagen mit Kalkstein, darüber mit steinfarbiger, glasierter Terrakotta verkleidet. Das auch als „Kathedrale des Kommerzes" betitelte Woolworth Building war der neogotische Wolkenkratzer, den es ästhetisch zu übertreffen galt. Konkurrenz machten ihm der Chicago Tribune Tower (1925) von Howells & Hood und die sogenannte „Cathedral of Learning" an der University of Pittsburgh (1934) von Charles Klauder. Den Titel des höchsten Gebäudes der Welt behielt er bis 1929, als in New York 40 Wall Street und das Chrysler Building gebaut wurden.

Das Chrysler Building wurde zwar vom Architekten William Van Alen entworfen und geplant, verdankt seine Optik und Höhe aber eher dem Automagnaten Walter P. Chrysler. Nachdem dieser die Rechte am Grundstück und bereits begonnenen Projekt erworben hatte, ließ er es von Van Alen umplanen. Entstanden ist ein Ziegel- und Stahlbau mit Verzierungen aus dem neuen Edelstahl der Sorte 18/8 (mit 18 % Chrom- und 8 % Nickelanteil), die Bezüge zu Kühlerfiguren und Radnabenkappen aufweisen. Im Foyer des Gebäudes sind der Fußboden mit Sieneser Travertin, die Wände mit marokkanischem Marmor verkleidet. Die Aufzüge besitzen Vertäfelungen aus exotischem Holz. Es war das erste Bürogebäude mit klimatisierten Büros. Chrysler wirkte auch am Bau des privaten Cloud Club im 66. bis 68. Stock und des Celestial Observatory im 71. Stock mit. Der gatsbyhafte Tycoon besaß ein eigenes Büro und eine Maisonettewohnung im 56. Stockwerk, wo er nach Büroschluss mit den sogenannten 5-Uhr-Damen Cocktails trank. Und er hatte das letzte Wort, als

es darum ging, sich im Wettstreit um das höchste Gebäude der Welt gegen das Hochhaus 40 Wall Street, das Van Alens früherer Partner Craig Severance baute, durchzusetzen. Er ließ im Chrysler Building eine 38 m hohe Metallspitze montieren, die dem Wolkenkratzer über Nacht heimlich von innen heraus aufgesetzt wurde. Das sicherte ihm am 23. Oktober 1929 den Titel des höchsten Gebäudes der Welt. Mit 318 m wurde der Pariser Eiffelturm (1887–1889) erstmals übertroffen.

Der Erfolg währte jedoch nur kurz. Shreve, Lamb & Harmon planten das Empire State Building (1931) mit einer Höhe von 381 m als höchsten Wolkenkratzer der Welt. Der Art-déco-Wolkenkratzer hielt den Titel bis zum Bau des 417 m hohen World Trade Center (1972; zerstört) in New York, das wiederum vom 442 m hohen Sears Tower (1974) in Chicago abgelöst wurde.

Nachdem der Wolkenkratzerbau während der Großen Depression der 1930er Jahre und des Zweiten Weltkriegs (1939–1945) darniederlag, entstanden in der Nachkriegszeit langsam wieder neue Hochhäuser. Allerdings sollte es einige Jahrzehnte dauern, bis die Gebäudehöhen wieder an das Empire State Building heranreichten. Unmittelbar nach dem Krieg entstanden kleinere Hochhäuser, die sich klassisch inspirierter oder modernistischer Formen bedienten. Unter letzteren finden sich wagemutige Experimente, die nach dem verheerenden globalen Krieg eine neue Welt anstrebten.

Eine bahnbrechende Leistung gelang Ludwig Mies van der Rohe mit seinem Entwurf für 860–880 Lake Shore Drive (1948–1951) in Chicago. Mies van der Rohe war kurz vor Kriegsbeginn als deutscher Einwanderer nach Chicago gekommen, wo er die Architekturschule am Armour Institute of Technology neu organisierte. Die Professoren dieser Schule hatten zuvor häufig selbst in klassizistischen Stilen gebaut und unterrichteten entsprechend. Mies van der Rohe scharte weitere eingewanderte Architekten und Lehrer um sich, darunter Ludwig Hilberseimer und Walter Peterhans, die an der Überarbeitung des Lehrplans mitwirkten und junge Architekten wie A. James Speyer, George Danforth und Charles Genther ausbildeten.

Mies van der Rohe hat die Apartmenthäuser am Lake Shore Drive für Herbert Greenwald geplant, der wie Mies van der Rohe einen neuen Wohnhaustyp für die Nachkriegswelt entwickeln wollte. Genthers Büro und die Wohnungsbauspezialisten Holsman, Holsman, Klekamp & Taylor setzten den Entwurf in eine Ausführungsplanung um. Auch der Tragwerksplaner Frank Kornacker erlangte für seine innovativen Techniken der Umsetzung der Arbeiten Mies von der Rohes große Bekanntheit.

Die beiden Zwillingshochhäuser am Ufer des Lake Michigan beherbergen 289 Apartments und sind jeweils 82,5 m hoch. Sie zählen zu den ersten Hochhäusern, deren Stahlskelett nach außen sichtbar gemacht ist. Frank Lloyd Wright soll sie als „flachbrüstige Architektur“ verspottet haben, was den Immobilienentwickler und einige Mitglieder aus van der Rohes Team jedoch nicht davon abhielt, am benachbarten 900–910 Lake Shore Drive (1955) und an anderen Orten weitere Doppeltürme zu errichten. Darüber hinaus bereitete 860–880 Lake Shore Drive der heute weitverbreiteten, modernen Glasarchitektur den Weg.

GEGENÜBER. Chrysler Building, New York, USA (1929)
In dieser Luftaufnahme von Midtown Manhattan sind das nadelspitze, von Rücksprüngen geprägte Chrysler Building (unten) sowie das in die Höhe strebende Empire State Building (1931; oben links) gut zu erkennen. Dahinter sieht man den Hudson River und Hoboken, New Jersey.

RECHTS. 860–880 Lake Shore Drive, Chicago, USA (1948–1951)
Die Glashochhäuser des 860–880 Lake Shore Drive (ganz rechts) waren zur Bauzeit revolutionär. Doch neben dem 344 m hohen John Hancock Center (1969; links in der Mitte) wirkten sie schon bald winzig.

1900–1905

Kreativer Ingenieursgeist. Den US-amerikanischen Erfindergeist bringt man häufig mit Wolkenkratzern und der Massenfertigung von Autos in Verbindung. Dabei ist eines der bemerkenswertesten Wunder der Technik in diesem Land der im Jahr 1900 gebaute Sanitary and Ship Canal in Chicago. Mehrere Ingenieure, angefangen mit Ellis Chesbrough, haben mit diesem Kanal die Trinkwasserversorgung der Stadt gesichert. Sie bauten zwischen 1864 und 1867 einen 3 km langen Tunnel zum Lake Michigan, um sauberes Wasser in die Stadt zu leiten. Dann ließ der Sanitary District of Chicago von 1889 bis 1900 eine Reihe von Kanalschleusen bauen, um das verschmutzte Wasser des Chicago River vom Lake Michigan zu trennen. Das letzte Glied in der Kette ist der Sanitary and Ship Canal. Dieses System hat die Fließrichtung des Flusses praktisch umgekehrt und verhindert so, dass das Trinkwasser aus dem Lake Michigan verunreinigt wird. Der neue, tiefere Kanal erleichtert auch den Frachtverkehr zwischen den Großen Seen und dem Mississippi sowie dem Golf von Mexiko und festigt den Status von Chicago als Verkehrsknotenpunkt der USA.

Die **Philadelphia City Hall** ist mit 167 m das weltweit höchste Gebäude mit tragendem Mauerwerk. Ihre Lasten ruhen auf Ziegelmauern und einem Granitsockel. Das Gebäude wurde von John McArthur Jr. entworfen und überragt sämtliche Stahlskeletthochhäuser.

Sullivan Center, USA

Louis H. Sullivan war eines der kreativen Genies der US-amerikanischen Architekturgeschichte. Er ist vor allem für seine üppigen Blattwerkornamente bekannt, denen eine rationale Geometrie zugrunde liegt. Auch die gusseisernen Schaufensterrahmen des Geschäfts Schlesinger & Mayer (1899–1904), heute Sullivan Center, in Chicago sind mit ihnen überzogen. Über diesem dekorativen Sockel erhebt sich eine strenge Fassade aus glasierten Terrakottafliesen, die an einem 63 m hohen Stahlskelett aufgehängt sind, mit großen Chicagoer Fenstern, bei denen ein feststehendes Mittelfeld von zwei seitlichen Schiebefenstern flankiert wird.

1901

Ford Piquette Avenue Plant, USA

Diese kleine Fabrik, errichtet als mit Ziegeln ausgemauertes Holzrahmenwerk, wurde von den Detroiter Architekten Field, Hinchman & Smith entworfen. Hier ließ Henry Ford 12 000 Exemplare seines berühmten Model T montieren. Zwischen 1908 und 1927 wurden von diesem Auto 15 Millionen Stück hergestellt und verkauft. Ford zog 1910 aus dem Gebäude in ein neues, von Albert Kahn geplantes Werk in Highland Park, wo 1913 die moderne Fließbandmontage erfunden wurde.

Flatiron Building, USA

Charles F. McKim, der mitverfolgte, wie man das Flatiron Building in Manhatten hochzog, schrieb seinem Freund Daniel H. Burnham: „Jeden Tag wächst der Bau um etwa ein Stockwerk in die Höhe." Der mit Kalkstein und Terrakotta verkleidete Stahlskelettbau ist 87 m hoch. Durch das dreieckige Grundstück und die Gebäudehöhe entstanden Aufwinde, die Frauen die Röcke hochhoben und die Beine entblößten. Weil es immer wieder zu Ansammlungen von Männern kam, die diesem Schauspiel zusahen und von der Polizei von der 23rd Street vertrieben werden mussten, entstand die umgangssprachliche Formulierung „Twenty-three skidoo" (sich schnell verdrücken).

Der **Bund Deutscher Architekten** wird in Frankfurt gegründet. Nach den zuvor in England, Irland und den USA gegründeten Berufsverbänden ist es der weltweit vierte Architektenverband.

Die **Gebrüder Wright**, Orville und Wilbur, bauen den Wright Flyer, mit dem sie den ersten, kontrollierten Motorflug absolvieren. In 12 Sekunden legen sie 37 m zurück. Sie wiederholen ihren Erfolg am gleichen Tag noch zwei Mal mit größeren Entfernungen.

1902 1903 1904

1905–1910

Von der Klassik zur frühen Moderne. Es vollzieht sich ein Übergang von der traditionellen zu einer frühmodernen Ästhetik – von einem kunstvollen, gelegentlich überladenen Klassizismus, dessen man sich häufig bedient hat, um den Status einer Stadt als Hauptstadt oder die Bedeutung einer Nation hervorzuheben, hin zur Wertschätzung von schlichten architektonischen Flächen aus Stahl, Glas oder Beton, die nur minimal verziert sind. So wie die frühe moderne Kunst von traditionellen afrikanischen Skulpturen und Masken inspiriert ist, erinnert auch die frühmoderne Gestaltung von Mauerwerk und Beton an die schlichten Wandflächen traditioneller Lehmbauten. Vorgehängte Fassaden aus Stahl und Glas gehen hingegen auf den Industrie- und Gewerbebau zurück. Solche minimalistischen Schöpfungen sind Vorreiter der modernistischen Formen, die schon bald überall auf der Welt auftauchen, insbesondere nach dem „Krieg, um alle Kriege zu beenden", dem Ersten Weltkrieg (1914–1918). Man kann sie aber auch als Höhepunkt der großen Industriellen Revolution bei Baustoffen und Bauverfahren verstehen.

Berliner Dom, Deutschland
Das Vater-Sohn-Team Julius und Otto Raschdorff schuf diese große Kirche im Neorenaissance- bzw. Neobarockstil. Sie gilt häufig als deutsche, protestantische Antwort auf den katholischen Petersdom (1506–1626) in Rom und die anglikanische St. Paul's Cathedral (1675) in London. Die Kuppel des Berliner Doms ist 116 m hoch und wird von vier Türmen flankiert. Der im Zweiten Weltkrieg (1939–1945) beschädigte Bau wurde zwischen 1975 und 1993 restauriert.

Im Großherzogtum Finnland wird **das allgemeine Wahlrecht** eingeführt. Bereits im darauffolgenden Jahr werden Frauen ins finnische Parlament gewählt.

1905

1906

Große Moschee von Djenné, Mali

Diese Moschee ist das größte Lehmziegelgebäude der Welt und bereits die dritte Ausführung des im Original vermutlich auf das 13. Jahrhundert zurückgehenden Sakralbaus. Dieser wurde zwischen 1834 und 1836 erstmals ersetzt. Nach der französischen Besatzung 1892 wurde die heutige Moschee errichtet. Bei einem jährlichen Fest beteiligen sich die Bewohner der Stadt daran, das Gebäude mit Schlamm aus dem Nigerfluss zu verputzen. Dabei nutzen sie die aus den Fassaden ragenden Holzbalken, um alle Stellen zu erreichen.

Unity Temple, USA

Zwischen 1889 und 1913 entwarf und baute Frank Lloyd Wright fünfundzwanzig Gebäude im Chicagoer Vorort Oak Park, darunter der Unity Temple und sein eigenes Wohnhaus und Studio. Um Kosten zu sparen, wurde der Unity Temple aus Stahlbeton errichtet, da die Religionsgemeinschaft auch noch die Einrichtung und das Buntglas bezahlen musste. Deshalb wurden auch die Schalungen und zugehörigen Ornamentformen am gesamten Gebäude wiederverwendet. Die Baumasse unterteilt sich in zwei Räume: einer für den Gottesdienst, der andere für Aktivitäten der Kirchengemeinde.

Bakelit, der erste leicht formbare, synthetische Kunststoff, wird von dem belgischen Chemiker Leo Baekeland erfunden. Er gründet 1910 sein eigenes Unternehmen.

Mary Colter wird zur Architektin der Fred Harvey Company ernannt, die für ihre Restaurants und Hotels entlang der Strecken der Santa-Fe-Eisenbahngesellschaft im Südwesten der USA bekannt ist. Sie erlangte später mit dem Spielfilm *The Harvey Girls* (1946) größere Bekanntheit.

1907

1908

1910

FRANK LLOYD WRIGHT UND DIE PRAIRIE SCHOOL

OBEN. Imperial Hotel, Tokio, Japan (1919–1923), wiederaufgebaut im Meiji-Mura-Museum, Nagoya
Noch bevor er am Imperial Hotel gearbeitet und ab 1905 Reisen nach Japan unternommen hat, war seine Sammlung japanischer Holzdrucke für Frank Lloyd Wright eine Inspirationsquelle für viele der Darstellungen, die 1911 in seinem Buch erschienen sind.

GEGENÜBER. Robie House, Chicago, USA (1909)
Das kühne auskragende Dach dieses Hauses nimmt andere, starke horizontale Formen in Wrights späterem Schaffen vorweg, beispielsweise die Balkone von Fallingwater (1935–1939).

Frank Lloyd Wright war wahrscheinlich der bedeutendste Architekt der USA. Er lebte lange genug, um mehr als 500 Gebäude bauen zu können. Wright verachtete die formelle Architektenausbildung, die damals ganz unter dem Einfluss der französischen École nationale supérieure des Beaux-Arts stand, und war weitgehend ein Autodidakt, der als Lehrling bei anderen Architekten gearbeitet hat. Er war kurzzeitig als technischer Zeichner für den Architekten Joseph Lyman Silsbee und dann vor allem als Planer für Adler & Sullivan tätig. Zu dieser Zeit konnte Wright sein erstes Haus in Oak Park, Illinois (1889), bauen. Während er dort wohnte, arbeitete er sowohl für seinen „lieben Meister" Louis Sullivan, den er als Mentor schätzte, als auch danach an mehreren Wohnhausprojekten.

1905 unternahm Wright seine erste Reise nach Japan, die ihn tief geprägt hat und die Einfluss auf die Detailgestaltung seiner Häuser hatte. Das ist insbesondere am Westcott House (1905–1908) in Springfield, Ohio, mit seiner japanisch inspirierten Fensteranordnung gut zu erkennen. Während er in Oak Park wohnte, entwickelte Wright seinen Prairie-Stil. Dieser Stil verdankt seinen Namen der offenen, asymmetrischen Raumgestaltung, die nach außen in horizontalen Baumassen Ausdruck findet, was als Reaktion auf die Hügellandschaften seiner Heimat Wisconsin gedacht war. Ein gutes Beispiel für diesen Stil ist das Robie House (1909) mit seinem kühn auskragenden Dach und den offenen Wohn- und Essbereichen.

Nachdem Wright Adler & Sullivan verlassen hatte, bezog er als selbstständiger Architekt ein Büro in einem inzwischen abgerissenen Gebäude namens Steinway Hall (1896). Hier hatten gleichgesinnte Architekten ihre Büros, darunter Walter Burley Griffin und seine Frau Marion Mahony, die ebenfalls Wohnhäuser im Prairie-Stil planten und diesen US-amerikanischen Stil exportierten, nachdem sie einen Wettbewerb zur Planung der neuen Hauptstadt Australiens, Canberra, gewonnen hatten. Andere Architekten, die in Steinway Hall verkehrten, waren der Erbauer von Steinway Hall und Schularchitekt Dwight H. Perkins; die Anhänger der Arts-&-Crafts-Bewegung Irving K. und Allen B. Pond; Richard E. Schmidt und sein Partner Hugh Garden, die einige Bauten der Chicagoer Schule und sogar einige Wohnhäuser mit der für den Prairie-Stil typischen Schlichtheit schufen; sowie Howard Van Doren Shaw, der Schöpfer mehrerer Arts-&-Crafts-Villen.

Das Jahr 1909 sollte Wrights Leben verändern. Er verließ seine erste Frau für Mamah Cheney, die Ehefrau eines ehemaligen Kunden, und reiste mit ihr durch Europa. Dort leitete Wright die Veröffentlichung seines Buchs *Ausgeführte Bauten und Entwürfe von Frank Lloyd Wright* (1910–1911) in die Wege, eine zweibändige Sammlung seiner Werke. Das Buch und die zugehörige Ausstellung hatten großen Einfluss auf Architekten in Europa und war für einige sogar Anlass, in die USA auszuwandern, weil sie hofften, für Wright arbeiten zu können. Andere sollten die horizontalen Linien, Fensterbänder und offenen Räume der im Buch abgebildeten Häuser später nachahmen.

1911 kehrte Wright mit seiner Geliebten in die USA zurück und entwarf für sie ein Zuhause, das die Presse als „Liebesbungalow" schmähte: Taliesin in Spring Green, Wisconsin. Dort kam es 1914 zu einer Tragödie, als ein Bediensteter in Taliesin sieben Menschen, darunter Mamah, mit einer Axt tötete und das Gebäude anzündete. Die schlechte Presse nach dem Skandal und dem Mord schreckte manche Kunden ab, bis Wright den Auftrag für das Imperial Hotel in Tokio (1919–1923) erhielt. Damals war er bereits in eine neue kreative Phase eingetreten, in der er sich dekorativer Betonblöcke im Art-déco- oder Maya-Stil bediente. Einige dieser Gussmotive fanden ihren Weg auch in das Imperial Hotel. Das Hotel hielt 1922 einem Erdbeben der Stärke 6,8 auf der Richterskala stand und wurde 1923 fertiggestellt. 1967 wurde es abgerissen, aber zumindest seinen Vorhof baute man im Meiji-Mura-Museum wieder auf.

Wright hat in den 1930er und 1940er Jahren stärker von runden Formen inspirierte, organischere Werke, in den 1950ern geometrisch abstrahierte Werke geschaffen. Aber die Horizontalität seines Prairie-Stils hat unabhängig von der jeweiligen Schaffensphase einen großen Teil seines Lebenswerks geprägt.

1910–1915

Aufkommende Unsicherheit. In den Jahren vor dem Ersten Weltkrieg (1914–1918) häufen sich politisch und militärisch bedeutende Ereignisse. Der Erste Balkankrieg (1912–1913) ebnet den Weg in den Weltkrieg ebenso wie das Attentat auf den Österreichischen Erzherzog Franz Ferdinand durch den bosnischen Serben und jugoslawischen Nationalisten Gavrilo Princip im Jahr 1914. Die USA intervenieren in mehreren lateinamerikanischen Ländern und besetzen 1912 Nicaragua. 1910 bricht die Mexikanische Revolution aus, die ein Jahrzehnt andauern soll. Die Xinhai-Revolution von 1911 führt 1912 zum Ende des Chinesischen Kaiserreichs, das durch eine Republik ersetzt wird. Das Osmanische Reich geht 1913 in einem Staatsstreich unter. Der Erste Weltkrieg schließlich ist ein globaler Konflikt bislang ungekannten Ausmaßes und wirft einen Schatten auf die ganze Epoche. Er fordert unfassbare 18 Millionen Todesopfer unter Soldaten und Zivilisten und lässt 23 Millionen Menschen verwundet zurück. In den Bereichen Architektur und Ingenieurbau entstehen weiterhin Bauwerke, nach dem Ausbruch des Kriegs auch zu Kriegszwecken.

Panama-Kanal, Panama
Dieser 82 km lange Kanal, der den Atlantik mit dem Pazifik verbindet, wurde 1881 von den Franzosen begonnen, die sich ihre Erfahrungen aus dem Bau des Suezkanals (1869) zunutze machten. Jedoch erwies sich die Arbeit in Panama aufgrund der Beschaffenheit des Terrains und tropischer Krankheiten als erheblich schwieriger. Das Projekt wurde 1904 von den USA übernommen, die Frankreich 40 Millionen US-Dollar für die bisher geleisteten Arbeiten zahlten und es unter der Leitung der Ingenieure John Frank Stevens (bis 1907) und George Washington Goethals abschlossen.

Der berühmte Wiener Architekt **Josef Hoffmann** stellt das Palais Stoclet in Brüssel fertig, dessen strenges, modernes Äußeres in Kontrast zu den üppigen Interieurs im Stil der Wiener Sezession und zugehörigen Jugendstil-Dekorationen steht.

1911

AEG-Turbinenhalle, Deutschland
Peter Behrens hat diese Industriefabrik 1909 für den Elektrokonzern AEG erbaut. Das Gebäude ist ein Vorläufer der Moderne. Seine aus einer verglasten Stahlkonstruktion bestehenden Seitenwände sind 100 m lang. Behrens entwarf auch das Corporate Design der AEG und sogar einige Haushaltselektrogeräte. Er war ein wichtiger Mentor für die nächste Generation von Modernisten wie Walter Gropius und Ludwig Mies van der Rohe.

Progress Housing Estate, England
Die Häuser wurden während des Kriegs als Unterkünfte für Arbeiter des Royal Arsenal in Woolwich errichtet. Das Rüstungsunternehmen beschäftigte damals 80 000 Arbeiter auf einem 520 ha großen Betriebsgelände. Die 36,5 ha große Wohnkolonie liegt etwa 6 bis 8 km entfernt in der Nähe des Bahnhofs Eltham und umfasst 1086 Häuser und 212 Wohnungen.

Die RMS ***Titanic*** sinkt auf ihrer Jungfernfahrt nach der Kollision mit einem Eisberg im Nordatlantik. Mehr als 1500 Menschen sterben. Mit 269 m Länge war sie der größte Ozeandampfer der Welt und konnte über 2200 Passagiere und Besatzungsmitglieder befördern.

Der **Erste Weltkrieg** beginnt und Deutschland marschiert in Frankreich ein.

Die deutsche **Junkers J1** revolutioniert als erstes Ganzmetallflugzeug das Flugzeugdesign.

1912 1914 1915 1915

1915–1920

Der Krieg, um alle Kriege zu beenden. Camouflage und Militärheraldik zählen zu den unmittelbarsten künstlerischen Aspekten des Ersten Weltkriegs (1914–1918), die mit größeren gesellschaftlichen und künstlerischen Trends verbunden sind. Als der kubistische Künstler Pablo Picasso in Paris eine Kanone mit gezackter Tarnbemalung sieht, bemerkt er: *C'est nous qui avons fait ça* (*Das haben wir geschaffen*). Aber auch Architekten tragen ihren Teil bei. Der US-Architekt John Wentworth ist vor allem für seine Arbeiten aus der Zwischenkriegszeit bekannt. Im Ersten Weltkrieg aber war er Kampfpilot beim ersten US-Jagdgeschwader, der 94th Aero Squadron, für die er das „Hut-im-Ring"-Abzeichen entwirft. Der deutsche Architekt Otto Firle diente ebenfalls als Pilot und entwirft unmittelbar im Anschluss an den Krieg 1918 das Kranichlogo für die Deutsche Luft-Reederei, einer Vorläuferin der Lufthansa.

Nissenhütte, England
Diese halbzylindrischen Hütten aus vorgefertigtem Wellblech wurden vom Ingenieur Captain Peter Nissen (links) entwickelt. Nissen war Amerikaner, ist aber zunächst nach Kanada und dann nach England ausgewandert und diente im Krieg schließlich in der britischen Armee. Seine Offizierskollegen halfen ihm, das Design seiner Hütten zu perfektionieren, von denen über 10 000 Stück für den Einsatz im Ersten Weltkrieg hergestellt wurden. Dieses Foto aus dem Jahr 1917 zeigt eine Nissenhütte in Blangy, Frankreich. Die temporären Bauten, die sich rasch montieren ließen, waren die Vorlage für die britischen und US-amerikanischen Hütten, die seit dem Zweiten Weltkrieg (1939–1945) bis heute eingesetzt werden.

Das **National Advisory Committee for Aeronautics** (NACA), ein Vorläufer der National Air and Space Administration (NASA), wird gegründet.

1915

1915–1916

Hallidie Building, USA

Der Architekt Willis Polk hat für D. H. Burnham & Company an Gebäuden in San Francisco wie etwa dem traditionell gestalteten Merchants Exchange Building (1904–1906) gearbeitet. Von Polk stammt auch die Glasfassade dieses siebenstöckigen Geschäftsgebäudes, die zu den ersten vorgehängten Fassaden in den USA, vielleicht sogar der Welt zählt. Die gold lackierten, wie ein Spitzenbesatz wirkenden Ornamente bilden einen wunderbaren Kontrast zum nüchternen Raster der Tragkonstruktion für die Verglasung.

Hauptbahnhof Helsinki, Finnland

Dieser Bahnhof ist ein Werk des Architekten Eliel Saarinen, der mit seinem Entwurf den Architekturwettbewerb von 1904 gewonnen hat. Der Bahnhof ist ein gutes Beispiel für Saarinens nationalromantischen Stil und wurde 1919 fertiggestellt und eröffnet. Man erinnert sich an Saarinen vor allem für seinen Entwurf für den Chicago Tribune Tower (1923-1925), der im Architekturwettbewerb 1922 zwar nur den zweiten Platz belegte, aber von vielen Architekten dem Siegerentwurf vorgezogen wurde. Saarinens Wettbewerbsbeitrag hatte großen Einfluss auf die Hochhäuser, die in den 1920ern in den USA gebaut wurden, und führte schließlich dazu, dass er in die USA umzog, wo er erfolgreich Karriere machte. Sein Sohn ist der äußerst kreative Architekt Eero Saarinen.

Die **Russische Revolution** bricht im Februar nach einer Reihe von Demonstrationen in Petrograd aus. Sie dauert acht Tage und führt schließlich zur Abschaffung der Monarchie in Russland.

Vertner Woodson Tandy stellt die Villa Lewaro in Irvington, New York, für die Kosmetikamagnatin Madam C. J. Walker fertig. Sowohl Walker als auch Tandy sind afroamerikanische Pioniere – Tandy war erst ein Jahr zuvor der erste schwarze Architekt, der in New York die Zulassung erhielt.

1917 1918 1919

DIE UNTERBRINGUNG DER MASSEN

Noch bevor der Waffenstillstand vom 11. November 1918 die Waffen an der Westfront zum Schweigen brachte, brach in den Städten Deutschlands die Novemberrevolution aus. Ausgelöst durch einen Mangel an Lebensmitteln und Wohnungen an der Heimatfront gegen Ende des Ersten Weltkriegs (1914–1918), endete sie erst mit der Errichtung der parlamentarischen Demokratie der Weimarer Republik am 11. August 1919.

In den 1920er Jahren erlebte Deutschland dann eine kreative Blüte in der Architektur, in der Bauten entstanden, die für viele der Inbegriff des europäischen internationalen Stils sind. Gebäude wie der expressionistische Einsteinturm (1920) von Erich Mendelsohn in Potsdam, das industrieartige Bauhausgebäude (1925) von Walter Gropius in Dessau und der elegant minimalistische Deutsche Pavillon für die Weltausstellung 1929 in Barcelona (abgerissen und wiederaufgebaut) von Ludwig Mies van der Rohe gelten als wegweisende Bauten für diese politisch wie gestalterisch progressive Epoche.

Neben solchen Einzelbauten entstanden aber auch Wohnsiedlungen, deren Bau von Stadtregierungen und Gewerkschaften gefördert wurde. Sie sollten mit modernen, erschwinglichen Mieteinheiten den Bedarf an Wohnungen für Arbeiter decken.

Ein wichtiger Baustein dieser Revolution im Mehrfamilienhausbau war die Frankfurter Küche, die von der österreichischen Architektin Margarete Schütte-Lihotzky entworfen wurde. Inspiriert von den Küchen in den Speisewagen von Zügen schuf sie 1926 eine kompakte, effiziente und ergonomische Küche, die zum Vorbild für unzählige Nachfolger wurde. Allein in Frankfurt wurden mehr als 10 000 Stück in neu gebauten Wohnungen installiert, vor allem vom Architekten Ernst May in seinem Wohnungsbauprogramm „Neues Frankfurt“.

Diese Wohnsiedlungen vermittelten den Eindruck eines industrialisierten, von glatten Flächen und Flachdächern geprägten Modernismus für ein neues Nachkriegsdeutschland. Häufig waren in den Planungen auch Grünflächen vorgesehen. Im ganzen, neu demokratisierten Land wurden solche umfangreichen Siedlungen von Architekten entworfen, aber die vielleicht berühmtesten stammen von Bruno Taut und Martin Wagner.

Wagner war Stadtbaurat in Berlin, Taut der leitende Architekt bei der Wohnungsbaugenossenschaft, die seine berühmte Hufeisensiedlung (1925–1933) baute. Allein in dem hufeisenförmigen Bau, der das Herzstück der Großsiedlung Britz in Berlin bildet, wohnten 3000 Menschen. In dem flachen Gebäude fanden sich Zwei- bis Vier-Zimmer-Wohnungen mit Balkonen, die zu einer Grünfläche hin lagen. Dachgeschossräume dienten zur Lagerung und zum Aufhängen von Wäsche.

GEGENÜBER. Hufeisensiedlung, Berlin-Britz, Deutschland (1925–1933)
Auf dieser Aufnahme ist die namengebende Hufeisenform der Siedlung deutlich zu erkennen. Die farbigen Akzente der Putzfassaden sind ein typisches Element vieler moderner Wohnsiedlungen.

OBEN. Weißenhofsiedlung, Stuttgart, Deutschland (1927)
Die Nazis verspotteten die Flachdachbauten in einer Fotomontage, in der sie die Siedlung als „Araberdorf“ darstellten. Für sie waren die Gebäude eher Nomadenhütten als echte deutsche Häuser.

Taut hatte etwa 12000 Wohnungen errichtet, als die Nationalsozialisten 1933 die Macht ergriffen und ihn zur Flucht in die Schweiz zwangen. Er emigrierte schließlich nach Japan, später in die Türkei. Der Bau der ursprünglich von Taut entworfenen Siedlungen in Berlin-Zehlendorf (ca. 1935) wurde nach der Machtergreifung fortgesetzt, jedoch mit den vorgeschriebenen Giebeldächern, die unter den Nazis als angemessene Dachform für Wohnhäuser galten. Tauts Architektenkollegen schufen in den 1920ern in Berlin Tausende ähnliche Wohnungen (einigen Schätzungen zufolge mehr als 140000), um die wachsende Bevölkerung der Stadt, die auf weit mehr als drei Millionen gestiegen war, unterzubringen.

Neben den vielen Tausend neuen Wohnungen, die in Deutschland gebaut wurden, veranstalteten Architekten und Entwickler Wohnausstellungen, um der Öffentlichkeit ihre neuesten Ideen vorzustellen. Diese wurden von verschiedenen Architekten entworfen. Die berühmteste von ihnen ist die Weißenhofsiedlung (1927) in Stuttgart, deren 27 Gebäude (von denen sich 11 erhalten haben) von Gropius, Mies van der Rohe, Taut und anderen wie Le Corbusier, Ludwig Hilberseimer, J. J. P. Oud und Mart Stam stammen. Beinahe alle teilnehmenden Architekten waren damals jünger als 45 Jahre, Stam als jüngster sogar erst 28.

Obwohl Kritiker aus den Reihen der Nazis die Siedlung verspotteten, zog die Wohnausstellung im Europa der Zwischenkriegszeit und auch noch nach dem Zweiten Weltkrieg ähnliche Projekte nach sich. Die berühmtesten davon sind die Berliner Interbau (1957) und die Internationale Bauausstellung Berlin (1979–1987), die im Kalten Krieg den demokratischen Individualismus des Westberliner Wohnungsbaus präsentierte.

1920–1925

Die frühe Moderne nach dem Ersten Weltkrieg. Das Ende des Ersten Weltkriegs (1914–1918) ruft in vielen Ländern soziale Unruhen hervor. Aus dieser gärenden Situation entstehen Künstler- und Architektengemeinschaften, die die Grundlage für die Avantgardebewegungen der 1920er und 1930er Jahre legen. Eine davon ist Die Gläserne Kette, die der expressionistischen und modernistischen Architektur in Deutschland den Boden bereitet. Berühmte Mitglieder der Gruppe sind die Architekten Walter Gropius, Hans Scharoun und die Gebrüder Bruno und Max Taut, die alle ihre Erfahrungen mit dem Krieg gemacht haben: Gropius war ein dekorierter Armeeoffizier, Scharoun hatte während des Konflikts an Wiederaufbauplänen für Ostpreußen gearbeitet und Bruno Taut war ein aktiver Kriegsgegner, dessen Entwürfe zunehmend einem radikalen Eskapismus zuneigten und von der Zukunft träumten. Der Expressionist Erich Mendelsohn hat während seines Militärdiensts futuristische Bauten skizziert und sich die Welt nach dem Krieg erträumt.

Der **US-Polizist William Potts** entwirft, frustriert vom Verkehrschaos an Straßenkreuzungen, die moderne Ampel mit je einem grünen, roten und gelben Lichtsignal. Die allererste Ampel wird im Oktober an der Kreuzung von Woodward Avenue und Michigan Avenue in Detroit aufgestellt.

Einsteinturm, Deutschland
Mit diesem Sonnenobservatorium in Babelsberg vor den Toren Berlins wollte Mendelsohn der Relativitätstheorie, die Einstein 1905 entwickelt hatte, greifbaren Ausdruck verleihen. Seine Form sollte die Koexistenz von Masse und Energie veranschaulichen. Der kleine, aus verputzten Ziegeln errichtete Bau wurde zwischen 1919 und 1921 errichtet. Er ist nur etwas mehr als 20 m hoch, steht aber auf einem Hügel auf dem Gelände der Berliner Sternwarte, auf dem sich bereits frühere Observatorien befanden. Der Coelostat des Turmteleskops, der sich in der Turmkuppel befindet, ruht auf einer Konstruktion aus Holzbalken und Stahl.

1920

1921–1924

Chilehaus, Deutschland
Johann Friedrich „Fritz“ Höger war ein autodidaktischer Architekt aus einer Zimmermannsfamilie. Sein bedeutendstes Werk ist dieses expressionistische Backsteinkontorhaus in Hamburg. Das zehnstöckige Gebäude ist aus Stahlbeton errichtet, der mit Klinkerziegeln verkleidet wurde, und besitzt mehrere Innenhöfe. Seine Form folgt der unregelmäßigen Grundstücksgrenze, wodurch es von vorne den Eindruck eines Schiffsbugs erweckt. Die skulpturalen Elemente wurden vom Bildhauer Richard Kuöhl geschaffen. Sowohl Bildhauer als auch Architekt hatten später Verbindungen zur nationalsozialistischen Bewegung in Deutschland.

Rietveld-Schröder-Haus, Niederlande
Dieses sehr kleine, aus Ziegeln, Holz und Beton errichtete Haus mit 111,5 m² Fläche wurde von Gerrit Rietveld entworfen und steht am Ende einer Reihenhauszeile in Utrecht. Seine sich verschiebenden Wandflächen und der Einsatz der Primärfarben Rot, Gelb und Blau sind mit der niederländischen Kunstbewegung De Stijl verbunden. Rietveld ist vor allem für seinen kantigen, rot-blauen Stuhl (1917) bekannt.

Howard Carter entdeckt das Grab des Pharaos Tutanchamun, was ein kurzlebiges Faible für den exotischen Neuägyptischen Stil auslöst, in dem Gebäude aller Art – von Lagerhäusern über Fabriken bis hin zu Filmpalästen – gestaltet werden.

Die Edelstahlsorte Staybrite 18/8 wird von William H. Hatfield, dem leitenden Metallurgen im Labor des Stahlproduzenten Brown Frith in Sheffield, England, erfunden. Der Stahl besitzt einen Chromanteil von 18 % und einen Nickelanteil von 8 %.

1922

1924

1925–1930

Hochmoderne. Die Zwischenkriegszeit, insbesondere die Zeit vor der Weltwirtschaftskrise der 1930er Jahre, bringt in Europa beeindruckende Ausformungen des neuen Internationalen Stils hervor, bei dem offene Räume über große Glasflächen mit Tageslicht durchflutet werden. Diese neuen Bauten stützen sich auf gestalterische Ideen, deren Saat bereits vor dem Ersten Weltkrieg (1914–1918) gelegt wurde. Aber erst nach dem Krieg entsteht eine neue Offenheit für Demokratie und den positiven Einfluss, den Architektur auf die Gesellschaft haben könnte. Leider ist dies nur von kurzer Dauer. Die Weltwirtschaftskrise nach dem Börsencrash von 1929 stürzt die meisten Länder der Welt in sozioökonomische und politische Turbulenzen, aus denen schließlich die militaristischen, totalitären Regime in Deutschland, Italien, Sowjetrussland und Spanien hervorgehen. Diese politischen und wirtschaftlichen Veränderungen führen schon bald zu einer Welle von Auswanderungen aus Europa, zu denen religiöse und politische Gründe den Anlass geben. Der Traum der internationalen Moderne muss warten.

Bauhausgebäude, Deutschland

Der deutsche Architekt Walter Gropius hat dieses Gebäude in Dessau für die legendäre Kunstschule geschaffen. Die Fläche von 23 225 m² teilt sich auf drei Gebäudeteile auf: einen Werkstättentrakt mit großen Glasfenstern, eine Kunstgewerbe- und Handwerkerschule und das Ateliergebäude mit 23 m² großen Wohnateliers mit Balkon für Studenten und Lehrer. Die Schule wurde 1933 von den Nazis geschlossen. Das Gebäude wurde im Zweiten Weltkrieg (1939–1945) beschädigt, aber sowohl zu DDR-Zeiten als auch nach der deutschen Wiedervereinigung restauriert.

1925 – Die *Internationale Ausstellung für moderne dekorative Kunst und Kunstgewerbe* wird in Paris als Weltausstellung für Architektur und Design eröffnet. Sie löst einen kurzlebigen Trend für einen neuen Stil aus, der als Art déco bezeichnet wird.

1925–1926

1928 – Der schottische Arzt und Wissenschaftler Alexander Fleming entdeckt die antibiotischen Eigenschaften von **Penicillin**.

Barcelona-Pavillon, Spanien

Dieser Pavillon wurde nach der Weltausstellung 1929 in Barcelona abgerissen und 1986 anhand der Originalunterlagen wieder aufgebaut. Er steht exemplarisch für Ludwig Mies van der Rohes Wohnideal mit asymmetrischen Wandscheiben, die einen offenen Grundriss gliedern, und raumhohen Glaswänden. Mies van der Rohe verwendete hier luxuriöse Materialien wie Travertin, Onyx und Marmor. Der Pavillon wurde für Empfänge genutzt und war mit mehreren Exemplaren des Barcelona-Sessels aus Leder und Stahl ausgestattet, den Mies van der Rohe entworfen hat. Wegen seiner großzügigen Proportionen verglich man den Sessel mit einem modernen Thron, auf dem illustre Gäste sitzen konnten.

Der **Börsencrash an der Wall Street** im Oktober markiert den Beginn der auch als Große Depression bekannten Weltwirtschaftskrise, die ein Jahrzehnt andauert.

Salginatobelbrücke, Schweiz

Diese 133 m lange Stahlbetonbrücke des Schweizer Bauingenieurs Robert Maillart überspannt ein Alpental bei Schiers in der östlichen Schweiz. Die Fahrbahn verläuft auf einem Betonhohlkastenträger, der auf dem Scheitel des tragenden Bogens aufliegt. Die Brücke musste wegen des Standorts, einer im Laufe der Jahre erfolgten dynamischen Verdrehung sowie Entwässerungsproblemen 1977 und 1998 instandgesetzt werden und erhielt dabei eine neue Spritzbetonoberfläche.

1929 **1929–1930**

1930–1935

Klare Linien. Der Stil der US-amerikanischen Architektur und Innenarchitektur der 1930er Jahre wird als „Depression Modern“, gelegentlich auch „Masonry Modern“ bezeichnet. Damit ist die US-Architektur der 1920er und 1930er Jahre gemeint, deren Planung und Design ihren Ursprung häufig im klassizistischen Beaux-Arts-Stil haben. Gute Beispiele hierfür sind das New Yorker Empire State Building (1931) von Shreve, Lamb & Harmon und das Field Estate Building (1934) von Graham, Anderson, Probst & White in Chicago. Diese Gebäude besitzen große Mauerwerksflächen mit relativ wenig Dekoration. Letzterer wird in der Gestaltung eine erheblich kleinere Rolle zugewiesen als im Art déco der späten 1920er, dessen überschwänglicher Zickzack die Wandflächen gelegentlich zu überwältigen scheint. In weiteren Beispielen aus den frühen 1930ern finden sich typisch moderne, ornamentlose Flächen, aber auch eine stärker personalisierte Formsprache, insbesondere bei Frank Lloyd Wright.

Villa Savoye, Frankreich
Le Corbusiers wichtigstes Werk aus der Zwischenkriegszeit ist dieses zwischen 1928 und 1931 entstandene Haus außerhalb von Paris, das er zusammen mit seinem Cousin Pierre Jeanneret entworfen hat. Es ist repräsentativ für sein Architekturmanifest *Fünf Punkte zu einer neuen Architektur*. Das Haus steht auf Pilotis bzw. Betonpfeilern und hat einen offenen Grundriss ohne tragende Wände. Damit ist die Fassade von ihrer Tragaufgabe befreit und kann mit großzügigen Fensterbändern versehen werden. Außerdem gibt es einen Dachgarten.

Die erste Weltmeisterschaft der Fédération Internationale de Football Association (FIFA) findet in Uruguay statt. Das Gastgeberland holt auch den Titel. Von den drei als Austragungsorten genutzten Stadien ist das größte das Estadio Centenario in Montevideo. Es wurde von Juan Antonio Scasso entworfen und fasst 79 000 Zuschauer.

Mit der Boeing 247 entwickelt Boeings Chefingenieur Charles N. Monteith das erste moderne, aerodynamisch optimierte Verkehrsflugzeug. Es wird auf der Weltausstellung in Chicago präsentiert.

1930 | 1933

Pinguinbecken, England

Der russische Emigrant Berthold Lubetkin hat in London sein Architekturbüro Tecton Group gegründet, mit dem er zusammen mit den Ingenieuren Ove Arup und Felix Samuely das Pinguinbecken für den Londoner Zoo geplant hat. Tecton hatte zuvor bereits das Gorillahaus (1933) des Zoos, ein ähnlich modernes Gebäude, geschaffen. Das Pinguinbecken besitzt zwei markante, spiralförmige Rampen aus Stahlbeton. Die Pinguine sind 2004 aus diesem Gehege ausgezogen, weil sich herausgestellt hat, dass sie von einem neu aufgetragenen Beton krank wurden. Heute steht das Becken leer.

Fallingwater, USA

Frank Lloyd Wright hat im Laufe seiner Karriere eine Reihe von Meisterwerken geschaffen – Fallingwater zählt zweifellos dazu. Der aus Beton und Naturstein errichtete Bau mit auskragenden Balkonen scheint in der ihn umgebenden Natur bei Mill Run im südwestlichen Pennsylvania zu schweben. Typisch für Wright sind Fensterbänder, die an den Ecken geöffnet werden können und das Gebäude entmaterialisieren. Sie sorgen für die direkte Kommunikation mit der Natur. In dem über einem Wasserfall gebauten Haus gibt es Probleme mit Wassereintritt und feuchtigkeitsbedingter Korrosion. Instandsetzungs- und Restaurierungsarbeiten wurden 2002 und später durchgeführt.

Der US-Spielehersteller Parker Brothers bringt das Brettspiel **Monopoly** auf den Markt. Das Spielbrett ist mit Zeichnungen des Karikaturisten Franklin O. Alexander illustriert und basiert auf den Straßen von Atlantic City, New Jersey.

1934 | 1935 | 1935–1939

1935–1940

Nationalismus zu Zeiten der Weltwirtschaftskrise. Gegen Ende der Großen Depression, in den Jahren unmittelbar vor dem Zweiten Weltkrieg (1939–1945), gewinnt der nationalistische Ausdruck in der Architektur an Bedeutung. Die klaren Mauerwerkslinien der amerikanischen Moderne werden mit der Golden Gate Bridge in Stahl umgesetzt. Das Japanische Kaiserreich entwickelt seinen eigenen panasiatischen Stil, während es sich darauf vorbereitet, diesen in Form von öffentlichen Gebäuden zu exportieren und die sogenannte Großostasiatische Wohlstandssphäre zu schaffen. Das nationalsozialistische Deutschland konzentriert sich auf funktionsgerechte Archetypen. Häuser und Wohnungen müssen nach Heimat aussehen und Giebeldächer besitzen, Fabriken hingegen dürfen modern sein, sind in der Regel aber mit Mauerwerk verkleidet. Öffentliche Gebäude wie die Reichskanzlei (1938) von Albert Speer bedienen sich, wie die meisten öffentlichen Gebäude im Dritten Reich (1933–1945), maßstäblich vergrößerter Details aus stilisierten, klassizistischen Quellen. Das faschistische Italien setzt bei öffentlichen Bauten auf rationalen Modernismus.

Olympiastadion, Deutschland
Werner March hat das Olympiastadion für die Olympischen Spiele 1936 in Berlin und ein erwartetes Publikum von 110 000 Zuschauern entworfen. Das in einer stilisierten Klassik gehaltene Gebäude ist optisch durch eine Außenkolonnade mit 136 Säulen geprägt. Die ersten Wettkämpfe in dem mit Kalkstein und Travertin verkleideten Stahlbetonbau sind in Leni Riefenstahls Propagandafilm *Olympia* (1938) dokumentiert. Das Stadion wurde 2004 von Gerkan, Marg & Partners renoviert. Seine Kapazität liegt aktuell bei über 74 000 Zuschauern.

1935

Jüdische moderne Architekten, die aus Mitteleuropa ausgewandert sind, schaffen einige ihrer berühmtesten Bauten, darunter das Josef-von-Sternberg-Haus des Österreichers **Richard Neutra** in Los Angeles und der De La Warr Pavilion des Deutschen **Erich Mendelsohn** und des Russen **Serge Chermayeff** in Bexhill on Sea, England.

1936

Die **RMS *Queen Mary*** fährt auf ihrer Jungfernfahrt von Southampton über den Atlantischen Ozean nach New York. Ihr zurückhaltendes Art-déco-Interieur stammt vom englischen Architekten Arthur Joseph Davis und vom US-Architekten Benjamin Wistar Morris.

Casa del Fascio, Italien

Von Giuseppe Terragni stammt dieser Sitz der lokalen Abteilung der Nationalen Faschistischen Partei in Como, der als Bühne für Parteikundgebungen auch eine Propagandafunktion erfüllte. Das Gebäude wurde 1936 fertiggestellt. Terragnis hat das Stahlbetongebäude wie eine moderne Variante eines antiken Tempels komponiert. Im Innern befinden sich Laufgänge aus Marmor und ein Atrium mit Glasdecke. Einst gab es hier auch Wandfresken des aus Como stammenden, abstrakten Künstlers Mario Radice zu sehen, aber diese wurden nach dem Krieg zerstört. In ganz Italien wurden etwa 5000 dieser lokalen Parteizentralen errichtet.

Golden Gate Bridge, USA

Zum Zeitpunkt ihrer Eröffnung war diese stählerne Hängebrücke, die die Meerenge zwischen der Bucht von San Francisco und dem Pazifik überspannt, mit einer Spannweite von 1280 m und einer Höhe von 227 m die längste und höchste Brücke der Welt. Die gesamte Brücke ist etwa 2,7 km lang. Der Architekt Irving Morrow wählte auch die Farbe aus, deren offizieller Name „International Orange" lautet. Leitender Ingenieur des Projekts war Joseph Strauss, der sich bereits einen Namen gemacht hatte, als er durch das Ersetzen von Eisen durch Beton die Kosten für die Gegengewichte von Klapp- und Zugbrücken gesenkt hat.

Am 1. September **marschiert Deutschland in Polen ein** und löst damit den Zweiten Weltkrieg aus.

1937

1939

DER MASSSTAB DER DIKTATUR

LINKS. Unvollendete Kongresshalle der NSDAP, Nürnberg, Deutschland (1933–1937)
Adolf Hitler verlangte von seinen Architekten Monumentalbauten, die in seinem Tausendjährigen Reich prächtige Ruinen abgeben würden.

GEGENÜBER. Modell der Halle des Volkes, Germania (ab 1941; nicht ausgeführt)
Dieses Bild stellt die Halle des Volkes im Hintergrund maßstabsgetreu den umliegenden Bauten wie dem Reichstag (1884–1894) und dem Brandenburger Tor (1788–1791) gegenüber.

Diktatoren denken stets im großen Maßstab – große Militärparaden, große Kundgebungen, große Monumente. Die größten Ambitionen von allen Diktatoren der 1930er aber hatte Adolf Hitler. Sein Regime und seine Henker hatten große Pläne für Freund und Feind. Hitler, der sich sehr für Architektur, Kunst und Musik interessierte, lebte ab 1907 in Wien. Später zog er nach München, wo er in die Bayerische Armee eintrat. Er kämpfte im Ersten Weltkrieg, aus dem er als dekorierter Veteran zurückkehrte. Auch während seiner Militärzeit zeichnete er, unter anderem Karikaturen für die Armeezeitung. Die Malerei sollte für den erfolglosen Künstler zeitlebens ein Hobby bleiben. Nach dem Vertrag von Versailles (1919) wurde er immer verbitterter, antisemitischer und nationalistischer. 1921 wurde Hitler Parteivorsitzender der NSDAP.

Nachdem die NSDAP während der Weltwirtschaftskrise an Macht gewonnen hatte, wurde Hitler 1933 deutscher Reichskanzler. Noch im selben Jahr machte das Ermächtigungsgesetz ihn zum Diktator. Er vereinte das Amt des Bundespräsidenten und des Reichskanzlers in seiner Person und ließ die Reichswehr ihm persönlich die Treue schwören. Er ließ Oppositionsparteien verbieten, löste das Parlament auf und schickte politische Gegner, Juden und Kommunisten in Konzentrationslager.

Im Zuge dieser Maßnahmen kam es auch zu größeren Einschränkungen für die Welt der Kunst und Architektur. Kulturschaffende mussten der Reichskulturkammer beitreten. Wer dies nicht tat oder kein Arier war, konnte seine Kunst nicht länger ausüben – zumindest nicht öffentlich. Prominente jüdische Architekten wie Erich Mendelsohn verließen praktisch umgehend das Land. Andere blieben überraschenderweise bis zur letzten Minute in Deutschland, darunter Oskar Gerson, der 1938 von Hamburg nach London floh, bevor er sich 1939 in Kalifornien niederließ.

In der Zwischenzeit fand Hitler unter den Anhängern der NSDAP gleichgesinnte Architekten. Darunter Paul Ludwig Troost, der den Führerbau (1933–1937) und das ans Alte Museum (1823–1830) in Berlin angelehnte Haus der Kunst (1933–1937) in München entwarf. Ernst Sagebiel schuf das Reichsluftfahrtministerium (1934–1935) und den Flughafen Tempelhof (1935–1941) in Berlin. Von Ludwig Ruff und seinem Sohn Franz stammt die Kongresshalle des Reichsparteitagsgeländes in Nürnberg, deren Aufriss vom Kolosseum in Rom (ca. 72 n. Chr.) inspiriert ist. Architekten wie diese und andere schufen auf das Wesentliche reduzierte, strenge neoklassizistische Bauten mit einem Minimum an Dekoration. Dieser Stil war öffentlichen Bauten angemessen. Modernisten wie Egon Eiermann, Ernst Neufert und Lois Welzenbacher arrangierten sich bis zu einem gewissen Grade mit der Ästhetik der Nazis und übten ihre Fertigkeiten an Industriebauten. Andere, die Naziorganisationen wie der gefürchteten Schutzstaffel (SS) beitraten, unterstützten mit ihren Talenten die Gräueltaten des Regimes. Dazu zählen der am Bauhaus ausgebildete Architekt Fritz Ertl, der zusammen mit dem Hauptsturmführer Karl Bischoff die Bauten des Vernichtungslagers Auschwitz-Birkenau in Polen errichtet hat, sowie der Obergruppenführer Hans Kammler, der die unterirdische Fabrik Mittelwerk im thüringischen Zwangsarbeiterlager Mittelbau-Dora (1944) geplant hat, in dem die V2-Raketen gebaut wurden.

Der berühmteste Architekt seiner Zeit war Albert Speer. Der Spross einer Architektenfamilie erlangte größere Bekanntheit, als Hitler seine Pläne für das Parteitagsgelände in Nürnberg (1934) genehmigte. Dort schuf er das

Zeppelinfeld und die zugehörige Tribüne, die vom Pergamonaltar (170–150 v. Chr.) inspiriert war, sowie eine dramatische „Kathedrale des Lichts“ aus 130 in gleichmäßigen Abständen nach oben gerichteten Suchscheinwerfern. Nach diesem Erfolg und dem Tode Troosts 1934 machte Speer rasch Karriere und wurde mit der Planung für Hitlers Reichskanzlei (1938) betraut. Außerdem arbeitete er zusammen mit Hitler an der Planung für den Umbau Berlins zur Reichshauptstadt Germania (ab 1938). Die von einer gigantischen Kuppel überwölbte Halle des Volkes, die vom Pantheon (126 n. Chr.) in Rom inspiriert war, sollte als Herzstück der Stadt am Ende eines großen Boulevards mit Triumphbogen liegen. Sie sollte 290 m hoch werden und 180 000 Menschen fassen. Speer, 1942 zum Rüstungsminister ernannt, wurde bei den Nürnberger Prozessen (1946) schuldig gesprochen und zu 20 Jahren Haft verurteilt.

1940–1945

Weltweiter Krieg. Den ganzen zerstörerischen Zweiten Weltkrieg hindurch arbeiten Architekten auf allen Seiten für ihre Heimat- und Wohnsitzländer. In den USA baut der deutsch-amerikanische Industriearchitekt Albert Kahn mit seiner Firma Anfang der 1940er Jahre Anlagen wie die Bomberfabrik Willow Run bei Ypsilanti, Michigan, in der die Militärflugzeuge des Typs B-24 Liberator gefertigt werden. Die ab 1942 von Skidmore, Owings & Merrills geschaffenen Bauwerke reichen von kleinen, modernen Bauten wie dem Hostess House am Great Lakes Naval Training Center nördlich von Chicago bis zur Planung für die 75 000 Einwohner zählende Stadt Oak Ridge, Tennessee, die auch als „Secret City" bekannt ist und in der das Uran für die ersten Atomwaffen angereichert wurde. Auch aus Europa vertriebene Architekten wirken an Geheimprojekten mit. Emigranten wie der Österreicher Paul T. Frankl, der Tscheche Antonin Raymond und der Deutsche Erich Mendelsohn helfen zwischen 1942 und 1943 bei der Planung des deutschen und japanischen Dorfs auf dem Testgelände Dugway Proving Ground in Utah. An diesen Dörfern wird die Wirkung von Brandbomben vor Großangriffen getestet.

Australian War Memorial, Australien

Dieses klassisch inspirierte Kriegerdenkmal in Canberra ist das Resultat eines 1924 veranstalteten Architekturwettbewerbs für ein Denkmal für den Ersten Weltkrieg und wurde 1941 fertiggestellt. Bei dem Wettbewerb wurde kein Gewinner gekürt, stattdessen taten sich zwei Teilnehmer, Emil Sodersten und John Crust, für den Entwurf des Kriegerdenkmals zusammen. Wie bei vielen Kriegerdenkmälern des 20. Jahrhunderts gibt es auch hier ein Grab des unbekannten Soldaten, das 1993 vom Architekturbüro Tonkin Zulaikha Greer integriert wurde. Das Denkmal dient auch als Museum und Archiv für die Geschichtsforschung.

Pentagon, USA

Der Entwurf für das am Rande von Washington, D.C., gelegene Pentagon stammt von den kalifornischen Architekten George Edwin Bergstrom und David J. Witmer. In dem Stahlbetonbau, der sich durch minimalistische, klassisch geprägte Formen auszeichnet, hat das US-Verteidigungsministerium seinen Sitz. Mit einer Fläche von 600 000 m² ist das Pentagon das größte Bürogebäude der Welt. Auf seinen fünf Stockwerken verlaufen 28 km Korridore in konzentrischen Kreisen. Die fünfeckige Form hängt mit dem ursprünglich vorgesehenen Baugrundstück zusammen, nimmt aber auch Bezug auf die polygonalen Festungen der Vergangenheit.

Flakturm VII, Österreich

Als die Bombardierung deutscher Städte Wirklichkeit wurde, entwarf der deutsche Architekt Friedrich Tamms eine Reihe von Flaktürmen, die mit Flugabwehrkanonen bestückt waren und von 1942 bis 1943 in wichtigen deutschen Städten errichtet wurden. Diese massiven Stahlbetonbunker boten jeweils mehreren Tausend Menschen Platz. Einige Flaktürme haben sich bis heute erhalten, ihr Abriss wäre einfach zu teuer. Die interessantesten Exemplare befinden sich in Wien, darunter der 55 m hohe Flakturm VII im Augarten. Er war der letzte, der in der Stadt gebaut wurde.

1941–1943

1942

Das erste funktionsfähige Strahlflugzeug der Welt, die Messerschmitt Me 262, absolviert im Juli in Deutschland ihren ersten Flug.

Die **erste ballistische Rakete der Welt**, die deutsche V2, wird am 3. Oktober abgefeuert. Der für das Projekt verantwortliche General Walter Dornberger soll damals gesagt haben: „Heute wurde das Raumschiff geboren."

1942–1943

Bedeutende Schlachten erweisen sich als Wendepunkte des Zweiten Weltkriegs, darunter die Schlachten um Guadalcanal und Midway im Pazifik und die Schlacht von Stalingrad in Russland.

1943

Der renommierte Architekturhistoriker **Nikolaus Pevsner** schreibt sein Buch *Europäische Architektur. Von den Anfängen bis zur Gegenwart*. Es wird zu einem Standardwerk, das in 16 Sprachen übersetzt wird.

1943–1945

1945–1950

Nachkriegsoptimismus. Das Ende des Zweiten Weltkriegs (1939–1945) wird in den Städten der Sieger gefeiert und eröffnet auf der ganzen Welt Möglichkeiten für den Wiederaufbau. Aber es braucht einige Zeit, bis die Fabriken von der Rüstungsproduktion wieder auf Konsumgüter umgestellt sind und im Architekturbereich größere Bauten entstehen. Bezeichnend für die Nachkriegswelt ist die Tatsache, dass es kein Zurück mehr gibt, auch wenn einige Traditionalisten den Status quo erhalten wollen. In dieser Epoche kommt es zu gesellschaftlichen Verwerfungen, aber auch zur Gründung des Staates Israel und zur Unabhängigkeit Indiens, was ein erheblicher Rückschlag für das Britische Empire ist. Der Kalte Krieg bringt neue geopolitische Spannungen, die durch die sowjetische Blockade Berlins und die Berliner Luftbrücke 1948 verschärft werden. 1949 wird die Nordatlantische Vertragsorganisation (NATO) gegründet. Im Kalten Krieg ringen die USA und die NATO-Bündnispartner mit der Sowjetunion und den Staaten des Warschauer Pakts um Einfluss. Regionale Konflikte werden zu Stellvertreterkriegen, in denen sich die Supermächte gegenüberstehen.

Hallgrimskirkja, Island
Guðjón Samúelsson hat diese expressionistische Kirche bereits 1937 entworfen, aber erst acht Jahre später wird in Reykjavík mit dem Bau begonnen. Im Innenraum präsentiert sie eine modern-minimalistische Interpretation der Gotik. Samúelsson war der erste ausgebildete Architekt Islands und ließ sich von der zerklüfteten Berglandschaft seiner Heimat zur Fassade dieser evangelisch-lutherischen Kirche inspirieren. Der von gestaffelten Rücksprüngen geprägte Betonturm erhebt sich bis auf eine Höhe von 74,5 m, mit der die Hallgrimskirkja die höchste Kirche Islands ist. Die Bauarbeiten wurden nach vier Jahrzehnten abgeschlossen, die Kirche 2009 restauriert. Der Kirchturm besitzt auch eine Aussichtsplattform.

Philip Johnson entwirft das Glass House in New Canaan, Connecticut. Inspiriert ist es vom Farnsworth House in Plano, Illinois, einem ähnlich minimalistischen Glashaus von Ludwig Mies van der Rohe aus dem gleichen Jahr.

Das Case-Study-House-Programm unter der Ägide von John Entenza, dem Herausgeber der Zeitschrift *Arts & Architecture*, finanziert Planung und Bau von über dreißig Häusern im Mid-Century-Modern-Stil. Die meisten davon werden in einem Vorort von Los Angeles errichtet.

1945

1945–1986

UNO-Hauptquartier, USA
Die Vereinten Nationen (UN) wurden 1945 gegründet, ihr Hauptquartier in New York kurz darauf gebaut. Der Entwurf stammt vom New Yorker Architekten Wallace K. Harrison, der nicht nur das Projekt geleitet hat, sondern auch ein Team von zehn internationalen Architekten, dem unter anderem Le Corbusier und Oscar Niemeyer angehörten. Das UN-Sekretariat belegt das 154 m hohe Glashochhaus, während das leicht konkave, flachere Gebäude mit der Kuppel der Generalversammlung vorbehalten ist. Dessen Interieur ist stark von Niemeyer beeinflusst.

Baker House, USA
Der finnische Architekt Alvar Aalto hat 1946 dieses Wohnheim am Massachusetts Institute of Technology entworfen. Die geschwungene Ziegelfassade sollte möglichst vielen Zimmern die Ausrichtung nach Süden und den Blick auf den Charles River ermöglichen. Wegen der Wellenform des Gebäudes, das 318 Studenten Platz bietet, fallen die Zimmergrundrisse unterschiedlich aus. 1999 wurde das Gebäude, einschließlich vieler Original-Birkenmöbel, vom Architekturbüro Perry Dean Rogers restauriert.

Le Corbusier veröffentlicht *Le Modulor* (*Der Modulor*). In dieser Schrift erklärt er seine Theorie der menschlichen Proportionen, von der die Planung und Gestaltung seiner Bauten beeinflusst ist, zum Beispiel im Wohnkomplex Unité d'habitation (1947–1952) im französischen Marseille.

1947–1949 | **1948** | **1948–1952**

DESIGN IM ZEICHEN DES ATOMS

LINKS. Gateway Arch, St. Louis, USA (1947–1967) Der Architekt Eero Saarinen wollte mit diesem parabelförmigen Denkmal am Mittelpunkt der USA eine skulpturale Verbindung zwischen dem Osten und dem Westen schaffen. Die Form ähnelt aber auch der Flugbahn einer Rakete des Raumfahrtzeitalters.

Die Welt wird eine andere, als am 6. und 9. August 1945 die USA die ersten Atombomben über Hiroshima und Nagasaki abwerfen und die japanischen Städte in einem einzigen Augenblick zerstören. Bis zu einer Viertel Million Menschen sterben. Daraufhin kapituliert Japan am 2. September 1945 offiziell vor den Alliierten. Der Zweite Weltkrieg ist zu Ende. Der Physiker J. Robert Oppenheimer, der wegen seiner führenden Rolle in ihrer Entwicklung häufig als „Vater der Atombombe" bezeichnet wird, zitiert aus der *Bhagavadgita*, einem Hindutext aus dem 1. Jahrhundert: „Jetzt bin ich der Tod geworden, der Zerstörer von Welten."

Atomwaffen werden während des Kalten Kriegs (1947–1991) in verschiedenen Rüstungswettläufen zwischen dem Westen und dem Osten, aber auch noch nach dessen Ende gebaut. Im 21. Jahrhundert sind die Atomprogramme des Iran und von Nordkorea ein wichtiges politisches Thema. Doch anfangs glaubten viele, dass man die Kernenergie auch friedlich nutzen könnte. Im Jahr 1948 entwickelte das US-Normungsinstitut National Bureau of Standards die erste Atomuhr. Die ersten Kraftwerke zur Stromerzeugung wurden zwischen 1954 und 1955 in der Sowjetunion und in den USA entwickelt. Trotz Rückschlägen wie der Kernschmelze in Tschernobyl 1986 und der Katastrophe von Fukushima 2011 gilt die Kernenergie manchen noch immer als saubere und effiziente Alternative zur fossilen Energieerzeugung. Nach dem Zweiten Weltkrieg wollte man die Kernenergie auch als Antrieb für Luft- und Raum-, Land- sowie Wasserfahrzeuge nutzen. Aber außer in der Schifffahrt gelangten diese Antriebe nie zur Einsatzreife, was unter anderem der Größe und dem Gewicht von Atomkraftwerken geschuldet ist. Erfolgreiche Ergebnisse dieser Experimente sind aber der 1957 vom Stapel gelaufene russische Eisbrecher *Lenin* als das weltweit erste atombetriebene Überwasserschiff, und der US-Frachter NS *Savannah*, der 1959 vom Stapel lief.

Das Brooklyn Museum of Art hat der Bedeutung des Atomzeitalters mit der Ausstellung *Vital Forms: American Art and Design in the Atomic Age 1940–1960* (2001–2002) Anerkennung gezollt.

OBEN. Atomium, Brüssel, Belgien (1958)
Dieses Gebäude ist die dreidimensionale Darstellung des Atomgitters von Eisen und steht symbolisch für das nach dem Krieg angebrochene Atomzeitalter.

Mit Objekten wie den Schalenstühlen von Charles und Ray Eames aus den 1940er Jahren und Alvar Aaltos Raumteiler Screen 100 (1936) stellte sie das organische, krummlinige Design heraus, das der Moderne eine Alternative zum geradlinigen Internationalen Stil bot.

Eero Saarinens Gateway Arch in St. Louis bildet sicherlich einen der Höhepunkte dieses Zeitalters. Der finnisch-amerikanische Architekt gewann den Wettbewerb zur Gestaltung des Denkmals 1947. 1967 wurde der 192 m hohe, edelstahlverkleidete Bogen eröffnet. Obwohl er an die Erschließung des amerikanischen Westens erinnern soll, ähnelt der Bogen eher der Flugbahn einer Rakete.

Bewusste Bezüge auf das Atomzeitalter findet man auch in Designs wie dem pilzförmigen Waterspheroid Tank Tower (1949), der von der Chicago Bridge & Iron Company entwickelt wurde und in US-Vorstädten weit verbreitet ist, und den unterirdischen Silos, die Daniel, Mann, Johnson & Mendenhall 1958 für die Atomrakete Titan I entwickelt haben. Das Atomium (1958) in Brüssel hat die Form einer 165-milliardenfach vergrößerten Elementarzelle eines Eisenkristalls, gleichzeitig spielt das anlässlich der Brüsseler Weltausstellung 1958 entstandene Gebäude auf die friedliche Nutzung der Kernenergie an. Der Entwurf stammt vom Ingenieur André Waterkeyn, das Interieur der Kugeln von den Architekten André und Jean Pollak. Die 102 m hohe Stahlkonstruktion war zunächst mit Aluminium verkleidet, das 2009 durch Edelstahl ersetzt wurde.

Nachdem die Sowjetunion 1957 den Satelliten Sputnik I erfolgreich ins All geschossen hatte, war auch der „Wettlauf ins All“ zwischen den USA und der Sowjetunion ein wichtiges Thema der Weltausstellungen. Anspielungen auf die Kerntechnik sowie die Verwendung von Symbolen des Raumfahrtzeitalters durchziehen die Architektur und das Design der gesamten 1960er und 1970er Jahre. Das reicht vom Aussichtsturm Space Needle (1962), den John Graham Jr. für die Weltausstellung in Seattle gebaut hat, über das mitreißende Denkmal für die Eroberer des Weltraums (1964) in Moskau, das der Künstler A. P. Faidysch-Krandijewsky zusammen mit den Architekten A. N. Koltschin und M. O. Barschtsch geschaffen hat, bis zu der sputnikartigen Spitze des Fernsehturms (1969) von Hermann Henselmann und Jörg Streitparth in Ostberlin.

5

VOM KALTEN KRIEG BIS HEUTE

Allein die wichtigsten internationalen Trends der letzten sieben Jahrzehnte zusammenzufassen, wäre eine Herkulesaufgabe. Deshalb wird in dieser Einleitung nur die Fallstudie einer einzelnen Stadt dieser Epoche behandelt, und zwar Berlin. Sie ist ein perfektes Beispiel für das, was sich während des Kalten Kriegs (1947–1991) und danach zugetragen hat. Die Stadt bildete die Grenze zwischen Kommunismus und Kapitalismus, Ost und West, Russland und den USA, dem Warschauer Pakt und der NATO.

Der ehemalige britische Premierminister Winston Churchill prägte 1946 in einer Rede über das russisch dominierte Osteuropa nach dem Zweiten Weltkrieg (1939–1945) den Begriff des „Eisernen Vorhangs". Deutschland war damals ein geteiltes Land, das von den Alliierten und der Sowjetunion besetzt war. Diese

VORHERIGE SEITE.
Heydar-Aliyev-Zentrum, Baku, Aserbaidschan (2012)
Die computergenerierten, mäandernden Formen dieses Kunst- und Kulturzentrums und andere Bauten brachten der Architektin Zaha Hadid den Spitznamen „Königin der Kurve" ein.

GEGENÜBER. Interbau, Berlin, Deutschland (1957)
Diese Bauaustellung in Westberlin, an der Frontlinie des Kalten Kriegs, war ein Propagandacoup für den Westen, der hier die Architektur der Nachkriegsmoderne von einigen seiner besten Architekten präsentieren ließ.

OBEN. Berliner Mauer, Berlin, Deutschland (1961–1989)
Die Berliner Mauer im Jahr 1986, mit Graffiti auf der westdeutschen Seite und dem als „Todesstreifen“ bezeichneten Niemandsland dahinter.

Aufteilung wurde in Berlin 1948 zu einem Problem, als die Sowjets den Landverkehr in den unter der Kontrolle der USA, Großbritanniens und Frankreichs stehenden Westteil der Stadt blockierten. Daraufhin versorgten die Westalliierten die Stadt vom 26. Juni 1948 bis 30. September 1949 über eine Luftbrücke mit Lebensmitteln und anderen Versorgungsgütern und die Sowjets mussten das Embargo aufgeben. Dies führte zur Gründung der Deutschen Demokratischen Republik. Sie besaß eine eigene Währung und auch die politische Ordnung war eine andere als in der westdeutschen Bundesrepublik Deutschland.

In Berlin begann die Architektur, diese radikalen Unterschiede widerzuspiegeln. Entlang der Stalinallee (später Karl-Marx-Allee) zogen sich klassizistisch angehauchte Bauten im stalinistischen Stil bis zu Hermann Henselmanns Kuppeltürmen am Frankfurter Tor (1956). In Westberlin entstand im Rahmen der Bauausstellung Interbau unter der Leitung des deutschen Architekten Otto Bartning das moderne Hansaviertel im Internationalen Stil, einschließlich Bauten von einigen der wichtigsten modernen Architekten der westlichen Welt wie Alvar Aalto, Le Corbusier, Walter Gropius, Arne Jacobsen und Oscar Niemeyer. Die 1957 eröffnete Interbau war eine Art Weltausstellung des modernen Wohnungsbaus und ein Propagandacoup für den Westen. Sie zählte mehr als eine Million Besucher.

Zur nächsten großen Konfrontation kam es 1961, als die Berliner Mauer gebaut wurde. Ostberlin litt unter der Abwanderung von Wissenschaftlern und Fachkräften in den Westen. Die Situation wurde dadurch noch verschlimmert, dass die Grenze in Berlin, anders als der übrige Grenzverlauf zwischen Ost- und Westdeutschland, unbewacht war. Auch gab es noch U-Bahn-Verkehr zwischen den beiden Hälften Berlins, was eine Chance zur Republikflucht bot. Bis 1961 verließen 3,5 Millionen Ostdeutsche – knapp 20 % der Gesamtbevölkerung – die DDR. Der sowjetische Staatschef Nikita Chruschtschow und der Staatsratsvorsitzende der DDR Walter Ulbricht beschlossen deshalb den Bau einer Mauer. Die Grenze zwischen Ost- und Westberlin wurde geschlossen und von Grenztruppen gesichert. Die Straßen, die die beiden Stadthälften verbanden, wurden aufgerissen und Stacheldraht verlegt. Dann wurde eine Mauer aus Betonsteinen und Stahlbetonplatten errichtet, Wachtürme wurden gebaut. Bis in die 70er Jahre wurde die über 140 km lange Mauer mehrfach ausgebaut, die Fläche hinter der Mauer bildete den berüchtigten „Todesstreifen“. Eine zweite parallel verlaufende Hinterlandmauer entstand und die ursprüngliche Mauer wurde durch größere Stahlbetonelemente verbessert. Menschen konnten sie nur an einigen wenigen Grenzübergängen passieren. Der Grenzübergang Glienicker Brücke (1907) zwischen Potsdam und West-Berlin wurde als „Brücke der Spione“ bekannt, weil hier mehrfach Geheimdienstagenten ausgetauscht wurden.

Nach dem Mauerbau entstanden auf beiden Seiten in unmittelbarer Mauernähe Vorzeigebauten. In Westberlin baute man das neue Kulturforum mit der Berliner Philharmonie (1963) von Hans Scharoun und der Neuen Nationalgalerie (1968) von Ludwig Mies van der Rohe. Es lag direkt am Potsdamer Platz, einem einst lebhaften Zentrum der Weimarer Republik, das durch Mauer und Todesstreifen ins Abseits geraten war. In Ostberlin baute man für vertrauenswürdige Mitglieder und Beamte der Sozialistischen Einheitspartei Deutschlands in Mauernähe moderne Häuserblocks aus Fertigbetonteilen, sogenannte Plattenbauten. Das umfangreichste Projekt war der Komplex Leipziger Straße (1969–1982) im Stadtzentrum Berlins zwischen Charlottenstraße und Spittelmarkt. Es wurde von den Architekturkollektiven Joachim Näther und Werner Straßenmeier geplant. In den Sockelgeschossen der beidseitig der Straße errichteten Wohnhochhäuser befanden sich Einzelhandelsflächen. Die Wohnungen auf der Nordseite wurden häufig an anerkannte Journalisten und Diplomaten vergeben.

Die postmodernen 80er Jahre hinterließen auf beiden Seiten der Mauer ihre Spuren. In Westberlin fand mit der Internationalen Bauausstellung (IBA, 1979–1987) eine Nachfolgeausstellung der Interbau statt. Ihre Schwerpunkte waren die behutsame Stadterneuerung und die kritische Rekonstruktion von Lücken in den Straßenlandschaften mit Neubauten, die den Traditionen und dem Maßstab Berlins entsprechen. Von einer solchen Gelegenheit hatten Postmodernisten und Kontextualisten geträumt. Josef Paul Kleihues war Direktor für Neubauten, Hardt-Waltherr Hämer für den Wiederaufbau und die Sanierung von Altbauten zuständig. Neue Mietshäuser wurden von Architekten wie Hans Hollein in Tiergarten, Peter Eisenman und Rem Koolhaas in Mauernähe in Kreuzberg und am Checkpoint Charlie gebaut. Weitere bekannte Architekten schufen Bauwerke in Charlottenburg und später im Tegeler Hafen (1984–1987). Letzterer liegt unmittelbar nördlich des Berliner Flughafens Tegel und wurde umfassend umgestaltet, einschließlich Grünflächen, einer Wohnbebauung von Charles Moore sowie Mehrfamilienhäusern und Stadtvillen von Antoine Grumbach, John Hejduk, Paolo Portoghesi, Robert A. M. Stern und Stanley Tigerman.

Auf die Westberliner IBA-Bauten reagierte man auf der anderen Seite der Mauer mit der Restaurierung von historischen Gebäuden wie dem Schauspielhaus (1821), heute Konzerthaus Berlin, von Karl Friedrich Schinkel zwischen 1977 und 1984. In der Nähe baute man in den 80er Jahren auch historisierende Betonfertigteilgebäude. Besonders hervorzuheben ist das Grand Hotel (1987), heute Westin Grand Berlin, auf der Friedrichstraße, dessen 400 Zimmer für wichtige Geschäftsreisende vorgesehen waren, die mit westlichen Devisen zahlten. Gebaut wurde es von der japanischen Kajima Corporation, die damals mehrere Bauten für die DDR errichtete. Der Stahlskelettbau ist mit Betonfertigteilen verkleidet, die Steindetails nachahmen. Ausgewählte Oberflächen sind mit hochwertigerem Stein verkleidet, der Sockel zum Beispiel mit Granit. Das Hotel ist ein Werk des Architekten Erhardt Gißke, der auch das Konzerthaus restaurierte und den Architekten von Kajima, Takeshi Inoue, beaufsichtigte. Die Details des achtstöckigen Hotels sind inspiriert von der Kaisergalerie (1873; abgerissen), die ursprünglich am Bauort gestanden hatte, sowie vom Hotel Adlon (1907; abgerissen) in der Nähe des Brandenburger Tors. Vom japanischen Designer Yamane Kazuo stammt die Inneneinrichtung des Grand Hotels mit Nachbildungen von historischen Möbeln und Einbauten.

Diese Bemühungen der DDR, an westliche Devisen zu kommen, um ihre Ende der 80er Jahre düstere Finanzlage aufzubessern, ging mit einer wachsenden Abneigung gegen die Berliner Mauer auf beiden Seiten des berüchtigten Bauwerks einher. Dennoch kam es überraschend, als die Berliner am 9. November 1989 die Mauer stürmten, nachdem die kommunistische Regierung in Polen zusammengebrochen war, Ungarn seinen Grenzzaun zu Österreich abgebaut hatte und Tausende Bürger in der ganzen DDR auf der Straße protestiert hatten. Sie begannen, die Mauer mit Hammer und Meißel Stück für Stück abzutragen. Schließlich trat die DDR-Regierung zurück und das Land wurde 1990 mit Westdeutschland wiedervereint. Neben einigen Originalfragmenten findet man heute vor allem nahtlose Integration.

An den meisten Orten scheint es die Berliner Mauer, abgesehen von einigen Inschriften im Straßenpflaster, nie gegeben zu haben. Das ist der Fall am Potsdamer Platz, wo zahlreiche Wohn- und Gewerbehochhäuser die Baulücken

OBEN. Sony Center, Berlin (2000)
Der Potsdamer Platz wurde von Helmut Jahn mit dem Sony Center als urbanes Zentrum und städtischer Treffpunkt wiederbelebt. Einige Überreste des historischen Grand Hotels Esplanade sind in die Fassade des Sony Centers integriert und erinnern die Passanten an die Vergangenheit des Platzes.

OBEN. IBA Tegeler Hafen, Berlin, Deutschland (1984–1987)
Die IBA-Wohnbebauung am Tegeler Hafen umfasst neben postmodernen Mehrfamilienhäusern und Stadtvillen von ausgewählten internationalen Architekten auch größere Wohnblocks wie diesen Reihenhauskomplex mit 170 Wohneinheiten von Moore Ruble Yudell, die auch die Gesamtplanung für das komplette Projekt übernommen haben.

geschlossen haben. In den 90er Jahren befand sich hier die größte Baustelle Europas (60 ha). Den städtebaulichen Wettbewerb haben Hilmer & Sattler gewonnen, einzelne Bauten innerhalb dieses Plans stammen von internationalen Top-Architekten wie Helmut Jahn, Rafael Moneo, Renzo Piano und Richard Rogers. Das Herzstück bildet Jahns Sony Center (1995–2000), bei dem ein spektakulärer öffentlicher Platz von einem Mehrzweckkomplex umbaut ist, der von einem 103 m hohen Büroturm flankiert wird. In den Komplex sind auch Ruinen des Berliner Grand Hotels Esplanade (1908) integriert. Sie erinnern daran, dass Anfang des 20. Jahrhundert hier das Leben pulsierte.

1950–1955

Nachkriegsmoderne. Die Welt war bereit für eine internationale Moderne, die sich durch geradlinige Beton- und Stahlskelettkonstruktionen sowie Vorhangfassaden mit großzügiger Befensterung auszeichnet. Eine Ausnahme bildet die Sowjetunion unter Josef Stalin. Stalins frühes Interesse an einem kunstvoll ornamentierten Klassizismus zeigt sich deutlich am Theater der Roten Armee (1934–1940) in Moskau, dessen klassische Kolonnade den Bau in Form des Sowjetsterns umläuft, sowie in aufwendigen Moskauer U-Bahnstationen wie beispielsweise Majakowskaja (1938) und Kiewskaja (1954). In Osteuropa findet sich dieser sowjetsozialistische Klassizismus in den sowjetischen Botschaften in Berlin und Helsinki (beide 1952) und im Warschauer Kultur- und Wissenschaftspalast (1955) wieder. Dieser wurde vom Architekten Lew Rudnew entworfen, der einen stilistisch ähnlichen Wolkenkratzer auch in Moskau baute. All das fand nach Stalins Tod 1953 ein Ende, als sein Nachfolger Nikita Chruschtschow unnötige Zierelemente verbot und die sowjetische Welt endlich in die Moderne führte.

Festival of Britain, England

Diese Nachkriegsausstellung war eine von der Regierung finanzierte, landesweite Feier Großbritanniens, deren zentraler Architekturstandort allerdings an der Londoner South Bank, einem Abschnitt des Südufers der Themse, lag. Das einzige erhaltene Ausstellungsgebäude dort ist die Royal Festival Hall im Stile des Mid-Century-Modern. Sie wurde von Robert H. Matthew mit Unterstützung von John Leslie Martin entworfen. Die Inneneinrichtung stammt vom Möbeldesigner Robin Day und seiner Frau, der Textildesignerin Lucienne Day. Das Gebäude, das ursprünglich 2900 Zuschauern Platz bot, wurde 1964 umgebaut und 2007 vom Architekturbüro Allies and Morrison restauriert.

Staatliche Universität Moskau, Russland

Weil Stalin mit kapitalistischen Städten konkurrieren wollte, gab er zwischen 1947 und 1948 sieben klassizistische Wolkenkratzer für Moskau in Auftrag. Er übertrug Lew Rudnew die Aufgabe, den höchsten davon für die Staatliche Universität Moskau zu entwerfen. Die mit Mauerwerk und Terrakotta verkleidete Stahlskelettkonstruktion erreichte eine Höhe von 239 m und war damals der höchste Wolkenkratzer außerhalb New Yorks. Der Klassizist Rudnew starb zwei Jahre nach Fertigstellung des Gebäudes und musste nicht mehr miterleben, wie reich verzierte Gebäude verboten wurden und das Land sich ganz dem Bau von Fertigbetonhäuserblöcken zuwandte.

1951

1953–1954

In Columbus, Indiana, beginnt die Cummins Engine Company mit dem Bau mehrerer Gebäude im Stile des **Mid-Century-Modern**. Das erste davon ist das Irwin Conference Center von Eero Saarinen. Anschließend errichten führende US-Architekten weitere Bauten in der Kleinstadt mit 10 000 Einwohnern, die zu einer Pilgerstätte für Architekturfans wird.

Der US-Architekt **Buckminster Fuller** lässt die von ihm entworfene geodätische Kuppel patentieren. Ihre dreieckigen Konstruktionselemente stützen sich gegenseitig ab und tragen so die ganze Form. Die Konstruktionsweise kommt bei unzähligen Bauwerken zum Einsatz, von Frühwarnradaranlagen (1956) bis hin zum Pavillon der USA für die Expo 67 in Montreal.

Friedensmuseum, Japan

Kenzō Tange hat den Friedenspark und das Friedensmuseum in Hiroshima entworfen, die 1955 fertiggestellt wurden. Das Friedensmuseum ist ganz offensichtlich von Le Corbusier beeinflusst. Es besteht aus Stahlbeton und Glas und ist auf Pilotis aufgeständert. Über eine unter dem Gebäude liegende Treppe gelangt man hinein. Das Museum liegt am Ende eines großen Platzes, der 50 000 Menschen fasst und das eigentliche Denkmal umgibt. Es befindet sich auf einer Achse mit den erhaltenen Ruinen der überkuppelten „Halle zur Förderung der Industrie der Präfektur Hiroshima", die den Bodennullpunkt der Atombombenexplosion von 1945 markiert.

Der britische Architekturkritiker Reyner Banham macht den Begriff „Brutalismus" populär, um grob gegossenen Beton mit expressiven Holzschalungsmustern sowie die Sichtbarkeit der Gebäudetechnik wie Sanitär- und Heizungsrohre bei großen, modularen, modernen Bauten zu bezeichnen.

1954

1955

1955–1960

Plastischer Beton. Beton ist berühmt für seine Plastizität und Formbarkeit. Dünnschalige Betondächer wurden in den 1920ern in Deutschland entwickelt und sind das Markenzeichen des Tragwerksplaners Anton Tedesko. Er hat sich in den 1930ern und 1950ern intensiv mit ihnen auseinandergesetzt und schuf Konstruktionen wie die Gewölbe des Lambert International Airport Terminal (1956) vom US-Architekten Minoru Yamasaki in St. Louis. Auch stahlbewehrter Ortbeton ist damals populär. Der US-Architekt Bertrand Goldberg setzte ihn bei seinen zylinderförmigen Marina City Towers (1959–1964) in Chicago ein. Dafür entwickelte er ein System von wiederverwendbaren Glasfaserschalungen, um das Bauen mit glatten Betonoberflächen zu industrialisieren. Andere, wie zum Beispiel der Architekt Paul Rudolph, lassen mit handgefertigten Holzschalungen fein geriffelte, texturierte Oberflächen entstehen, die Gebäuden ein cordstoffartiges Erscheinungsbild verleihen. Das sind einige der Weiterentwicklungen im Betonbau, die auf dem *Béton brut* (Sichtbeton) aufbauen, den Le Corbusier mit den auf grobe Holzschalungen zurückgehenden Texturen in seiner Unité d'habitation (1952) in Marseille populär gemacht hat.

Parlamentsgebäude Chandigarh, Indien

Einer der größten Aufträge Le Corbusiers war die Planung der Regionalhauptstadt Chandigarh, die nach der Teilung Indiens 1947 zwischen 1951 und 1961 gebaut wurde. Sie war ursprünglich auf eine Bevölkerung von 150 000 Menschen ausgelegt, doch heute leben hier mehr als 1,2 Millionen. Le Corbusier baute drei große Gebäude, darunter auch das aus Beton gegossene Parlamentsgebäude. Es umfasst zwei Versammlungssäle für die gesetzgebenden Organe von Punjab und Haryana, die am Dach an der Kühlturm- bzw. Pyramidenform zu erkennen sind.

1955

Das erste Franchise-Restaurant der Fast-Food-Kette **McDonald's** wird in Des Plaines außerhalb von Chicago gebaut. Das Design stammt von Stanley Clark Meston. Innerhalb eines Jahrzehnts werden mehr als 700 dieser standardisierten, 82 m² großen Drive-in-Restaurants errichtet. Die parabolischen Stahlbögen von McDonald's sind für vorbeifahrende Autofahrer leicht zu sehen.

1956

Das US Interstate Highway System wird mit dem Federal Aid Highway Act geschaffen. Präsident Dwight D. Eisenhower hatte sich, beeindruckt von den deutschen Autobahnen, für den Bau des Fernstraßennetzes stark gemacht. Das Straßennetz unterstützt die Militärlogistik, hilft bei der Evakuierung von Städten im Atomzeitalter und fördert das Wachstum der Vorstädte.

Guggenheim Museum, USA
Frank Lloyd Wright erhielt 1943 den Auftrag für den Entwurf dieses Museums. Nachdem mehrere Standorte im Gespräch waren, wurde es schließlich an der Fifth Avenue in New York errichtet. Die Sammlung des Museums wird auf einer spiralförmigen Rampe ausgestellt, die ein 28 m hohes Atrium umgibt. Durch die Betonbauweise war es Wright möglich, dieses äußerst plastische Raumerlebnis zu formen. Allerdings hat die Rampe auch für Kontroversen gesorgt. Manche sagen, es wäre schwer, einige Kunstwerke wirklich zu würdigen, während man auf einem leichten Gefälle steht.

Torre Velasca, Italien
Dieses markante Mailänder Hochhaus wurde von der in Mailand ansässigen Architektengruppe BBPR, bestehend aus Gian Luigi Banfi, Lodovico Barbiano di Belgiojoso, Enrico Peressutti und Ernesto Nathan Rogers, entworfen. Seine Form ist inspiriert von lombardischen Türmen und anderen mittelalterlichen Bauten, die sich über schmalen Gassen nach oben hin verbreiterten. Das Mischnutzungshochhaus mit Gewerbe- und Wohneinheiten besitzt ein Stahlbetontragwerk und ist 106 m hoch.

Brasília wird gegründet. Die Pläne für die Stadt stammen von Lúcio Costa. Öffentliche Gebäude werden nach Entwürfen von Oscar Niemeyer gebaut. Für die Landschaftsgestaltung zeichnet Roberto Burle Marx verantwortlich.

1956–1959 | **1956–1968** | **1960**

DER INTERNATIONALE STIL

GEGENÜBER. Lever House, New York, USA (1952)
Das Hochhaus ist, wie viele andere von SOM aus dieser Zeit, der Inbegriff des Internationalen Stils, der nach dem Zweiten Weltkrieg vor allem von Unternehmen bevorzugt wurde. Er wurde bekannt durch die Fernsehserie *Mad Men* (2007–2015).

OBEN. SAS Hotel, Kopenhagen, Dänemark (1956–1961)
Das im Mid-Century-Modern-Stil errichtete SAS Hotel wurde in der Zwischenzeit restauriert und neu interpretiert. Als Hommage an den Architekten des Hotels, Arne Jacobsen, und seine Zeit wurde Zimmer 606 historisch akkurat restauriert.

Der Internationale Stil wurde in den 1950er und 1960er Jahren für zahlreiche materielle Ausdrucksformen weltweit zur Norm. Die Gebäude der Stromlinien-Moderne der ausgehenden 1940er und frühen 1950er Jahre hatten ihr Erscheinungsbild noch aus den Vorkriegsbauten der 1930er abgeleitet, wurden aber bald von ornamentlosen, stärker skelettierten, geradlinigen Gebäuden aus Stahl und Glas oder Beton und Glas abgelöst. Nur im stalinistischen Russland hielt man noch an ornamentierten Bauten fest, bis die Kommunistische Partei nach Stalins Tod 1953 das Ornament verbot. Ihre Umsetzung eines Wohnungsbauprogramms mit Betonfertigteilen in Großtafelbauweise findet sich in den 1960ern und 1970ern in der gesamten sozialistischen Welt.

In den USA entwickelte sich nach dem Krieg der Internationale Stil zum bevorzugten Baustil von Unternehmen. Das wichtigste Architekturbüro für solche Aufträge war Skidmore, Owings & Merrill (SOM), das 1936 in Chicago gegründet worden war. SOM konnte sich im Zweiten Weltkrieg mit großen Regierungsaufträgen wie der Planung der Stadt Oak Ridge (1942), Tennessee, wo das Uran für die ersten Atombomben angereichert wurde, einen Namen machen. Auch nach dem Krieg erhielt SOM wichtige Regierungs- und Unternehmensaufträge. Eines der größten Projekte für die Regierung war die Gestaltung der US Air Force Academy (1955–1964) in Colorado Springs, wo in Anlehnung an die Flugzeuge viele Gebäudeverkleidungen in Aluminium ausgeführt wurden. SOM besaß damals bereits mehrere Niederlassungen in Städten wie Chicago, New York und San Francisco und beschäftigte etwa 1000 Architekten und Ingenieure.

Die Unternehmensaufträge der ersten Hälfte der 1950er verdankte SOM vor allem den erfolgreichen Entwürfen von Gordon Bunshaft. Zu den Geschäftsgebäuden im Internationalen Stil, die das Architekturbüro in den 1950ern ausgeführt hat, zählen das Lever House (1952) und das Manufacturers Hanover Trust Company Building (1954) in New York, das Hilton-Hotel (1955) in Istanbul und der internationale Hauptsitz der Reynolds Metals Company (1958) in Richmond, Virginia.

Die Bauwerke der späten 1950er und der 1960er wie das edelstahlverkleidete Inland Steel Building (1958) von Bruce J. Graham oder das Betonraster des Brunswick Building (1964) von Myron Goldsmith in Chicago machen die Bandbreite der Materialien und das vielfältige Aussehen der SOM-Bauten deutlich. Die gestalterische Vielfalt der verschiedenen Teams bzw. Studios, die an einzelnen Projekten arbeiten, das jeweils einem Teilhaber der Firma untersteht, unterscheidet sich vom charakteristischen Ausdruck von Architekten wie Le Corbusier oder Ludwig Mies van der Rohe.

Andere Modernisten hingegen zeigen sich durch einen vielfältigen Umgang mit Materialien und Designformen in ihrem Werk flexibel. Einer davon ist der dänische Architekt Arne Jacobsen. Zu seinen frühen modernen Bauten zählt das Rathaus in Århus (1941), das er zusammen mit Erik Møller entworfen hat. Nach massiver Kritik an dessen strenger Kistenform musste Jacobsen eine Marmorverkleidung und einen Turm ergänzen, die einem öffentlichen Gebäude angemessen waren.

Als Jude floh Jacobsen im Krieg nach Schweden, kehrte später aber nach Dänemark zurück, wo er moderne Wohnhäuser entwarf, für die er sich vielfältiger Materialien bediente. Einen Großauftrag erhielt er mit dem SAS Hotel (heute Radisson Collection, Royal Copenhagen). Hier übernahm Jacobsen die gesamte Gestaltung – vom Gebäude bis zur Einrichtung. Das 69,5 m hohe, 22-stöckige Hochhaus, das zwischen 1956 und 1961 gebaut wurde, steht auf einem horizontalen Sockelbau mit Wintergarten, was den Einfluss des Lever House verrät. Das Betonskelett ist mit Aluminium und grüngrau getöntem Glas verkleidet. Einen Kontrast zum kubischen, modernen Gebäude bilden Jacobsens antropomorphe Möbel, die heute noch in Zimmer 606 zu sehen sind. Es wurde bei der umfassenden Renovierung des Hotels 2018 mit der Originalausstattung restauriert.

1960–1965

Monumentaler Beton. Als Baustoff ist Stahlbeton äußerst vielseitig. Er bietet verschiedenen Planern und Architekten die Chance, sich in verschiedenen Stilen auszudrücken. Architekten wie Frank Lloyd Wright, Bertrand Goldberg und vor allem Eero Saarinen waren Meister im organischen Einsatz von Beton. Ihre Werke sind Vorläufer der wild geschwungenen und gebogenen Formen, die einige Architekten des 21. Jahrhunderts ihren Gebäuden verleihen. Doch ist die Leistung dieser Modernisten aus der Jahrhundertmitte weit beeindruckender, da sie ohne die Hilfe von 3D-Planungssoftware auskommen mussten. Aber sie machten sich die Formbarkeit von Beton zunutze, um in den Stadtlandschaften der 1960er markante Landmarken zu setzen.

Die Schreibmaschine IBM Selectric kommt auf den Markt. Sie wurde vom US-Designer Eliot Noyes entworfen und verändert das moderne Büro von Grund auf. Mit ihrem drehbar gelagerten Kugelkopf gehört das umständliche Zurückschieben des Wagens der Vergangenheit an. Die elektrische Schreibmaschine legt die Grundlage für die Textverarbeitungsprogramme des Computerzeitalters.

Toronto City Hall, Kanada
Weil Walter Gropius und Frank Lloyd Wright den Entwurf von ortsansässigen Architekturbüros kritisiert hatten, ließ die Stadt 1958 einen internationalen Wettbewerb durchführen. Die Jury wählte acht Finalisten aus und Saarinen setzte sich erfolgreich für den Entwurf des finnischen Architekten Viljo Revell ein. Auf einem rechteckigen Sockelbau stehen zwei bogenförmige Hochhäuser, eins 99,5 m, das andere 79,5 m hoch. Sie scheinen die runde Versammlungshalle zu ihren Füßen zu umarmen. Der aus Toronto stammende Architekt Bruce Kuwabara nahm 1998 kleinere Änderungen vor.

1961

1961–1965

TWA Terminal, USA

Als Eero Saarinen seinen berühmten Terminal für Trans World Airlines am New Yorker Flughafen baute, verglich man diesen mit einem Vogel. Das aber war nie Saarinens Absicht gewesen. Er zielte vielmehr auf ein Raumerlebnis ab, das die dramatische Bewegung des Reisens verkörpern sollte. Der Innenraum wird von vier dünnschaligen, einander kreuzenden Gewölben gebildet. Saarinen selbst verglich den Terminal mit den Werken von Barockarchitekten, die die Grenzen ausreizten, um herauszufinden, wie weit sie beim Herbeiführen von dynamischen Erlebnissen gehen konnten. 2019 wurde der Terminal als Hotel wiedereröffnet.

Haus der Nationalversammlung, Bangladesch

Louis Kahn begann dieses Projekt in Dhaka dank einer Empfehlung seines früheren Schülers, dem Architekten Muzharul Islam aus Bangladesch. Nach Kahns Tod 1974 stellte Islam es fertig. Das von einem Wassergraben umgebene Gebäude wirkt wie eine Festung. Über die großen, geometrischen Aussparungen in der Gebäudehülle werden die dahinter liegenden Verkehrsflächen belichtet. Im Kern des Gebäudes befindet sich ein 47 m hohes Oktogon mit dem Plenarsaal für 354 Abgeordnete.

Das Vertical Assembly Building für die Saturn-Trägerraketen wird am Kennedy Space Center in Florida gebaut. Mit diesen bringen die USA im Wettlauf zum Mond die Apollo-Kapseln ins All. Daneben entstehen das Missionskontrollzentrum und der Startplatz Concrete Launch Complex 39. Die Inneneinrichtung wird ein Jahr später fertiggestellt. An dem Projekt arbeiten der Architekt Max O. Urbahn und die Tragwerksplaner Roberts und Schaefer mit.

Der japanische Hochgeschwindigkeitszug Shinkansen nimmt pünktlich zu Beginn der Olympischen Spiele in Tokio den Dienst auf. Mit einer Geschwindigkeit von bis zu 209 km/h halbiert er die Reisezeit zwischen Tokio und Osaka auf knapp 3 Stunden.

1961–1982 | 1962 | 1964 | 1965

1965–1970

Brutal modern. Brutalismus ist eine moderne Betonbauästhetik. Das bunkerartige Erscheinungsbild vieler brutalistischer Bauten scheint dem Kalten Krieg (1947–1991) angemessen, der in dieser Zeit seinen Höhepunkt erreicht. Im Block der Westmächte errichtet der israelisch-kanadische Architekt Moshe Safdie für die Expo 67 in Montreal seinen Wohnkomplex Habitat (1967), der aus gestaffelt übereinandergestapelten, vorgefertigten Betonquaderelementen besteht. In England findet man die Ästhetik in den horizontal geschichteten Wohntürmen des Londoner Barbican Estate (1968 begonnen) von Chamberlin, Powell & Bon, in den USA in der bedrohlich gezackten Geisel Library (1970) von William Pereira in San Diego. Im Ostblock erlaubt die souveräne Beherrschung von vorgefertigten Stahlbetontafeln dem Sozialismus den Bau von modernen Wohnhochhäusern, denen jedoch die gestalterischen Details und Feinheiten der westlichen Bauwerke fehlen. Der Berliner Fernsehturm (1969), für den man einem Betonschaft eine riesige, an den Satelliten Sputnik erinnernde Kugel aufgesetzt hat, soll die technische Überlegenheit der sozialistischen Welt zum Ausdruck bringen, obwohl die USA Astronauten auf den Mond bringen, noch während sich der Fernsehturm im Bau befindet.

Whitney Museum of American Art, USA
Dieses aus Beton errichtete Museum wurde von dem in Ungarn geborenen Architekten Marcel Breuer und dem US-Architekten Hamilton P. Smith für ein 30,5 × 38,1 m großes Grundstück in Manhattan, New York, entworfen. Mit den Rücksprüngen, die es wie eine auf dem Kopf stehende Zikkurat wirken lassen, und den unregelmäßig angeordneten Trapezfenstern setzt es in der Upper East Side ein kühnes Statement, ähnlich wie es Frank Lloyd Wright mit dem unweit gelegenen Guggenheim Museum (1956–1959) getan hat. Als das Whitney 2015 nach Downtown zog, wurde das Breuer-Gebäude ans Metropolitan Museum of Art vermietet.

Robert Venturis *Komplexität und Widerspruch in der Architektur* wird veröffentlicht. Der US-Architekt kritisiert darin die Moderne und legt die Grundlage für weitere Kritik, die in den 1970ern zum postmodernen Kontextualismus führt.

1966

Expo 67, Kanada

Von den Bauten dieser Weltausstellung in Montreal sind vor allem die Werke von Safdie und vom US-Architekten Buckminster Fuller im kollektiven Gedächtnis geblieben. Fullers 20-stöckige geodätische Kuppel diente damals als Pavillon der USA und hatte eine Höhe von 62 m sowie einen Durchmesser von 76 m. Bei einem Brand ist 1976 die Acrylverglasung geschmolzen, mit der die geschweißte Stahlkonstruktion der Kuppel verkleidet war. Sie wurde zwischen 1992 und 1995 vom kanadischen Architekten Éric Gauthier rekonstruiert. Heute ist in dem Bau das Biosphere Environment Museum mit einer neuen, 4000 m² großen Innenausstellungsfläche untergebracht.

Berliner Fernsehturm, Deutschland

Im Kalten Krieg waren Fernsehtürme ein Propagandainstrument für Ost- wie Westdeutschland. Die westdeutschen Türme in Stuttgart (1956), Dortmund (1959) und München (1972) konnten mit dem 365 m hohen Berliner Turm nicht mithalten. Der Stahlbetonschaft mit der 32-m-Metallkugel war ein Coup. Der Turm wurde unter anderem von Hermann Henselmann und Jörg Streitparth entworfen und 1990 auf 368 m aufgestockt.

Der **Council on Tall Buildings and Urban Habitat** wird als internationale Mitgliederorganisation für Ingenieure, Entwickler und Architekten gegründet. Das Gremium stellt die tatsächliche Höhe von Wolkenkratzern fest und bestimmt so das höchste Gebäude der Welt.

Der Luft- und Raumfahrtindustrie gelingen mehrere erste Male, darunter der Jungfernflug des Überschallflugzeugs Concorde, die Auslieferung des Boeing-747-Jumbojets an die Fluggesellschaft Pan Am und die Landung von US-Astronauten auf dem Mond.

1967

1969

1970–1975

Modernes Design, moderne Ingenieurskunst. Die Bauwerke aus dieser Zeit gelten häufig als spätmoderne Architektur. Zwei herausragende Architekten waren auch bedeutende Tragwerksplaner. Der Stuttgarter Frei Otto ist für seine Seilnetzdächer bekannt, Meisterwerke der organischen Architektur aus Drahtgewebe. Er begann seine Karriere in den 1950ern mit Gartenbauten. Nachdem er 1964 das Institut für leichte Flächentragwerke gegründet hatte, entwarf er den Deutschen Pavillon für die Expo 67 in Montreal, der vom Architekten Rolf Gutbrod realisiert wurde. Der Tragwerksplaner Fazlur R. Khan emigrierte aus dem heutigen Bangladesch in die USA, wo er an der University of Illinois studierte und am Illinois Institute of Technology lehrte. Er ist berühmt für die Röhrentragwerke, die er für Wolkenkratzer in Chicago entwickelt hat, als er dort für Skidmore, Owings & Merrill (SOM) tätig war. Ein solches Röhrentragwerk kam erstmals im 120,5 m hohen DeWitt-Chestnut Apartment Building (1966) zum Einsatz. Für das 343 m hohe John Hancock Center (1970) entwickelte Khan ein ausgesteiftes Röhrentragwerk.

Sears Tower, USA
Gordon Metcalf, CEO von Sears, sagte einmal: „Wir dachten, dass wir als größter Einzelhändler der Welt auch die größte Firmenzentrale der Welt haben sollten." Diesen Traum konnte ihm SOM mit dem Sears Tower (heute Willis Tower) erfüllen. Der Stahlskeletturm ist 442 m hoch. Bei einem Röhrentragwerk liegen die tragenden Stockwerkrahmen jeweils in der Fassadenebene. Durch das Bündeln der Tragwerkröhren sind diese nicht nur stabiler, sondern es wird auch weniger Stahl benötigt. Die einzelnen Röhren sind an den gestaffelten Höhen des Gebäudes gut zu erkennen.

Die **Expo 70 in Osaka, Japan,** wartet mit Werken der japanischen Metabolisten wie Kisho Kurokawa auf. Sein Toshiba-IHI Pavilion und sein Takara Beautillion sind gute Beispiele für diese Designbewegung, die auf industrialisierte, sich wiederholende Module setzt.

1970

1971–1974

Olympiastadion München, Deutschland

Den Wettbewerb für die Planung dieses 88 000-Zuschauer-Stadions haben Otto und Günther Behnisch gewonnen. Sie wollten den Besuchern der Olympischen Spiele 1972 das Erlebnis bieten, sich unter einem riesigen, anthropomorphen Regenschirm aufzuhalten. Die Lösung wurde von Kritikern gelobt, die die Gipfel und Täler der Dachsilhouette mit den nahe gelegenen Alpen verglichen. Das an Stahlseilen aufgehängte Acrylglasdach hat eine Fläche von 7,5 ha.

Der Abriss des Sozialwohnungsbauprojekts **Pruitt-Igoe** in St Louis, Missouri, das Minoru Yamasaki 1956 entworfen hatte, wird in den USA als Scheitern des modernen Wohnsiedlungsbaus dargestellt.

1972

Juweliergeschäft Schullin I, Österreich

Der österreichische Architekt Hans Hollein hat dieses außergewöhnliche Juweliergeschäft in Wien entworfen. Die geradlinige Fassade wird durchbrochen von Rohren, aus denen goldenes Metall zu Boden zu fließen und die Eingangstür unter sich zu begraben scheint. Dieses auffällige Detail deutet an, was im Innern des Geschäfts zum Verkauf steht, und verweist auch auf die goldenen Ornamente der Wiener Secession vom Anfang des 20. Jahrhunderts. Hollein baute für Schullin ein weiteres, noch offenkundiger postmodernes Geschäft in Wien, Schullin II (1981–1982).

1972–1974

Das Opernhaus von Sydney wird endlich eröffnet. Mit dem Bau war 1959 nach Plänen des dänischen Architekten Jørn Utzon begonnen worden. Fertiggestellt wurde es vom Australier Peter Hall.

1973

1975–1980

Vom High-Tech zur Postmoderne. Die Entwicklung von High-Tech-Bauten, die die Funktion der einzelnen Gebäudeteile nach außen sichtbar zelebrieren, ist eine Weiterführung der Ideen, die bereits im Brutalismus vorzufinden waren. Erst jetzt werden Gebäude aus Metall und nicht mehr aus Beton errichtet. So wie die gotische Architektur und frühere, klassische Stile im Laufe ihrer Lebensdauer komplexere Formen entwickelt haben, ist dies auch bei der Moderne der Fall. Als Gegenbewegung zur Sterilität und visuellen Einheitlichkeit der Moderne herrscht in der Entwicklung der Postmoderne eine größere Wertschätzung für Geschichte und Kontext. Postmoderne Bauten greifen alte, meist klassizistische Formen auf, verleihen diesen aber in Farbe und Maßstab häufig einen an Pop-Art erinnernden Twist. Der Boom der Postmoderne erhält Marketingunterstützung durch Möbelmessen, Ausstellungen, Bücher und Designmagazine. Das gedruckte Wort in den Kunst- und Architekturabteilungen großer Buchhandlungen auf der ganzen Welt trägt zur Verbreitung und Popularität der Postmoderne bei.

Centre Pompidou, Frankreich
Renzo Piano und Richard Rogers sicherten sich zusammen mit dem italienischen Architekten Gianfranco Franchini bei einem 1971 veranstalteten Architekturwettbewerb dieses Projekt in Paris. Der Stahl-und-Glas-Bau ist 166 m lang, 60 m breit und 45 m hoch. Man betritt ihn über eine spektakuläre Rolltreppe. Indem die Gebäudetechnik auf die Außenseite des Gebäudes gelegt wurde, entstehen innen große, offene Ausstellungsflächen. Die gebäudetechnischen Anlagen sind mit einem Farbcode kenntlich gemacht: Grün für Sanitäranlagen, Gelb für Elektrik, Blau für Heizung, Lüftung und Klima.

1976 – Mit dem von Steve Wozniak und Steve Jobs entwickelten Apple I werden **Personal Computer** zu einem kommerziellen Produkt.

1976 – Der **CN Tower in Toronto** wird eröffnet. Das Design stammt von WZMH Architects und John Andrews International, das Tragwerk von Nicolet Carrier Dressel Associates. Mit 553 m ist der Turm das höchste Bauwerk an Land.

1977

Piazza d'Italia, USA
Charles Moore schuf 1978 in Zusammenarbeit mit Perez Associates diesen Brunnen als Monument für die in New Orleans lebenden Italoamerikaner. Im Grundriss des Brunnens findet sich die Stiefelform Italiens wieder. Umgeben ist er von eklektischen Kolonnaden mit Anklängen an die Renaissance und die römische Antike, die in Neon, Granit, Stuck und Edelstahl ausgeführt sind. Zwei Medaillons, die Moores Gesicht zeigen, speien Wasser von einem Bogen in den Brunnen herab. Diese Sehenswürdigkeit im Stadtviertel Warehouse District wurde 2004 restauriert.

Biennale Venedig, Italien
Die erste, ausdrücklich der Architektur gewidmete Biennale hatte großen Anteil daran, dass die Disziplin als bedeutende Kunstform anerkannt wurde. Unter dem Motto „Die Gegenwart der Vergangenheit" kreierten Architekten postmoderne Räume mit Eingangsfassaden entlang der Strada Novissima. Der Italiener Aldo Rossi baute das Teatro del Mondo (Welttheater), ein auf einem Kahn errichtetes, schwimmendes Theater mit Platz für 250 Zuschauer. Die pavillonartige, holzverkleidete Stahlkonstruktion brachte es mit ihrem achteckigen Zinkdach auf eine Höhe von 25 m.

Der **Pritzker-Preis** wird gestiftet. Er ist einer der renommiertesten Architekturpreise und mit einem Preisgeld von 100 000 US-Dollar dotiert. Der erste Preisträger ist der US-Architekt Philip Johnson.

1978 **1979** **1979–1980**

Computer sind heute allgegenwärtig, sowohl im beruflichen wie auch im privaten Kontext. Sie zu nutzen, ist für uns zu einer Selbstverständlichkeit geworden. Genau so verhält es sich in den Bereichen Architektur und Design. Heutzutage gibt es mehr als dreißig 3D-Softwareprogramme, mit deren Hilfe Entwürfe modelliert werden können, doch Anfang der 1980er Jahre sah das noch ganz anders aus.

Damals wurde das US-Softwareunternehmen Autodesk gegründet, das 1982 mit der CAD- und Zeichensoftware AutoCAD (von Computer Aided Design, also computergestütztes Konstruieren) sein erstes Produkt veröffentlichte. Sie sollte die Architektur- und Designbranche revolutionieren. 1990 brachte Autodesk mit 3D Studio seine erste 3D-Modellierungssoftware auf den Markt.

Auch die Einführung der Software CATIA trug dazu bei, die Branche von Grund auf zu verändern. Sie wurde 1977 vom französischen Luft- und Raumfahrtunternehmen Avions Marcel Dassault als Hilfsmittel zur Konstruktion des neuesten Mirage-Kampfjets entwickelt. 1981 ging das Unternehmen eine Partnerschaft mit IBM ein, um die Software zu lizenzieren. Obwohl Unternehmen aus der Luft- und Raumfahrtbranche auch andere Software einsetzten, erfreute sich CATIA wegen ihrer Fähigkeit, Design- und Konstruktionsfunktionen in 3D-Darstellungen zu integrieren, großer Beliebtheit. Boeing machte eine Version des Programms 1984 zu seinem Haupt-Tool für 3D-CAD, General Dynamics setzte 1990 eine andere Version für die Konstruktion von U-Booten ein. CATIA wurde damals auf andere Betriebssysteme portiert, aber die größte Bedeutung hatten die Versionen, die 1998 für UNIX und Windows geschrieben wurden. Sie trugen dazu bei, die Reichweite des Programms unter Konsumgüterunternehmen jeglicher Größe auszuweiten.

Einen echten Schub in der Architektur- und Designwelt verzeichnete man 1992, als das

CATIA REVOLUTIONIERT DEN KONSTRUKTIONSPROZESS

GEGENÜBER. Walt Disney Concert Hall, Los Angeles, Kalifornien (1994–2003)
Frank Gehrys Vorgehen bei der Planung von Gebäuden wie diesem hier legte die Grundlage für die Verwendung von Software für individualistische Entwürfe durch die heutige Generation von Architekten. Als besonders kreativ gelten Zaha Hadid und MAD Architects.

LINKS. Tanzendes Haus, Prag, Tschechische Republik (1992–1996)
Experimente wie dieses sind erst durch Computersoftware möglich geworden. Die verdrehten Türme des Gebäudes tragen den Spitznamen „Fred and Ginger", nach den berühmten Tänzern Fred Astaire und Ginger Rogers.

Büro des US-Architekten Frank Gehry CATIA mithilfe von IBM überarbeitete, um eine seiner frühen, großen Metallskulpturen in Form eines Fischs für ein Projekt im Port Olímpic von Barcelona zu entwerfen. Nachdem er erfolgreich mit dem Programm experimentiert hatte, nutzte Gehry es ab Mitte der 1990er zur Konstruktion der komplexen 3D-Kurven von Gebäuden wie dem Tanzenden Haus (1992–1996) in Prag, das auch als Fred and Ginger Building bekannt ist, dem Guggenheim Bilbao (1997) und der Walt Disney Concert Hall (1994–2003) in Los Angeles. 2002 gründete er Gehry Technologies mit dem Ziel, die Kosten für das Erstellen von dynamischen Designs durch Weiterentwicklung der Software zu senken und zugehörige Architekturdienstleistungen zu erbringen. Zu den Kunden von Gehry Technologies zählen die Architekturbüros Herzog & de Meuron, Diller Scofidio + Renfro und Zaha Hadid Architects. 2014 gründete Gehry Technologies für die Vermarktung seiner Version der CATIA-Software ein eigenständiges Unternehmen namens Digital Project. Im gleichen Jahr wurde Gehry Technologies von Trimble aufgekauft, einem US-Unternehmen, das auf Produkte und Dienstleistungen für die Branchen Architektur, Bauwirtschaft, Engineering, Landwirtschaft und Navigation spezialisiert ist. Wie andere Unternehmen erweitert auch Trimble seine Palette an Produkten für die Abstimmung zwischen Architekten, Bauunternehmen und Ingenieuren und plant Virtual-Reality-Geräte, die bei Planung und Konstruktion helfen sollen.

Ein weiterer bedeutender Fortschritt ist Software zum Building Information Modeling (BIM; Gebäudedatenmodellierung). BIM umfasst Werkzeuge und Technologien, mit denen ein digitales Abbild von physischen Objekten oder Orten, ein sogenannter digitaler Zwilling, erstellt wird. Mit BIM lassen sich der Entwurf und die technische Planung von Gebäuden koordinieren sowie Betrieb, Instandhaltung und Instandsetzung planen.

1980–1985

Postmoderne Hybriden. In dieser Blütezeit des postmodernen Kontextualismus und Historismus entstehen auch weiterhin High-Tech-Gebäude. Gelegentlich finden sich Elemente beider Stilrichtungen in einem einzigen Gebäude, wie beispielsweise im James R. Thompson Center in Chicago (1985) von Helmut Jahn. Dessen Baukörper aus Stahl und Glas mit auskragenden Treppen im Innenraum vermittelt den Eindruck eines High-Tech-Gebäudes, lässt aber auch postmoderne, kontextuelle Elemente erkennen – darunter das Atrium mit dem gemusterten Terrazzo-Boden, das an die Kuppeln der US-Kapitolsgebäude denken lässt, und die blauen und lachsfarbenen Wandverkleidungen, Farben, die zu den in der Postmoderne besonders geschätzten Pastelltönen zählen. Als das Gebäude gebaut wurde, brachte es seinem in Deutschland geborenen Architekten den Spitznamen „Baron von High-Tech“ ein. Ähnliche Hybriden aus Moderne und Postmoderne findet man im Werk des US-Architekturbüros Arquitectonica, das elegante Glasbauten mit gewagten geometrischen Aussparungen und Elementen in kräftigen Farben belebt wie etwa beim Atlantis (1982) in Miami.

Lloyds of London, England
Das Architekturbüro Richard Rogers Partnership hat diese *Tour de force* des High-Tech aus Stahl und Glas zwischen 1978 und 1986 entworfen. Das 14-stöckige Gebäude ist 95 m hoch. Aufzüge und Versorgungseinrichtungen wurden in außen liegenden, zylindrischen Versorgungstürmen gebündelt, um innen mehr Platz für Büroflächen zu schaffen, die ein Atrium umgeben. Die rechteckigen Toilettenmodule wurden extern gefertigt und ähneln den Komponenten von Bauten der japanischen Metabolisten aus den 1970er Jahren.

AT&T Building, USA
Dieser New Yorker Wolkenkratzer (heute 550 Madison Avenue) stammt von den US-Architekten Philip Johnson und John Burgee. Der granitverkleidete Stahlskelettbau mit 37 Stockwerken und einer Höhe von 197 m wurde zwischen 1979 und 1984 gebaut. Er war wegen seines Dachornaments umstritten und wurde als „Chippendale“ verspottet; eine Anspielung auf die Schränke des englischen Möbelherstellers Thomas Chippendale aus dem 18. Jahrhundert. 2019 rief ein Entwurf des Architekturbüros Snøhetta für eine radikale Renovierung des Sockelbereichs massive Proteste hervor und musste schließlich zugunsten des Originalentwurfs revidiert werden.

Nationalmuseum für römische Kunst, Spanien
Die Stadt Mérida im Westen Spaniens hat ihre Wurzeln in der römischen Stadt Augusta Emerita. In diesem zwischen 1979 und 1985 gebauten Museum sind archäologische Fundstücke und Ruinen aus dieser Römerstadt ausgestellt. Es wurde vom spanischen Architekten Rafael Moneo entworfen, der ihm zehn Ziegelsteinbögen verlieh, die einen beeindruckenden Rahmen für die römischen Artefakte bieten. Ihretwegen wird der Raum auch oft mit einer römischen Basilika verglichen. Weiterhin hat Moneo die Museumseinrichtung entworfen. In der unterirdischen Krypta des Gebäudes, das eine Fläche von mehr als 10 380 m² hat, befinden sich einige Ruinen in situ.

Das **Spaceshuttle Columbia** startet erstmals zu einer Mission in der Erdumlaufbahn.

Auf der **Möbelmesse *NeoCon*** in Chicago werden Showrooms präsentiert, die von postmodernen Architekten wie Arata Isozaki und Michael Graves individuell gestaltet wurden. Sie werden von 50 000 Architekten und Designern aus der ganzen Welt gesehen.

Motorola bringt mit dem DynaTAC 8000X das erste kommerzielle **Mobiltelefon** auf den Markt. Es lässt sich innerhalb von 10 Stunden aufladen und bietet eine Sprechzeit von 30 Minuten.

1981 | 1982 | 1984

1985–1990

Dekonstruktivismus und Neomoderne. 1988 eröffnete das Museum of Modern Art in New York eine Ausstellung mit dem Titel *Deconstructivist Architecture* (*Dekonstruktivistische Architektur*), die vom US-Architekten Philip Johnson und vom neuseeländischen Architekten Mark Wigley kuratiert wurde. Die Ausstellung erinnerte an die frühmodernen Experimente mit fragmentierten, geometrischen Formen, die russische Avantgardekünstler und -architekten des Konstruktivismus in der Zwischenkriegszeit gewagt haben, und präsentierte diese als Quelle für eine neue Architektur. Johnson zufolge stand dieses „Vergnügen am Unbehagen" in Kontrast zum eher beherrschten Modernismus derselben Zeit. Wichtiger noch: Die Ausstellung zeigte disruptive Bauentwürfe zeitgenössischer Architekten, deren gebrochener Modernismus ebenso ein Protest gegen den Historismus der Postmoderne wie eine Neukonfiguration der Moderne ist. Frühe Dekonstruktivisten wie Coop Himmelb(l)au, Peter Eisenman, Frank Gehry, Rem Koolhaas und Zaha Hadid präsentierten ihre individualistischen Werke in der Ausstellung und an anderen Orten und legten die Grundlage für anhaltende Experimente mit modernistischen Formen.

Dachausbau Falkestraße, Österreich
Das Architekturbüro Coop Himmelb(l)au von Wolf Prix und Helmut Swiczinsky führte diesen dekonstruktivistischen Dachausbau mit viel Stahl und Glas für die Anwaltskanzlei Schuppich Sporn & Winischhofer aus. Deren Büros in einem Wiener Gründerzeitbau sollten erweitert werden. Entstanden sind schließlich 400 m² Fläche, einschließlich eines beeindruckenden Konferenzraums. Optisch geht das Bauwerk auf Prix' Konzept des – wie er es nennt – „Psychogramms" zurück, das den ursprünglichen Entwurfsimpuls zelebriert und dem Architekten das „Zeichnen mit geschlossenen Augen" erlaubt.

1985 – Microsoft bringt das Betriebssystem **Windows 1.0** als Konkurrenzprodukt zu Apples Macintosh-Betriebssystem auf den Markt. Beide besitzen grafische Benutzeroberflächen, die zum Standard für ihre Nachfolger werden.

1987 – Der **Airbus A320** ist das erste Passagierflugzeug mit einer digitalen Fly-by-Wire-Steuerung wie sie zuvor nur Militärflugzeuge besaßen und Komponenten aus Kohlefaserverbundwerkstoffen, die stabiler und leichter sind als Metallbauteile.

1988

Wexner Center for the Arts, USA

Peter Eisenman baute dieses Kunstzentrum an der Ohio State University in Columbus, nachdem er den 1983 veranstalteten Architekturwettbewerb für sich entscheiden konnte. Es handelt sich um ein dreistöckiges Gebäude aus Ziegeln, Stahl und Glas mit 10 000 m² Fläche. Eisenman geht hier wie bei vielen anderen seiner Bauten vor und bezieht sich mit seinem Entwurf auf vorgefundene Raster, hier auf das der Universität sowie archäologische Raster. Die zerklüfteten Türme aus roten Ziegeln erinnern an das Staatsarsenal von Ohio, das einst hier stand, aber nach einem Brand 1959 abgerissen wurde. Das Wexner Center wurde 2003 saniert.

Kirche des Lichts, Japan

Der autodidaktische japanische Architekt Tadao Ando ist für seine wundervoll detaillierten, aus Ortbeton gegossenen, modernen Betonbauten bekannt. Sein Wissen erlangte er unter anderem durch die Lektüre von Büchern von Le Corbusier und den Besuch von Gebäuden wie der Unité d'habitation (1952) in Marseille. Andos Kirche des Lichts in Ibaraki in der Präfektur Osaka besitzt eine für ihn charakteristische seidig glatte Oberfläche. Sie ist 113 m² groß und hat Fenster in der Form eines Kreuzes, die den Gläubigen im Kirchenraum ein visuelles, spirituelles Erlebnis bieten.

Der britische **Informatiker Tim Berners-Lee** erfindet das World Wide Web. Ein Jahr später entwickelt er den ersten Webbrowser.

1989

1989

IKONEN DER POSTMODERNE

Die Postmoderne hat einen schlechten Ruf, seitdem die Moderne seit 2010 international ein Revival erlebt. Als Bewegung aber war sie wichtig, da sie führende Architekten ins Rampenlicht rückte, die wegen der Medienberichterstattung über sie als „Star-Architekten“ bekannt wurden. Die Postmoderne war auch eine populistische Bewegung. Sie fand den Zuspruch der einfachen Leute, weil sie die seelenlose Glasarchitektur der Moderne kritisierte und dem historischen Kontext, speziell klassisch geprägten Formen, Anerkennung zollte.

Die Biennale von Venedig (1979–1980) hat der Postmoderne internationale Geltung verliehen, aber die Saat wurde bereits früher gelegt. Den Anfang machten die Bücher des US-Architekten Robert Venturi wie *Komplexität und Widerspruch in der Architektur* (1966) und *Lernen von Las Vegas* (1972) und dessen frühe Arbeiten wie das Vanna Venturi House und das Guild House (beide 1964) in Philadelphia. Deren Fassaden nahmen mit großen, stilisierten Bögen Bezug auf die Vergangenheit. Venturi war einer der Ersten, der die Moderne offen kritisierte und das Alltägliche lobte. Seine Gebäude entstanden zeitgleich mit modernen Bauten wie zum Beispiel des US-Architekten Harry Weese, dem es gelang, eine Brücke zwischen der Moderne und historischen Vorläufern zu schlagen. Die 200-Jahr-Feier der USA 1976 half dem historischen Kontextualismus mit zahlreichen Ausstellungen und Programmen, die sich der Lokalgeschichte widmeten, auf die Sprünge.

Revolutionäre Designgruppen entstanden. 1973 griffen die „Grays“ genannten Anhänger der aufkeimenden Postmoderne die Le Corbusier folgenden „Whites“ der ein Jahr zuvor gegründeten Architektengruppe New York Five an. In Chicago gründete sich 1976 die geschichtsbewusste Gruppe Chicago Seven, die 1979 ein Revival des Chicago Architectural Club aus dem 19. Jahrhundert auslöste.

GEGENÜBER. Team Disney – The Michael D. Eisner Building, Burbank, Kalifornien, USA (1985)
Bei dieser postmodernen Neuinterpretation griechisch-römischer Tempel nehmen die sieben Zwerge aus dem Disney-Zeichentrickfilm den Platz der mythischen Götter ein. Eine ironische Apotheose von Figuren aus der Populärkultur des 20. Jahrhunderts.

UNTEN. Arkaden am See, Saint-Quentin-en-Yvelines, Frankreich (1982)
Der Maßstab dieser Wohnanlage erinnert an französische Schlösser aus dem 16. Jahrhundert sowie an theoretische Entwürfe visionärer Architekten des 18. Jahrhunderts. Die historistischen Bezüge ähneln denen vieler postmoderner Gebäude.

Die Postmoderne wurde auch durch geschäftliche und kulturelle Ereignisse befördert. Der Verlag Rizzoli Publications International machte die Leser mit Architekturautoren wie dem Amerikaner Charles Jencks und den Italienern Francesco dal Co und Paolo Portoghesi, der auch der Kurator der Biennale von Venedig (1979–1980) war, bekannt. Internationale Möbelmessen, u. a. in Chicago und Mailand, trugen zum Aufstieg der postmodernen Möbeldesignergruppe Memphis bei, die 1981 vom Italiener Ettore Sottsass gegründet worden war.

Eine der bedeutenderen Ikonen der Postmoderne in Europa ist die Wohnsiedlung (1981–1986), die der spanische Architekt Ricardo Bofill für die französische Stadtneugründung Saint-Quentin-en-Yvelines bei Paris geschaffen hat. Der große, klassizistische Maßstab seiner Arkaden am See (1982) erinnert an die Werke von französischen Architekten des 18. Jahrhunderts wie Claude-Nicolas Ledoux und Étienne-Louis Boullée. Bei der Gestaltung dieses Gebäudeensembles mit 74 Wohneinheiten, das inmitten eines künstlichen Sees liegt, griff Bofill auf das Château de Chenonceau (1514–1576) im Loire-Tal zurück.

Es gab bereits breite Kritik an der Moderne, als der postmoderne Superstar-Architekt Michael Graves begann, seine auffälligen Gebäude zu bauen. Das erste war das Portland Building (1982) für die Stadtverwaltung von Oregon, das detailreich, von an einen abstrahierten Schlussstein erinnernden Formen geprägt und mit einer Höhe von 70,5 m nicht zu übersehen ist. Der Bürgermeister von Portland wollte ein Gebäude, das mehr sein sollte als nur ein „langweiliges" modernes Bürohaus. Das Portland Building verschaffte Graves den Auftrag für ein noch größeres Hochhaus, nämlich das 127 m hohe Humana Building (1983–1985) in Louisville, Kentucky. Für diese Unternehmenszentrale verkleidete er eine Stahlkonstruktion mit edlem rosa Granit. Unter Graves' späteren Aufträgen ist vor allem Team Disney – The Michael D. Eisner Building (1985) in Burbank, Kalifornien, bemerkenswert. Dieses mit gelbem Putz und rotem Sandstein verkleidete Gebäude ist von griechisch-römischen Tempeln inspiriert, nur sind die Karyatiden, die das giebelbekrönte Dach stützen, hier keine Götter, sondern Disneys sieben Zwerge. Damit würdigte Graves die Tatsache, dass die Walt Disney Studios von den Gewinnen des Films *Schneewittchen und die sieben Zwerge* (1937) errichtet wurden. Das Disney-Imperium engagierte noch andere postmoderne Architekten aus der ganzen Welt, um sich die Gebäude für ihre Studios und Vergnügungsparks gestalten zu lassen.

1990–1995

Flugzeuge, Züge, Autos. In den 1990er Jahren entstehen wichtige Verkehrsinfrastrukturen. Architekten sind zwar daran beteiligt, aber den Ingenieuren gebührt mindestens die gleiche, wenn nicht gar größere Anerkennung. Bemerkenswerte Flughäfen sind Renzo Pianos internationaler Flughafen Kansai (1994) in Osaka und Norman Fosters Stansted (1991) bei London. Die technische Planung hat in beiden Fällen das bedeutende britische Ingenieurbüro Arup übernommen. Das mit Abstand größte Ereignis im Verkehrsbereich ist aber die Eröffnung des Eurotunnels (1994) zwischen England und Frankreich. Er besitzt drei parallele Tunnelröhren: In zwei verkehren die Eurostar-Hochgeschwindigkeitszüge und der Euroshuttle-Autozug, die dritte wird als Wartungstunnel genutzt. Der Tunnel ist 50,5 km lang und verläuft 115 m unter dem Meeresspiegel. Damit ist er der längste Unterwassertunnel der Welt. Das in San Francisco ansässige Architekturbüro Bechtel hatte die Projektleitung und koordinierte die beteiligten zehn Bauunternehmen sowie zahlreiche Tragwerksplaner und Bauingenieure.

Internationaler Flughafen Kansai, Japan
Das Terminal wurde auf einer eigens zu diesem Zweck angelegten, 4 × 2,5 km großen künstlichen Insel in der Bucht von Osaka gebaut. Piano hat das sanft geschwungene Terminal zusammen mit den Architekten Nikken Sekkei, Paul Andreu von Aéroports de Paris und dem Beratungsunternehmen Japan Airport Consultants geplant. Der Grundriss des 1,7 km langen Gebäudes mit 42 Gates ähnelt einem Gleitflugzeug. Das mit 82 000 Edelstahlplatten verkleidete Dach entstand in Zusammenarbeit mit den Ingenieuren von Arup.

1990

Die **Washington National Cathedral** wird fertiggestellt. Der neogotische Bau war 1907 vom amerikanischen Kirchenarchitekten Philip Hubert Frohman und dem Engländer George Frederick Bodley, einem Protegé des Architekten George Gilbert Scott, begonnen worden.

1990–1991

Im **Golfkrieg** kämpft eine Koalition aus 39 Ländern für die Befreiung Kuwaits von der irakischen Besatzung. Obwohl der Konflikt die Souveränität Kuwaits sichert, bereitet er den Boden für den Irakkrieg (2003–2011) und andere Operationen im Zusammenhang mit dem Krieg gegen den Terror (seit 2001).

1991–1994

Waterloo International Station, England
Nicholas Grimshaw schuf die Waterloo International Station in London als englischen Endbahnhof für den Eurostar. Zusammen mit dem Ingenieur Anthony Hunt entwarf er ein 400 m langes, leicht gewelltes Gewölbe aus Stahl und Glas, das auf der Westseite des Bahnhofshauptgebäudes fünf Bahnsteige überspannt, die dem Eurostar vorbehalten waren. Seit 2007 fährt der Eurostar jedoch am Londoner Bahnhof St. Pancras, weshalb die Bahnsteige ab 2017 nach und nach in den Betrieb des Bahnhofs Waterloo integriert wurden.

Jin Mao Tower, China
Adrian Smith hat diesen Wolkenkratzer in Shanghai entworfen, als er noch für Skidmore, Owings & Merrill (SOM) tätig war. Der 420 m hohe Turm aus Stahl, Aluminium, Glas und Granit steht exemplarisch für den Trend zum Bau hoher Wolkenkratzer, der damals in Asien begann. In dem Mischnutzungsbau befindet sich ein Hotel mit dem höchsten Atrium der Welt (152 m). Smith krönte das auf einem achteckigen Grundriss basierende Hochhaus mit einer pagodenartigen Spitze. Im Entwurf finden sich zahlreiche Verweise auf die Glückszahl Acht.

Auf das **Federal Building in Oklahoma City** wird ein Bombenanschlag verübt. In der Folge ändern sich die baulichen Anforderungen zum Schutz von Regierungsgebäuden in den USA und anderen Ländern.

1993–1994 | 1994–1999 | 1995

1995–2000

Dramatische Höhen. Kurz vor der Jahrhundertwende werden beeindruckende Erstleistungen erreicht und Rekordbauten sowohl über als auch unter der Erde errichtet. 1996 stellen transpazifische Glasfaserkabel, kurze Zeit später auch eine Hängebrücke und ein Wolkenkratzer neue Rekorde auf. Die zweite Hälfte der 1990er beschert uns das erste seriengefertigte Elektroauto und die ultimative orbitale Forschungseinrichtung. Computergestütztes Konstruieren (CAD) gewinnt an Bedeutung und leistet einen Beitrag zur Entwicklung eines Passagierflugzeugs für das 21. Jahrhundert. Die Angst, mit dem Jahrtausendwechsel könne die Umstellung von Uhren und Kalendern zum massiven Ausfall von elektronischen Geräten führen, verfliegt nach dem 1. Januar 2001. Die letzten Jahre des 20. Jahrhunderts setzen mit architektonischen und ingenieurtechnischen Höchstleistungen in Berlin, Bilbao, Kuala Lumpur, London und in einer Umlaufbahn von 402 km über der Erdoberfläche neue Maßstäbe.

Petronas Towers, Malaysia
Dieser Wolkenkratzer in Kuala Lumpur stammt vom argentinisch-amerikanischen Architekten César Pelli und den Ingenieuren von Thornton-Tomasetti. Mit 452 m lösten die Petronas Towers den 442 m hohen Sears Tower (heute Willis Tower, 1974) in Chicago als höchstes Gebäude der Welt ab. Obwohl sie erst 1999 eingeweiht wurden, zogen die ersten Nutzer bereits 1997 ein. Den Titel des höchsten Gebäudes der Welt verloren die Petronas Towers, deren Entwurf Anspielungen auf die islamischen Formen der malaysischen Architektur enthält, 2004 an den Wolkenkratzer Taipei 101.

Die **Boeing 777** wird in Dienst gestellt. Das Passagierflugzeug profitiert von technischen Fortschritten bei der computergestützten Konstruktion (CAD) sowie bei Titan- und Aluminiumlegierungen und besitzt außerdem mehr Komponenten aus carbonfaserverstärkten Kunststoffen als frühere Boeing-Flugzeuge.

Das **General Motors EV1** kommt auf den Markt. Es ist das erste moderne Elektroauto, das gezielt mit einem Elektroantrieb entwickelt wurde, und ebnet den Weg für weitere Hybrid- und Elektroautos.

1995

1996

1997

Guggenheim-Museum Bilbao, Spanien

Frank Gehry hat dieses Museumsgebäude mit einer von ihm angepassten Version der in der Luft- und Raumfahrtbranche eingesetzten Konstruktionssoftware CATIA entworfen. Diese war ursprünglich 1977 von Dassault Aviation entwickelt worden. Gehrys dramatisch geschwungenen, mit Titanblech verkleideten Formen machten das Museum zu einer internationalen Ikone, die neue Designmaßstäbe für das nächste Jahrtausend gesetzt hat. Das Gebäude ist eines von mehreren, die führende Architekten in Bilbao gebaut haben, um der im Abstieg begriffenen Industriestadt neuen kulturtouristischen Glanz zu verleihen.

London Eye, England

Als das Riesenrad auf der Weltausstellung von Chicago 1893 erstmals dem Publikum präsentiert wurde, war es ein Hit. Diesen Erfolg stellt das London Eye aber mit Leichtigkeit in den Schatten. Zum Bauzeitpunkt war es mit einer Höhe von 135 m und einem Durchmesser von 120 m das größte Aussichtsriesenrad der Welt. Inzwischen haben Riesenräder im chinesischen Nanchang, in Singapur und Las Vegas ihm den Rang abgelaufen. Marks Barfield Architects und das Ingenieurbüro Arup haben mit dem London Eye eine urbane Ikone geschaffen, die jährlich über 3,75 Millionen Besucher anlockt.

Die **Akashi-Kaikyō-Hängebrücke** in Japan wird im April eröffnet. Die vom Bauingenieur Satoshi Kashima entworfene Brücke ist eine von dreien, die innerhalb von zehn Jahren errichtet werden, um die japanische Hauptinsel Honshu mit der kleineren Insel Shikoku zu verbinden. Mit einer Hauptspannweite von 1991 m und einer Gesamtlänge von über 3911 m ist sie die längste Brücke der Welt.

Die **Internationale Raumstation** startet im November ihre Reise in den Orbit. Die ersten beiden Module werden im Dezember in der Umlaufbahn der ISS zusammengefügt. Sie sind so konzipiert, dass sie in den Frachtraum des Spaceshuttles passen und im Weltraum montiert werden können.

Der Euro wird auf den Finanzmärkten der Welt als Buchgeld **eingeführt.** Er wird schließlich in neunzehn Mitgliedstaaten der Europäischen Union, die man auch als Eurozone bezeichnet, zur offiziellen Währung.

1998

1999

2000

GRÜNE ARCHITEKTUR

Häufig wird davon ausgegangen, dass unsere heutige Gesellschaft die erste ist, die sich um Recycling und die Verwendung von sauberer Energie, lokalen Baustoffen, natürlicher Belüftung und einheimischen Pflanzen bemüht. Das stimmt zwar bis zu einem gewissen Grad, aber im Baubereich sind die aktuellen Entwicklungen nur die Fortsetzung einer älteren Tradition. Beispielsweise kennt bereits die Antike die Wiederverwendung von Baumaterialien. Das Kolosseum in Rom (ca. 72 n. Chr.) wurde im Mittelalter als riesiger Steinbruch genutzt, ebenso wie andere Ruinen und antike Bauten in späteren Zeiten. Landmanagement findet man im Mittelalter im kambodschanischen Angkor Wat (ca. 1113–1150), wo der Wasserspiegel über einen künstlich angelegten Wasser- und Verteidigungsgraben geregelt wurde. Die in heutigen Bürogebäuden beliebten Gründächer haben Vorläufer in den mit Grassoden überdachten Wohnhäusern des Mittelalters.

Einen Fahrradweg, der den Straßenverkehr von Fußgängern trennt, gab es bereits 1894 auf dem Ocean Parkway in Brooklyn, New York. Und schon der US-Architekt Bruce Goff hat auf Recyclingbaustoffe gesetzt. In seinem Ford House (1946) in Aurora, Illinois, hat er ausgemusterte Militärausrüstung verarbeitet und aus den Tragrippen einer Quonsetbaracke (einer zerlegbaren, halbtonnenförmigen Stahlkonstruktion) und Plexiglas aus Bombern ein Wohnhaus errichtet. In den Wänden seines Bavinger House (1955; abgerissen) in Norman, Oklahoma, hat er Bruchstücke von Schlackenglas verwendet. Gründächer wurden zu einem regelrechten Trend, nachdem die City Hall von Chicago 2001 eines erhalten hatte. Aber auch diesen gingen die Bemühungen einiger Modernisten voraus, zum Beispiel beim Chicagoer Lake Point Tower (1968) von Schipporeit-Heinrich Associates, dessen Dachgarten auf einem Parkhaus sitzt, oder beim Freeway Park (1976) in Seattle von Lawrence Halprin & Associates, dem ersten Park, der jemals über eine Autobahn gebaut wurde.

Meist berücksichtigen Architekten bei der Gebäudeplanung, wie sich Besonnung und Verschattung im Laufe der Jahreszeiten ändern. Das hat der deutsche Architekt Ludwig Hilberseimer bei der Entwicklung von Stadtplanungen für deutsche und US-amerikanische Städte im 20. Jahrhundert ebenso getan wie der indische Architekt Charles Correa, als er die Kanchandzunga Apartments (1983) in Mumbai entwarf, und Frank Lloyd Wright bei seinem zweiten Haus für Herbert und Katherine Jacobs (1948) in Wisconsin. Dessen konkave Glasfassade ist nach Süden hin zur Sonne ausgerichtet, die Steinfassade auf der Nordseite ist in eine begrünte Böschung eingefügt.

Was sich im späten 20. und frühen 21. Jahrhundert geändert hat, ist die Tatsache, dass die ökologischen Anstrengungen stärker systematisiert wurden. Der US Green Building Council (USGBC) wurde 1993 gegründet, um bei der Koordinierung von Nachhaltigkeit bei Planung, Bau und Betrieb von Gebäuden zu helfen. Dieses Gremium hat im Jahr 2000 die LEED-Zertifizierung (Leadership in Energy and Environmental Design) eingeführt. Der USGBC ist eine Mitgliedsorganisation des 1999 gegründeten World Green Building Council mit Hauptsitz in Toronto, dem weltweit über 49 000 Mitglieder angehören und das in 70 Ländern durch länderspezifische Organisationen vertreten wird; in Deutschland durch die Gesellschaft für nachhaltiges Bauen.

Auch einige Architekten haben ihre Bemühungen systematisiert, um nachhaltige, energieeffiziente Gebäude zu bauen. Eines der frühesten Beispiele hierfür ist der Commerzbank Tower (1994–1997; 2010 neu verkleidet) von Norman Foster in Frankfurt. Mit 259 m ist dieser Wolkenkratzer aus Stahlbeton und Stahl das höchste Gebäude Deutschlands. Er war das erste ökologische Bürohochhaus der Welt. Bei seiner Planung wurden Wind- und Sonnenverhältnisse berücksichtigt und besonderer Wert auf die natürliche Belichtung und Belüftung über öffenbare Fenster und eine zweischalige Glasfassade gelegt. Die Büroflächen sind in den einzelnen Geschossen um ein zentrales Atrium angeordnet und wechseln sich mit Turmgärten ab, die sich spiralförmig nach oben winden. Das Atrium dient zur Be- und Entlüftung der Büros. Während 85 Prozent des Jahres wird die natürliche Luftzirkulation genutzt, was den Energieverbrauch um mehr als die Hälfte reduziert. Bewegungssensoren regeln die künstliche Beleuchtung, das verwendete Holz stammt aus nachhaltig bewirtschafteten Quellen, Lebensmittelabfälle werden kompostiert und Kühlwasser wird zum Spülen der Toiletten wiederverwendet.

Inzwischen wurden zahlreiche weitere energieeffiziente, LEED-zertifizierte Gebäude errichtet. Dem USGBC zufolge wurden 94 000 Projekte in 165 Ländern durchgeführt. Der Bosco Verticale (Vertikaler Wald, 2010–2014) von Stefano Boeri in Mailand ist ein Beispiel für ein Projekt, das die LEED-Bewertungsstufe Gold erreicht hat. Um die beiden 116 bzw. 85 m hohen Wohnhochhäuser aus Beton herum wachsen 800 Bäume, 4500 Sträucher und 15 000 Pflanzen, die entsprechend ihrem Sonnenbedarf auf Balkonen und Plattformen rund um das Gebäude verteilt sind. Diese Vegetation erzeugt ein Mikroklima, nimmt CO_2 auf, gibt Sauerstoff ab und spendet Schatten.

RECHTS. Commerzbank Tower, Frankfurt, Deutschland (1994–1997; 2010 neu verkleidet)
Das skulpturale Gebäude im Vordergrund ist der Commerzbank Tower, das höchste Gebäude Deutschlands. Die Frankfurter Skyline ist von zahlreichen Hochhäusern geprägt, die häufig der Hauptsitz von Banken sind. Das hat der Stadt den Spitznamen „Bankfurt“ eingebracht.

UNTEN. Bosco Verticale, Mailand, Italien (2010–2014)
Dieses Gebäude verwirklicht die Träume, die einige Architekten Jahrzehnte zuvor geträumt haben – darunter vor allem das Architekturbüro SITE mit seinen theoretischen Entwürfen für das Hochhaus High Rise of Homes (1981) und den Vertiscape Tower (2003) in Mumbai.

2000–2005

Das neue Jahrtausend. Das 21. Jahrhundert bringt eine erneute Wertschätzung der Architektur der Moderne mit sich, was sich in gläsernen Gebäudehüllen und minimalistischen Bauten ausdrückt. Gleichzeitig behält der Dekonstruktivismus seinen Wagemut in kantigen sowie kurvigen Formen bei. Eine ganze Reihe von Gebäuden, die internationale Bekanntheit erlangen, werden zu Wahrzeichen ihrer jeweiligen Städte. Doch entstehen ab den 2000ern in vielen Stadtlandschaften auch unzählige Hochhäuser, deren Konstruktion und Glasfassade, häufig als immer gleiche, flache Ebene, ganz unabhängig von der Umgebung stets gleichermaßen banal aussehen. Nach der Zerstörung der Zwillingstürme des New Yorker World Trade Center (1968–2001) am 11. September 2001 durch einen Terroranschlag diskutieren Fachleute darüber, ob Wolkenkratzer dieser Größenordnung zukünftig womöglich nicht mehr gebaut werden. Doch werden sie schon bald eines Besseren belehrt, als der Taipei 101 (2004) nach Plänen von C. Y. Lee & Partners fertiggestellt wird, und sich mit einer Höhe von 508 m den Titel des höchsten Gebäudes der Welt sichert.

Jüdisches Museum Berlin, Deutschland
Der mit Zinkblech verkleidete Betonbau wurde 1988 vom polnisch-amerikanischen Architekten Daniel Libeskind entworfen und 2001 fertiggestellt. Das Gebäude wird von sogenannten „Voids“ (Leerstellen) durchzogen, die den Besuchern die Leere vor Augen führen soll, die durch die Vernichtung jüdischen Lebens im Zweiten Weltkrieg (1939–1945) und im Holocaust entstanden ist. Auf dem Freigelände des Museums bietet der Garten des Exils mit einer schiefen Bodenebene und abgeschrägten Stelen ein bewusst verstörendes Erlebnis. Das Museum verzeichnete zwischen 1999 und 2001, bereits vor der offiziellen Fertigstellung der Ausstellung, mehr als 350 000 Besucher.

Die **erste dauerhafte Besatzung** der internationalen Raumstation startet vom Weltraumbahnhof Baikonur in Kasachstan ins All.

2000

Seattle Central Library, USA
Der niederländische Architekt Rem Koolhaas hat dieses Bibliotheksgebäude aus Stahl und Glas zusammen mit Joshua Prince-Ramus geplant, einem US-Architekten und Teilhaber seines Architekturbüros OMA. Es wurde 2004 fertiggestellt und hat eine Fläche von 33 723 m². Die Form des Gebäudes setzt sich aus fünf Plattformen zusammen und bietet Platz für 1,5 Millionen Bücher, 400 öffentliche Computer sowie ein Auditorium und einen Lesesaal. Die Flächen dazwischen sind als fluide Mehrzweckbereiche gedacht. Im ersten Betriebsjahr verzeichnete die Einrichtung eine beeindruckende Nutzungszunahme, die erhebliche positive Impulse für das umliegende Stadtviertel mit sich brachte.

Swiss Re, England
Das markante Gebäude des britischen Architekten Norman Foster ist ebenso ein Wahrzeichen Londons geworden wie das London Eye (2000). Der heute als 30 St Mary Axe bekannte, 180 m hohe Stahl-und-Glas-Turm trägt den Spitznamen „Gherkin" (Gewürzgurke). Die Fassade ist ein als „Diagrid" bezeichnetes diagonales Fachwerkgitter mit tragender Funktion. Wie bei Fosters Commerzbank Tower (1994–1997) in Frankfurt ziehen sich Atrien spiralförmig nach oben.

2001

Die **Online-Enzyklopädie Wikipedia** wird von den US-amerikanischen Internet-Unternehmern James Wales und Larry Sanger gegründet. Es handelt sich um ein Lexikon mit offenen Inhalten, an dem jeder Interessierte mitarbeiten kann.

2003–2004

2004

Das vom US-Ingenieur Burt Rutan konstruierte **SpaceShipOne** ist das erste kommerziell gebaute Raumflugzeug, das zum Rand des Weltraums vordringt. Damit ist die Grundlage für den Weltraumtourismus gelegt.

Mark Zuckerberg gründet mit anderen Studenten des Harvard College das soziale Netzwerk **Facebook**.

2005

Chad Hurley, Steve Chen und Jawed Karim gründen das **Online-Videoportal YouTube**.

2005–2010

Dynamische Ikonen. Gestalterische Formen entwickeln sich zunehmend zu Gebäuden, die greifbare Resultate von Computermodellierungen sind. Viele Bauherren verlangen sogar ausdrücklich einen individuellen Charakter und ein markantes Erscheinungsbild von ihren Architekten. In der Folge entstehen einige Bauten, die wirklich einzigartige dynamische Formen besitzen, darunter Wolkenkratzer, aber auch Gebäude mit niedrigen und mittleren Höhen. Die irakisch-britische Architektin Zaha Hadid hat sich mithilfe einer Version von Frank Gehrys angepasster CATIA-Software einen Ruf für elegant geschwungene Bauten, wie beispielsweise das Aquatics Center (2010) für die Olympischen Spiele 2012 in London, aufgebaut. Ein weiteres Beispiel ist das Capital Gate (2007–2011) in Abu Dhabi, das vom internationalen Architekturbüro RMJM stammt. Dieser Hotelturm windet sich nicht nur in eine Höhe von 165 m, sondern neigt sich auch in voller Absicht um 18° nach Westen – das ist mehr als das Vierfache der Neigung des Schiefen Turms von Pisa (1173–1372). Dadurch entsteht auf jedem Geschoss ein einzigartiger Grundriss.

Turning Torso, Schweden
Santiago Calatravas Mischnutzungshochhaus in Malmö enthält neben Büroflächen auch 147 Wohneinheiten. An einem Tragwerk aus einem Betonkern und einer mit Aluminiumblechen verkleideten Stahlkonstruktion sind neun fünfeckige Segmente mit jeweils fünf Geschossen befestigt, die mit aufsteigender Höhe um den Kern verdreht werden. Das 2005 fertiggestellte Hochhaus ist mit 190 m das höchste Gebäude Skandinaviens und war der erste verdrehte Wolkenkratzer der Welt. Seine Form wurde seither von mehreren Wolkenkratzern auf der ganzen Welt, vor allem im Nahen Osten und in Asien, nachgeahmt.

Das **Apple iPhone** kommt auf den Markt. Die Tatsache, dass es über einen gläsernen Touch-Bildschirm bedient wird, hat großen Einfluss auf das Design nachfolgender Mobiltelefone.

2007

Nationalstadion Peking, China
Herzog & de Meuron haben dieses Stadion, das den Spitznamen Vogelnest erhalten hat, für die Olympischen Spiele 2008 in Peking entworfen. Eine Gitterschale aus sich verschlingenden Stahlbändern umgibt das Stadion mit einer Kapazität von 80000 Zuschauern. In den konzentrischen Verkehrsflächen im Innern des Stahlbetonstadions wird das Stahlgeflecht fortgeführt. Die innen liegende Stahlschale mit Tribünen hat das britische Ingenieurbüro Arup geplant.

Burj Khalifa, Vereinigte Arabische Emirate
Adrian Smith entwarf diesen Wolkenkratzer in Dubai, als er noch als Partner bei Skidmore, Owings & Merrill tätig war. Die drei Flügel eines Y-förmigen Grundrisses, der von einer Wüstenblume inspiriert sein soll, stützen sich gegenseitig ab. Um den auftretenden Windlasten entgegenzuwirken, besitzt der Turm sich spiralförmig nach oben windende Rücksprünge, wodurch er noch höher gebaut werden konnte, als ursprünglich erwartet. Der Mischnutzungsbau aus Beton und Stahl ist 828 m hoch.

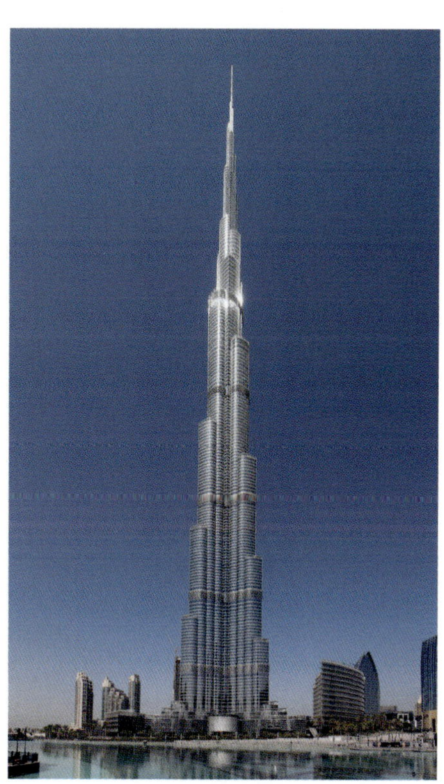

Tesla produziert mit dem Roadster sein erstes Elektroauto. Der Konstruktionsprozess wird vom Unternehmensmitgründer Elon Musk beaufsichtigt. Der Erfolg veranlasst andere große Hersteller zum Einstieg in den Geschäftsbereich.

Google startet sein Projekt zur Entwicklung von selbstfahrenden Autos unter der Leitung von Sebastian Thrun, einem Professor der Stanford University, der als der Erfinder des autonomen Kraftfahrzeugs gilt.

2008

2010

2010

STAR-ARCHITEKTEN

Star-Architekten oder „Starchitekten“ sind auch außerhalb ihres Berufsstands namhafte Medienberühmtheiten. Die meisten von ihnen wurden in den postmodernen 80er Jahren bekannt. Architekten wie Michael Graves, Arata Isozaki, Philip Johnson, Richard Meier, Robert A. M. Stern und Stanley Tigerman erhielten weltweite Anerkennung für ihre Gebäude.

Ihnen folgten in den 1990ern und 2000ern weitere Architekten, die sich mit beeindruckenden Bauentwürfen, Ausstellungen, Veröffentlichungen und durch die Berichterstattung der populären Presse und Medieninterviews auch über Fachkreise hinaus einen Namen machten, darunter Tadao Ando, Frank Gehry, Norman Foster, Zaha Hadid, Rem Koolhaas, Daniel Libeskind und Jean Nouvel. Von ihnen dürfte die irakisch-britische Architektin Zaha Hadid vermutlich die größte Medienaufmerksamkeit erhalten haben, deren gewagte Entwürfe ihr den Spitznamen „Königin der Kurve“ eingebracht haben. Ein typisches Beispiel dafür ist ihr Heydar-Aliyev-Kulturzentrum (2012) in Baku, Aserbaidschan.

Der Prototyp aller Celebrity-Architekten ist aber der US-Amerikaner Frank Lloyd Wright. Abgesehen von der anhaltenden Bedeutung seiner gestalterischen Leistungen machten seine Skandale und kontroversen Meinungen ihn zum Liebling der Presse. Einer breiteren Öffentlichkeit wurde er durch Artikel in den Magazinen *Life* (1938, 1946) und *Time* (1938) sowie durch ein berüchtigtes Fernsehinterview im Jahr 1957 bekannt. In diesem sprach er über Krieg, Sterbehilfe, den problematischen baulichen Wildwuchs in Manhattan, Sex, Moral, Politik, den Tod und die Tatsache, dass er die Natur höher schätzt als die Religion.

In letzter Zeit sind dem Club der Star-Architekten mehrere jüngere Architekten beigetreten, darunter die Amerikanerin Jeanne Gang, die durch ihre Umgestaltung des Wolkenkratzers Aqua (2009) in Chicago und ihre Auszeichnung mit einer MacArthur Fellowship 2011 bekannt wurde, der Engländer David Adjaye, der mit seinem National Museum of African American History and Culture (2016) Aufsehen erregte, und das dänische Architekturbüro Bjarke Ingels Group (BIG), das der Architektur in Europa und in den USA mit wagemutigen, geometrischen Konstruktionen wie dem Via 57 West (2016) in New York seinen Stempel aufgedrückt hat.

Doch die Zeiten haben sich geändert und jüngere Architekten folgen häufig anderen Werten. Frauen erhalten endlich die verdiente Anerkennung und drängen in der Architektenschaft nach oben.

OBEN LINKS. Via 57 West, New York, USA (2016)
Das spitzwinklige Via 57 West ist eines von mehreren neuen Bauten auf der West Side von Manhattan, die große Aufmerksamkeit erregen. Diese Entwicklung wurde durch die Umwandlung der Güterzugtrasse High Line in einen öffentlichen Park und die Gentrifizierung des Meatpacking District beschleunigt.

OBEN RECHTS. Heydar Aliyev Center, Baku, Aserbaidschan (2012)
Die aus Glasfaserbeton geformten, geschwungenen Dächer des Kulturzentrums prägen die Gestalt der Aufführungs- und Ausstellungsräume im Innern. Zaha Hadid bricht mit der in Baku vorherrschenden, monumentalen Sowjetarchitektur, um einen optimistischen Blick auf die Zukunft des Landes zum Ausdruck zu bringen.

Fachzeitschriften wie *The Architect's Newspaper* berichten über aufstrebende junge Architekturbüros. Zu den Themen, die in aktuellen Ausgaben behandelt werden, zählen der Massivholzbau (Holzhochbau), erschwingliche Fertighäuser und die Ankündigung von Airbnb, Architekten zu rekrutieren, um neue Häusertypen für Kurzzeitvermietungen zu entwickeln. Junge Architekten machen sich heute mehr Gedanken um die Fragilität unserer Umwelt, die Schaffung von Arbeitsplätzen und den wachsenden Bedarf an Wohnungen.

Die Ausstellungen auf der Biennale von Venedig (2018) und der Biennale von Chicago (2019) wurden bereits von der nächsten Generation aufstrebender Architekten of Colour und Architektinnen organisiert. Sieht man sich die Verteilung von Fördergeldern durch die Graham Foundation for Advanced Studies in the Fine Arts genauer an, bekommt man einen Eindruck davon, was im Architekturbereich zu erwarten ist. Die 1956 gegründete Stiftung fördert Architektur und finanziert wichtige Ausstellungen und Bücher. In ihren aktuellen Ausstellungs- und Veranstaltungsprogrammen wird Architektur häufig als Konzeptkunst, werden Veranstaltungen häufig als Performancekunst präsentiert, was darauf hindeutet, dass die Grenzen zwischen Architektur und Kunst verschwimmen. Auch wenn man die Architekturpresse sowie die Websites anderer Stiftungen und Museen betrachtet, erhält man einen Eindruck davon, was sich im Architekturbereich aktuell abspielt. Statt Berühmtheiten hervorzubringen, geht der Trend eher dahin, Ideen, Probleme und Lösungen zu erforschen. Architekten möchten heute, wie schon früher, durch ihren Beruf etwas Positives bewirken, indem sie sich darum bemühen, zukünftigen Generationen etwas zu hinterlassen. Vermutlich gibt es trotzdem potenzielle junge Frank Lloyd Wrights und Zaha Hadids, die kommende Generationen mit ihren Ideen, Entwürfen und Gebäuden begeistern werden.

2010–2015

Besucherattraktionen. Der Tourismus ist als Teil des Kulturtourismus ein integraler Bestandteil der Architekturbranche. Für viele Städte und Kommunen ist er eine wichtige Einnahmequelle. Touristische Bedeutung haben jedoch nicht nur revitalisierte historische Wahrzeichen und neue Museen, sondern auch markante Neubauten, die helfen, die Marke einer Stadt zu prägen. Die New Yorker High Line beispielsweise lockt als umgewidmetes, historisches Bauwerk mehr als drei Millionen Besucher pro Jahr in den neuen städtischen Park in Midtown Manhattan. Ihr innovativer Umbau hat einige wichtige Neubau- und Renovierungsprojekte entlang des Verlaufs der Trasse beschleunigt. Der Museumstourismus ist sehr beliebt geworden und hat eine beeindruckende wirtschaftliche Bedeutung. Die Besucher lassen ihr Geld in Hotels und Restaurants, generieren Steuereinnahmen und schaffen Arbeitsplätze. In Washington, D.C., sind die Smithsonian-Museen ein wahrer Touristenmagnet. Allein 2018 verzeichneten sie mehr als 20 Millionen Besucher – daran hat auch die Architektur ihren Anteil.

Hauptsitz des China Central Television, China
Der Hauptsitz des chinesischen Staatsfernsehens (CCTV), – gerne als „große Unterhose" verspottet – ist eine Schöpfung des niederländischen Architekten Rem Koolhaas und wurde zwischen 2002 und 2012 gebaut. Er sprengt unsere Erwartungen in Bezug auf das Erscheinungsbild von wolkenkratzerähnlichen Unternehmenszentralen. Kohlhaas gestaltete einen 234 m hohen, skulpturalen Bau aus Stahl und Glas, der sich aus sechs rechteckigen Gebäudeteilen mit Diagrid-Tragwerken zusammensetzt. In den beiden Türmen sind Sende- und Redaktionsbüros untergebracht, in der überhängenden Verbindungsbrücke die Verwaltung. Das runde Gebilde auf einem der Türme ist ein Hubschrauberlandeplatz.

High Line, USA
Das Architekturbüro Diller Scofidio + Renfro, bestehend aus Elizabeth Diller, ihrem Mann Ricardo Scofidio und Charles Renfro, hat diese heruntergekommene Hochtrasse für Güterzüge, die in 9 m Höhe über dem Straßenniveau verläuft, in einen öffentlichen Park verwandelt. Der erste Abschnitt wurde 2009 eröffnet, der zweite 2011 und der dritte 2014. Die High Line ist mehr als ein Park und hat sich zu einem beliebten Touristenziel sowie einem Katalysator für den Immobilienmarkt entwickelt. Sie ist 2,5 km lang und führt auf der West Side von Manhattan von der 34th Street zur Gansevoort Street. Die Architekten ließen sich davon inspirieren, wie die „Natur" diese „melancholische … postindustrielle Ruine" zurückerobert hatte.

National Museum of African American History and Culture, USA
Die US-Regierung erließ 2003 ein Gesetz zur Gründung dieses Museums in Washington, D.C. Der zugehörige Architekturwettbewerb wurde vom ghanaisch-britischen Architekten David Adjaye 2009 gewonnen. Die markante, dreistufige Gebäudehülle ist von den Karyatiden der Yoruba inspiriert. Sie setzt sich aus 3600 bronzefarbenen Aluminiumtafeln zusammen, die nachts von innen beleuchtet werden und tagsüber für einen dynamisch gemusterten Lichteinfall sorgen. Das komplexe Gitterwerk soll an die kunstvollen Schmiedearbeiten erinnern, die afrikanische Sklaven in New Orleans geschaffen haben.

Apple bringt das iPad auf den Markt. Es löst einen Trend zu einem neuartigen Tablet genannten Handheld-Computer aus, der einen großen Bildschirm mit einer Touchscreen-Benutzeroberfläche kombiniert.

Das Ridesharing-Unternehmen **Uber Technologies** nimmt den Betrieb auf und führt in San Francisco die ersten Fahrten durch. Der Dienst revolutioniert den Personenverkehr.

Auf der 21. Konferenz der Vertragsstaaten der Klimarahmenkonvention der Vereinten Nationen wird **das Pariser Klimaabkommen** geschlossen. Die teilnehmenden Länder verpflichten sich zur Eindämmung der globalen Erwärmung.

2010 | 2012–2016 | 2015

2015–

Die Zukunft ist grün. Neue Materialien werden entwickelt – von schadstoffabsorbierenden Oberflächen über Bioziegel bis hin zu biegsamem Beton. Man achtet auf nachwachsende Rohstoffe, zum Beispiel beim Holz für Massivholzprojekte. In dieser Massivholzbauweise entstehen in Nordamerika und Nordeuropa sogar Hochhäuser aus Brettschichtholz. An Universitäten wird mit selbstheilenden Werkstoffen experimentiert. Jüngere Architekten fühlen sich immer stärker umweltfreundlichen Umgebungen verpflichtet und engagieren sich auf internationalen Plattformen im Architekturdiskurs. Architekturbiennalen finden auch außerhalb von Venedig statt, die erste in Chicago zum Beispiel im Jahr 2015. Einige Architekten befassen sich mit Performancekunst als Vehikel zur Kommunikation ihrer Ideen. Was auch immer die Zukunft für die Architektur und den Ingenieurbau bringen mag, sicher ist, dass weiterhin Gebäude entstehen werden, die die Werte, den Geschmack und die Sorgen der jeweiligen Gesellschaft widerspiegeln.

Solstice, USA
Jeanne Gang von Studio Gang hat das Haus Solstice on the Park im Chicagoer Stadtteil Hyde Park entworfen. Das 87 m hohe Wohnhochhaus mit 250 Mietwohnungen besitzt eine skulptural gestaltete Südfassade mit schrägen Glasflächen. Deren Neigung ist optimal auf den Winkel der Sonne in Chicago (72° im Sommer, 42° im Winter) abgestimmt, um die Sonnenenergie im Winter passiv zu nutzen und ein Aufheizen des Gebäudes im Sommer weitestgehend zu vermeiden. Ein Gründach schließt das Gebäude ab.

Jeddah Tower, Saudi-Arabien
Adrian Smith und Gordon Gill haben 2006 mit AS + GG ein eigenes Architekturbüro gegründet. Smith, ehemaliger Tragwerksplaner bei SOM, ist ein Spezialist für Wolkenkratzer und war maßgeblich am höchsten Gebäude der Welt, dem Burj Khalifa (2010) in Dubai, beteiligt. Von ihm stammt auch der 2013 begonnene Jeddah Tower in Saudi-Arabien, der bei Fertigstellung mit 1000 m das höchste Gebäude der Welt sein wird.

2016–2018

Apple Park, USA

Der donutförmige Hauptsitz von Apple im kalifornischen Cupertino wurde vom Chefdesigner des Unternehmens, Jonathan „Jony" Ive, zusammen mit Norman Fosters Büro Foster + Partners entworfen. Der vierstöckige Komplex, der eines der größten Solardächer der Welt besitzt, liegt inmitten einer ausgedehnten, mit einheimischen Pflanzen bestandenen Grünfläche. Auf 260 000 m² Fläche arbeiten bis zu 12 000 Mitarbeiter. Von Fosters Büro stammen Ergänzungsbauten wie das Steve Jobs Theater und das Besucherzentrum (beide 2017).

The Women's March ist ein weltweiter Protestmarsch für Frauen- und Menschenrechte. Mit insgesamt etwa zwei Millionen Teilnehmern ist er der größte Protestmarsch, der je stattgefunden hat.

Die **MS *Symphony of the Seas***, das größte Kreuzfahrtschiff der Welt, läuft vom Stapel. Es ist 361 m lang und hat Platz für bis zu 6680 Passagiere.

Die längsten Brücken der Welt werden gebaut. Die Scheich-Dschabir-al-Ahmad-as-Sabah-Brücke in der Bucht von Kuwait ist 48 km, die Hongkong-Zhuhai-Macau-Brücke 55 km lang.

2017 | 2017–2018 | 2018 | 2019

Glossar

Ambo
Frühmittelalterlicher Vorgänger der Kanzel in christlichen Kirchen; ein kleines bewegliches Podest mit Treppe, häufig mit Geländer, von dem aus der Gemeinde die Bibel verlesen wurde.

Baldachin
Ein in einem Innenraum befindliches Zierdach über einem Thron oder Altar. Er kann hängend, freistehend oder aus einer Wand auskragend ausgeführt sein.

Basilika
Eine rechteckige Halle, in der Regel mit einem größeren Mittelschiff, das von niedrigeren Seitenschiffen flankiert wird. Die Form wird häufig in antiken römischen Bauten und frühen christlichen Kirchen verwendet, insbesondere wenn es sich um größere Bauten handelt.

Beaux-Arts
Das eklektische Entlehnen und Übernehmen der Monumentalität und des üppigen Dekors der französischen Architektur des 16. bis 19., im späten 19. sowie frühen 20. Jahrhundert.

Biegebalkenkonstruktion
Ein grundlegendes Konstruktionsprinzip, bei dem senkrechte Stützen horizontale Balken tragen. Es wird bzw. wurde sowohl bei einfachen Holz- als auch frühen Steinbauten eingesetzt.

Bogen
Eine gewölbte, offene Konstruktion, deren Seitenschub auf beiden Seiten von Widerlagern aufgenommen wird. Um ein Spreizen von offenen Bögen wie Brücken zu verhindern, sind nach innen gerichtete Schubkräfte sowie natürliche Verankerungen wie Flussufer, Schluchten oder künstliche Verankerungen wie Stützpfeiler erforderlich. Der Bogen ist in der westlichen wie auch der islamischen Architektur zu finden. Ein in beiden häufig auftretender Typ ist der Spitzbogen. Zu den in der islamischen Architektur bevorzugten Typen zählen der Hufeisen- und der Vielpassbogen, während man den Lanzetten-, Dreipass- und Tudorbogen eher in der westlichen Architektur findet.

Böschung
Eine natürlich entstandene oder künstlich hergestellte geneigte Geländeoberfläche. Wegen ihrer guten Wärmedämmeigenschaften werden Böschungen zum Bau von Erdhäusern genutzt.

Chicagoer Fenster
Ein Fenster mit einem feststehenden, nicht öffenbaren Mittelfeld, das auf beiden Seiten von zwei schmalen, seitlichen Schiebefenstern eingerahmt wird. Es ist ein typisches Element der Chicagoer Schule des späten 19. und frühen 20. Jahrhunderts. In manchen Varianten können die seitlichen Fenster als Flügelfenster ausgeführt sein.

Chinoiserie
Eine Spielart innerhalb der europäischen Architektur des 17. und 18. Jahrhunderts, bei der chinesische Vorbilder, insbesondere Pagoden, imitiert werden.

Chorumgang
Der Gang einer Kirche, der die oft halbrunde Apsis am östlichen Ende, in der sich der Altar befindet, umgibt.

Fensterband
Dieser Begriff wird häufig mit den Bauten der Moderne aus dem ersten Viertel des 20. Jahrhunderts in Verbindung gebracht, bei denen mehrere Fenster unmittelbar nebeneinander angeordnet wurden und so ein durchgängiges, horizontales Band ergeben.

Feuerfestmachen
In der Regel das Umhüllen eines tragenden Bauteils mit dem Ziel, es vor Beschädigung im Brandfall zu schützen. Der moderne Brandschutz beginnt mit den Terrakotta- und Keramikverkleidungen von tragenden Eisen- und Stahlbauteilen im späten 19. Jahrhundert.

Getriebeloser Aufzug
Bei einem getriebelosen Aufzug wird das Tragseil über eine Treibscheibe gelegt, die statt über ein Getriebe direkt mit einem Elektromotor verbunden ist. Diese Bauweise wurde vor dem Ersten Weltkrieg entwickelt und hat Hochgeschwindigkeitsaufzüge für Wolkenkratzer möglich gemacht.

Griechisches Kreuz
Dieser Begriff bezeichnet einen vor allem im byzantinischen und christlich-orthodoxen Raum verbreiteten Kirchengrundriss, bei dem ein Zentralraum auf allen vier Seiten von gleich großen, rechteckigen oder quadratischen Räumen bzw. Kreuzarmen umgeben ist.

Hängebrücke
Bei dieser Art von Brücke ist die Fahrbahnplatte mit mehreren kleineren, vertikalen Hängestangen an großen Stahlseilen aufgehängt, die von Türmen getragen werden. Die frühesten derartigen Brücken stammen aus dem 19. Jahrhundert.

High-Tech
Ein Architekturstil, der von Materialien und Techniken inspiriert ist, die mit dem Ingenieurwesen und anderen Technologien in Verbindung gebracht werden. Der Begriff wurde erstmals im Innenarchitekturbuch *High Tech: The Industrial Style and Source Book for the Home* (1978) der US-Journalistinnen Joan Kron und Suzanne Slesin verwendet und ersetzte die bis dahin zur Beschreibung dieser Architektur benutzte Bezeichnung „Industriestil".

Holzrahmenbau
Eine auf Holzbautechniken beruhende Bauweise, die auch als Ständerbauweise bezeichnet wird, bei der große Holzteile mit zimmermannsmäßigen Verbindungen wie zum Beispiel Zapfenverbindungen zusammengefügt werden. Die Flächen zwischen den offenen Holzrahmen werden mit Materialien wie Putz, Ziegeln, Bretterverschalungen oder Strohballen verfüllt.

Hypokaustum
Ein von den Römern erfundenes Zentralheizungssystem für Gebäude, bei dem warme Luft erzeugt und unter dem Zimmerboden hindurchgeführt wird. Wenn in den Wänden Rohre verlegt werden, können auch diese von der Warmluft erwärmt werden.

Internationaler Stil
Ein Architekturstil, der die Form gegenüber dem sozialen Kontext hervorhebt. Der Begriff wurde 1932 vom US-Architekturhistoriker Henry Russell Hitchcock und vom US-Architekten Philip Johnson geprägt. Der Stil, der etwa von 1925 bis 1965 vorherrschend war, ging aus der europäischen Moderne und dem Bauhaus hervor. Der Schwerpunkt verlagerte sich dann in die USA, von wo aus der Stil in die ganze Welt exportiert wurde. Ein einflussreicher Gebäudetyp war der Unternehmenswolkenkratzer.

Lateinisches Kreuz
Dieser Begriff bezieht sich meist auf die Verwendung der Form des Kreuzes Christi für den Grundriss von Kirchen in der westlichen Welt. Diese besitzen häufig einen in Längsrichtung verlaufenden Raum, der mit dem Altar nach Osten (Chor) bzw. mit dem Haupteingang nach Westen (Kirchenschiff) ausgerichtet ist und an der Vierung von kürzeren, rechteckigen Räumen flankiert wird, die als Querschiffe bezeichnet werden.

Loggia
Eine lange, auf einer oder mehreren Seiten offene Galerie, die von Säulen gestützt wird und deren offene Hauptseite in der Regel einen Ausblick bietet, zum Beispiel auf einen öffentlichen Platz oder Garten.

Mansardwalmdach
Ein Dach mit zwei unterschiedlich geneigten Dachflächen, dessen untere Dachfläche auf allen vier Seiten höher und steiler geneigt ist als die niedrigere, obere Dachfläche, deren flachere Neigung es dem flüchtigen Blick entziehen kann. Typisch für die französische Renaissance und ein häufig auftretendes Merkmal der im 19. Jahrhundert aufkommenden Second-Empire-Architektur.

Mihrab
Eine halbrunde Nische in der Wand einer Moschee, die die *Qibla* anzeigt, also die Richtung, in der die Kaaba in Mekka liegt und in die sich Muslime beim Beten wenden müssen.

Minarett
Eine bestimmte Art von Turm, der üblicherweise in eine Moschee integriert oder neben einer Moschee errichtet wird und von dem aus Muslime zum Gebet gerufen werden. In seiner Grundform umfasst ein Minarett Sockel, Schaft und Krone. Meist handelt es sich um hohe Türme mit konischer oder zwiebelförmiger Krone. Minarette können freistehend sein oder das zugehörige, stützende Gebäude in der Höhe überragen und so einen visuellen Fokuspunkt bilden. Architektur, Funktion und Rolle des Minaretts unterscheiden sich je nach Region und Epoche.

Obergaden
Ein mit Fenstern versehener Bereich im oberen Teil eines Kirchenschiffs, der oberhalb der Dächer der Seitenschiffe liegt. Durch seine ungehinderte Lage kann Tageslicht in den Innenraum fallen. Mit

diesem Terminus werden auch ähnliche Elemente in säkularen Gebäuden und in der Wohnarchitektur bezeichnet.

Opaion
Eine kreisförmige Öffnung am Scheitelpunkt einer Kuppel.

Ordnungen
Die architektonischen Ordnungen oder Säulenordnungen bilden die unterschiedlichen Stile der klassischen Architektur. Der Begriff bezieht sich auf die drei wichtigsten Säulengestaltungen, die im antiken Griechenland entwickelt wurden. Es gibt die größeren, eher bauchigen dorischen Säulen mit quadratischen Kapitellen; die etwas schlankeren ionischen Säulen, deren Kapitelle mit Voluten (schriftrollenartigen Verzierungen) dekoriert sind; und die schlanken korinthischen Säulen mit einem Kapitell aus stilisierten Akanthusblättern. Kompositsäulen vereinen Elemente der ionischen und korinthischen Ordnung. Im Laufe der Architekturgeschichte wurden mehrmals noch andere Varianten dieser grundlegenden Ordnungen, die auch griechische Ordnungen genannt werden, entwickelt.

Pendentif
Der konkave Zwickel (dreieckige Fläche), der vom Winkel zweier Wände gebildet wird, die den Fuß einer Kuppel über einer polygonalen Konstruktion tragen.

Piano Nobile
Das herrschaftliche Hauptgeschoss eines Hauses, in dem sich die Repräsentationsräume befinden. Meistens liegt es in einem Hochparterre und hat höhere Decken als die darüber liegenden Geschosse.

Pilotis
Eine französische Bezeichnung für Pfeiler, Säulen oder Stützen, die ein Bauwerk anstelle eines Erdgeschosses tragen, sodass man unter diesem hindurchgehen kann. Ihre Ursprünge liegen in der volkstümlichen Architektur, populär wurden sie aber durch Le Corbusier. Varianten sind die V- und W-förmigen Pilotis von Oscar Niemeyer.

Pishtak
Ein prominentes, herausragendes Prunktor einer Moschee, häufig ein Torbogen in einem rechteckigen „Rahmen". Er betont die Präsenz eines Gebäudes.

Prairie-Stil
Ein US-amerikanischer Architekturstil, der von der weitläufigen, flachen Landschaft des mittleren Westens der USA inspiriert war. Frank Lloyd Wright und andere priesen ihn Anfang des 20. Jahrhunderts als einen Stil, der sich vom Einfluss der europäischen Baustile frei gemacht hat.

Röhrentragwerk
Die Bezeichnung dieser Bauweise, die in den 1960ern von Architekten und Ingenieuren aus Chicago entwickelt wurde, bezieht sich auf die Röhre, die von tragenden Stockwerkrahmen in der Fassadenebene eines rechteckigen Gebäudes gebildet wird, deren Seiten sich gegenseitig verstärken. So sind größere offene Geschossplatten im Innern des Gebäudes möglich, die häufig um einen Versorgungskern aus Beton, in dem Aufzüge, Fluchttreppen und Haustechnik untergebracht werden, angeordnet sind. Dieses Röhrenkonstruktionskonzept wird in verschiedenen Varianten aus Stahl bzw. Beton zum Bau von Hochhäusern verwendet.

Schalung
Die Schalung ist eine Hohlform für vergossenen Beton aus Holz, Metall, Glasfaser oder Kunststoff, die die Form des Bauteils vorgibt. Nach dem Aushärten des Betons kann sie entfernt werden oder dauerhaft im Bauteil verbleiben („verlorene Schalung"). Die Textur der Schalung bleibt, insbesondere bei Holzschalungen, auf dem Beton zurück. Mit Schalungseinlagen lassen sich absichtliche Texturen und profilierte Oberflächenstrukturen erstellen.

Schlussstein
Keilförmiger Stein (auch aus anderen druckfesten Materialien wie Ziegel oder Beton) am Scheitelpunkt eines Bogens oder Gewölbes, der die seitlichen Schubkräfte aufnimmt.

Sichtbeton
Beton, der nach dem Verguss nicht weiter bearbeitet wird und auf dem von der Schalung hinterlassene Muster und Nahtstellen zu erkennen sind. Gelegentlich wird auch die französische Bezeichnung „Béton brut" verwendet, was „roher Beton" bedeutet.

Stahlbeton
Eine spezielle Art von Beton, in den zur Verbesserung der Zugfestigkeit Metallstangen oder Drahtmatten eingelassen werden.

Stele
Eine aufrecht stehende Steinplatte oder -säule, die in der Regel eine Inschrift trägt oder ein Relief aufweist.

Strebewerk
Aus Steinen oder Ziegeln gemauerte Konstruktion, die eine Wand stützt. Es gibt verschiedene Arten von Strebewerk. Strebepfeiler können entweder unmittelbar an der Wand emporgeführt werden oder es kann ein offenes Strebewerk ausgeführt werden, bei dem der Seitenschub über einen Strebebogen in den Strebepfeiler abgeleitet wird. Schlichtere Strebewerke sind auch Holzbalken, die in einem Winkel von 45° an Wände angelegt sind.

Stupa
Ein buddhistischer Monumentalschrein, der halbrund oder glockenförmig ausgeführt sein kann.

Tempietto
Ein kleines, tempelartiges Gebäude, häufig von runder Form.

Terrakotta
Dieses Material aus gebranntem Ton, dessen Name sich aus dem Italienischen ableitet und „gebackene Erde" bedeutet, wird seit jeher für Skulpturen und architektonische Ornamente genutzt. In der Moderne kommt es unter anderem in den Geschäftsgebäuden des späten 19. Jahrhunderts und beim Brandschutz von Eisen- und Stahlkonstruktionen zum Einsatz.

Triforium
Eine Arkade über den Bögen des Mittelschiffs einer Kirche, die eine Ebene zwischen Mittelschiff und Obergaden bildet.

Venezianisches Fenster (Serliana)
Ein dreiteiliges Fenster aus einem zentralen Fenster mit Bogensturz, das beidseitig von kleineren Fenstern mit geradem Sturz flankiert wird. Es ist nach Sebastiano Serlio, einem Architekten des italienischen Manierismus, benannt, der diese Fenstergestaltung in *L'architettura* („Architektur", 1537) beschrieben hat. Es ist auch als Palladiomotiv bekannt, da solche Wandöffnungen im Werk von Andrea Palladio häufig zu finden sind.

Ziborium
Ein dachartiger Überbau über einem christlichen Altar, der von Säulen getragen wird. Es ist dem Baldachin ähnlich.

Zinnen
Das symmetrische, vertikale Muster, in dem auf einer Brustwehr Schießscharten mit Schießschartenzwischenmauern bzw. Zinnenzähnen abwechseln.

REGISTER

Fettgedruckte Seitenangaben verweisen auf Abbildungen.

Bildnachweis

Autor und Verlag bedanken sich bei den Museen, Künstlern, Archiven und Fotografen für die freundliche Genehmigung zur Vervielfältigung der in diesem Buch abgebildeten Werke. Wir haben uns bemüht, alle Rechteinhaber ausfindig zu machen, verlagsüblich zu nennen und zu honorieren. Sollte uns dies im Einzelfall aufgrund des Zeitablaufs und der Quellenlage bedauerlicherweise einmal nicht möglich gewesen sein, werden wir begründete Ansprüche selbstverständlich erfüllen.
Legende: oben = o; unten = u; links = l; rechts = r; mittig = m; oben links = ol; oben rechts = or; mittig links = ml; mittig rechts = mr; unten links = ul; unten rechts = ur

2 Hugh Rooney / Eye Ubiquitous / Alamy Stock Photo **7** AF Fotografie / Alamy Stock Photo **8 o** North Wind Picture Archives / Alamy Stock Photo **8 u** Andrew Barker / Alamy Stock Photo **9** Dmytro Razinkov / Alamy Stock Vector **10-11** Sean Pavone / Alamy Stock Photo **12** Stig Alenäs / Alamy Stock Photo **13** andrew parker / Alamy Stock Photo **14** dave stamboulis / Alamy Stock Photo **15** Michael Winters / Alamy Stock Photo **16** KENAN KAYA / Alamy Stock Photo **17 o** Jack Sullivan / Alamy Stock Photo **17 u** Derek Croucher / Alamy Stock Photo **18** David Muenker / Alamy Stock Photo **19 o** Universal Images Group North America LLC / DeAgostini / Alamy Stock Photo **19 u** HomoCosmicos / Alamy Stock Photo **20** Constantinos Iliopoulos / Alamy Stock Photo **21 l** PRISMA ARCHIVO / Alamy Stock Photo **21 r** isa özdere / Alamy Stock Photo **22 o** Luc Novovitch / Alamy Stock Photo **22 u** Sean Pavone / Alamy Stock Photo **24** Craig Hallewell / Alamy Stock Photo **25 o** Leonid Andronov / Alamy Stock Photo **25 u** B.O'Kane / Alamy Stock Photo **26** Norbert Nagel (CC BY-SA 3.0) **27 o** Ludovic Maisant / Hemis / Alamy Stock Photo **27 u** juan moyano / Alamy Stock Photo **28** eFesenko / Alamy Stock Photo **29** Sean Pavone / Alamy Stock Photo **30** Sergey Borisov / Alamy Stock Photo **31 t** Bailey-Cooper Photography / Alamy Stock Photo **31 b** Todor Yankov / Zoonar GmbH / Alamy Stock Photo **32** Roger Coulam / Alamy Stock Photo **33 l** Vincenzo Lombardo / robertharding / Alamy Stock Photo **33 r** eye35.pix / Alamy Stock Photo **34** Angelo Hornak / Alamy Stock Photo **35** Hercules Milas / Alamy Stock Photo **36** Zev Radovan / www.BibleLandPictures.com / Alamy Stock Photo **37 o** Heinz L.Boerder (CC BY-SA 3.0) **37 u** Windmill Books / Universal Images Group North America LLC / Alamy Stock Photo **38** Ivan Vdovin / Alamy Stock Photo **39 l** Ondřej Žváček (CC BY-SA 3.0) **39 r** Chris Mellor / Alamy Stock Photo **41 o** Carole Raddato (CC BY-SA 2.0) **41 u** CrniBombarder (public domain) **42** Sarah Williams / Alamy Stock Photo **43 l** Katja Kreder / imageBROKER / Alamy Stock Photo **43 r** Nourry Richard/SCOPE-IMAGE / Alamy Stock Photo **44 o** Karl Johaentges / Look / Alamy Stock Photo **44 u** PF-(sdasm3) / Alamy Stock Photo **45** Konstantin Kalishko / Alamy Stock Photo **46** Nikolay Sivenkov / Alamy Stock Photo **47** Jan Wlodarczyk / Alamy Stock Photo **48** Top Photo / Asia Photo Connection / Henry Westheim Photography / Alamy Stock Photo **49 l** Neil Turner via Getty Images **49 r** David Keith Jones / Alamy Stock Photo **50** Andrew Shiva / Wikipedia / CC BY-SA 4.0 **51 o** Wiiii (CC BY-SA 3.0) **51 u** Jon Arnold Images Ltd / Alamy Stock Photo **52** Volha Kavalenkava / Panther Media GmbH / Alamy Stock Photo **53** Ben Pipe / robertharding / Alamy Stock Photo **54** Gerald Hänel / StockFood GmbH / Alamy Stock Photo **55 o** Flore Lamoureux / India Picture / Arcaid Images / Alamy Stock Photo **55 u** Rose Araya-Farias / Heritage Image Partnership Ltd / Alamy Stock Photo **56** Don Douglas / Alamy Stock Photo **57 o** Bertrand Gardel / Hemis / Alamy Stock Photo **57 u** P Tomlins / Alamy Stock Photo **58** Frank Bach / Alamy Stock Photo **59 o** funkyfood London - Paul Williams / Alamy Stock Photo **59 u** Bernard Gagnon (CC BY-SA 3.0) **60** Tm (public domain) **61** akg-images / De Agostini Picture Lib. / A. Dagli Orti **62** PRISMA ARCHIVO / Alamy Stock Photo **63 o** kostas koufogiorgos / Alamy Stock Photo **63 u** David Angel / Alamy Stock Photo **64** Wolfgang Kaehler/LightRocket via Getty Images **65 l** Florian Monheim / Bildarchiv Monheim GmbH / Alamy Stock Photo **65 r** Kumar Sriskandan / Alamy Stock Photo **67 o** Jose Fuste Raga / mauritius images GmbH / Alamy Stock Photo **67 u** Ian Dagnall / Alamy Stock Photo **68** Sergi Reboredo / Alamy Stock Photo **69 l** Sean Pavone / Alamy Stock Photo **69 r** kravka / Alamy Stock Photo **70** Adam Burton / Alamy Stock Photo **71 o** Paul Melling / Alamy Stock Photo **71 u** Felix Lipov / Alamy Stock Photo **72** Egmont Strigl / imageBROKER / Alamy Stock Photo **73** akg-images / A.F.Kersting **74** Michael Runkel / robertharding / Alamy Stock Photo **75 l** Heritage Image Partnership Ltd / Alamy Stock Photo **75 r** giuseppe masci / Alamy Stock Photo **76** Alan Novelli / Alamy Stock Photo **77 l** Alex Ramsay / Alamy Stock Photo **77 r** Francisco Martinez / Alamy Stock Photo **78** GTW / imageBROKER / Alamy Stock Photo **79** JOHN KELLERMAN / Alamy Stock Photo **80** Alvesgaspar (CC BY-SA 4.0) **81 o** Daniel Vorndran / DXR (CC BY-SA 3.0) **81 u** Ben Pipe / robertharding / Alamy Stock Photo **82-83** Arnaud Chicurel / Hemis / Alamy Stock Photo **84** S. Forster / Alamy Stock Photo **85** Daniel Schoenen / imageBROKER / Alamy Stock Photo **86** Angelo Hornak / Alamy Stock Photo **87** Eric VANDEVILLE/Gamma-Rapho via Getty Images **88 l** Tom Uhlman / Alamy Stock Photo **88 r** Sean Pavone / Alamy Stock Photo **89** Ekrem Canli (CC BY-SA 3.0) **90** Riccardo Bianchini / Alamy Stock Photo **91 l** Hugh Rooney / Eye Ubiquitous / Alamy Stock Photo **91 r** Angelo Hornak / Alamy Stock Photo **92** Michal Sikorski / Alamy Stock Photo **93 o** Ian G Dagnall / Alamy Stock Photo **93 u** Ian G Dagnall / Alamy Stock Photo **94** Art Collection 3 / Alamy Stock Photo **95 o** Nikolay Vinokurov / Alamy Stock Photo **95 u** Fine Art Images / Heritage Image Partnership Ltd / Alamy Stock Photo **96 o** Julian Elliott / robertharding / Alamy Stock Photo **96 u** Peter Thompson / Heritage Image Partnership Ltd / Alamy Stock Photo **98** Peter Probst / Alamy Stock Photo **99 l** M@rcel / Alamy Stock Photo **99 r** Didier Descouens (CC BY-SA 4.0) **100** Angelo Hornak / Alamy Stock Photo **101 o** Stefano Valeri / Alamy Stock Photo **101 u** Azoor Travel Photo / Alamy Stock Photo **102** Lucas Vallecillos / Alamy Stock Photo **103** Mariordo (Mario Roberto Durán Ortiz) (CC BY-SA 4.0) **104** Dave Zubraski / Alamy Stock Photo **105 l** Luise Berg-Ehlers / Alamy Stock Photo **105 r** Taras Vyshnya / Alamy Stock Photo **106** Benh LIEU SONG (CC BY-SA 3.0) **107 l** Ggia (CC BY-SA 3.0) **107 r** Marco Saracco / Alamy Stock Photo **108 o** Pat Tuson / Alamy Stock Photo **108 u** neville morgan / Alamy Stock Photo **110** Didier Descouens (CC BY-SA 4.0) **111 o** GRANT ROONEY PREMIUM / Alamy Stock Photo **111 u** Marcok (CC BY-SA 3.0) **112** Didier Descouens (CC BY-SA 4.0) **113 l** UNESCO (CC BY-SA 3.0 IGO) **113 r** Alex Ramsay / Alamy Stock Photo **114 o** eye35.pix / Alamy Stock Photo **114 u** Martin Jung / imageBROKER / Alamy Stock Photo **116** Sandra Antonella Parodi (CC BY-SA 4.0) **117 o** Arthur Greenberg / Alamy Stock Photo **117 u** Jeff Whyte / Shutterstock.com **118** Benjamin Matthijs Lichtwerk via Getty Images **119 l** EVREN KALINBACAK / Alamy Stock Photo **119 r** Nikreates / Alamy Stock Photo **120** Nacho Calonge / Alamy Stock Photo **121 l** Martin Jung / imageBROKER / Alamy Stock Photo **121 r** © Karel de Grendre /ASK Images / Alamy Stock Photo **122 o** Arnaud Chicurel / Hemis / Alamy Stock Photo **122 u** Stephane Lemaire / Hemis / Alamy Stock Photo **124 l** René Mattes / Hemis / Alamy Stock Photo **124 r** JOHN BRACEGIRDLE / Alamy Stock Photo **125** Rod Clement / Alamy Stock Photo **126 l** Guillaume Louyot / Alamy Stock Photo **126 r** Wiki alf (public domain) **127** Timothy Valentine (CC BY-SA 2.0) **128** debra millet / Alamy Stock Photo **129** aerial-photos.com / Alamy Stock Photo **130** John Mitchell / Alamy Stock Photo **131 o** YAY Media AS / Alamy Stock Photo **131 u** Daniel Schwen (CC BY-SA 4.0) **132 l** Lankowsky / Alamy Stock Photo **132 r** Thomas Ledl (CC BY-SA 4.0) **133** Marius745 (CC BY-SA 4.0) **134** Aw58 (CC BY-SA 4.0) **135** Arnaud Chicurel / Hemis / Alamy Stock Photo **136** Erich Teister / Zoonar GmbH / Alamy Stock Photo **137 o** De Agostini Picture Library / A. Dagli Orti / Bridgeman Images **137 u** Dallas and John Heaton / Stock Connection Blue / Alamy Stock Photo **138–139** Francois Roux / Alamy Stock Photo **140** eye35.pix / Alamy Stock Photo **141** Thomas Robbin / imageBROKER / Alamy Stock Photo **142** Ian Dagnall / Alamy Stock Photo **143** Russell Kord / Alamy Stock Photo **144** Justin Kase z12z / Alamy Stock Photo **145 l** Paul Seheult / Eye Ubiquitous / Alamy Stock Photo **145 r** NiKreative / Alamy Stock Photo **146** JOHN KELLERMAN / Alamy Stock Photo **147 o** Chiswick Chap (CC BY-SA 3.0) **147 u** S.d.touro (CC BY-SA 4.0) **148** Neale Clark / robertharding / Alamy Stock Photo **149** eye35.pix / Alamy Stock Photo **150** A. Savin (Free Art License) **151 l** aerial-photos.com / Alamy Stock Photo **151 r** Jean-Christophe Benoist (CC BY-SA 3.0) **152** Herb Bendicks / Alamy Stock Photo **153 o** Mihael Grmek (CC BY-SA 3.0) **153 u** Camille Gévaudan (CC BY-SA 3.0) **154 l** Alessio Damato (CC BY-SA 3.0) **154 r** ICP / incamerastock / Alamy Stock Photo **155** nattanai chimjanon / Alamy Stock Photo **156 o** Granger Historical Picture Archive / Alamy Stock Photo **156 u** Classic Image / Alamy Stock Photo **158** Hon Lau - Dublin / Alamy Stock Photo **159 o** Mick Rock / Cephas Picture Library / Alamy Stock Photo **159 u** Paul Harris / John Warburton-Lee Photography / Alamy Stock Photo **160 l** Michael Howell / Alamy Stock Photo **160 r** Schoening / Arco Images GmbH / Alamy Stock Photo **161** Ian Dagnall / Alamy Stock Photo **162** Artokoloro Quint Lox Limited / Alamy Stock Photo **163** Adrian Baker / Alamy Stock Photo **164** Diego Grandi / Alamy Stock Photo **165 o** LianeM / Alamy Stock Photo **165 u** W. Buss / Universal Images Group North America LLC / DeAgostini / Alamy Stock Photo **166 o** Guillem Lopez / Alamy Stock Photo **166 u** Peter Durant / Arcaid Images / Alamy Stock Photo **167** Ned Goode / Historic American Buildings Survey (Library of Congress) **168** Augustus Welby Northmore Pugin, Ryerson and Burnham Libraries, The Art Institute of Chicago **169** Chris Pancewicz / Alamy Stock Photo **170** Inge Johnsson / Alamy Stock Photo **171 o** Rene Mattes / mauritius images GmbH / Alamy Stock Photo **171 u** Philip Scalia / Alamy Stock Photo **172** Valeriya Popova / Alamy Stock Photo **173 o** Ian Dagnall / Alamy Stock Photo **173 u** Alex 'Florstein' Fedorov (CC BY-SA 4.0) **174** History and Art Collection / Alamy Stock

Photo **175** Norbert Probst / imageBROKER / Alamy Stock Photo **176** Robert K. Chin – Storefronts / Alamy Stock Photo **177 l** Angelo Hornak / Alamy Stock Photo **177 r** Nattee Chalermtiragool / Alamy Stock Photo **178** Stephen Coyne / Alamy Stock Photo **179 o** Michael Weber / imageBROKER / Alamy Stock Photo **179 u** Daniel Case (CC BY-SA 3.0) **180** Archive World / Alamy Stock Photo **181** Historic Architecture and Landscape Image Collection, Ryerson and Burnham Archives, The Art Institute of Chicago **182** Sean Pavone / Alamy Stock Photo **183 l** North Wind Picture Archives / Alamy Stock Photo **183 r** Vincenzo Lombardo / robertharding / Alamy Stock Photo **184** Dorling Kindersley ltd / Alamy Stock Photo **185 l** Alan John Ainsworth/Heritage Images/Getty Images **185 r** Francois Roux / Alamy Stock Photo **186** Chicago History Museum, USA / Bridgeman Images **187** FL Historical 1A / Alamy Stock Photo **188–189** travelpix / Alamy Stock Photo **190** Serhii Chrucky / Alamy Stock Photo **191** Carol M. Highsmith Archive, Library of Congress **192** Cameron Davidson / Westend61 GmbH / Alamy Stock Photo **193** John Zukowsky **194** Beyond My Ken (CC BY-SA 4.0) **195 l** Sean Pavone / Alamy Stock Photo **195 r** Jackdude101 (CC BY-SA 4.0) **196** Thomas Wolf (CC BY-SA 3.0 DE) **197 o** Ariadne Van Zandbergen / Alamy Stock Photo **197 u** Thomas A. Heinz / Arcaid Images / Alamy Stock Photo **198 o** Julian Krakowiak / Alamy Stock Photo **198 u** Grant Smith-VIEW / Alamy Stock Photo **200** Sorin Colac / Alamy Stock Photo **201 o** Thomas Robbin / imageBROKER / Alamy Stock Photo **201 u** Peter Eltham (CC BY-SA 3.0) **202** Alamy **203 l** Šaru¯nas Burdulis (CC BY-SA 2.0) **203 r** Scott Goodno / Alamy Stock Photo **204** A. Savin (Free Art License) **205** © Freunde der Weissenhofsiedlung e.V. **206** Popow / blickwinkel / Alamy Stock Photo **207 l** Mara Brandl / imageBROKER / Alamy Stock Photo **207 r** Martin Bond / Alamy Stock Photo **208** Ian Dagnall / Alamy Stock Photo **209 o** travelpix / Alamy Stock Photo **209 u** Misc / GFC Collection / Alamy Stock Photo **210** Schütze / Rodemann / Bildarchiv Monheim GmbH / Alamy Stock Photo **211 l** Chris Gascoigne / Alamy Stock Photo **211 r** Daderot (CCO 1.0) **212** Julie g Woodhouse / Alamy Stock Photo **213 o** Onda Turnosa / Alamy Stock Photo **213 u** Spaces Images / Mint Images Limited / Alamy Stock Photo **214** Michael Nitzschke / imageBROKER / Alamy Stock Photo **215** ullstein bild via Getty Images **216** Thant Zaw Wai / Alamy Stock Photo **217 l** Carol M. Highsmith Archive, Library of Congress **217 r** Karl F. Schöfmann / imageBROKER / Alamy Stock Photo **218** JLImages / Alamy Stock Photo **219 o** vdbvsl / Alamy Stock Photo **219 u** Jorge Salcedo / Shutterstock.com **220** © Bill Bachmann / Alamy Stock Photo **221** Hermann Dobler / imageBROKER / Alamy Stock Photo **222–223** Ana Flašker / Alamy Stock Photo **224** Gert Kreutschmann/ullstein bild via Getty Images **225** STOCKFOLIO® / Alamy Stock Photo **226** Paul Brown / Alamy Stock Photo **227** Thomas Robbin / imageBROKER / Alamy Stock Photo **228 l** Rick Buettner / Alamy Stock Photo **228 r** Sergey Dzyuba / Alamy Stock Photo **229** Sean Pavone / Alamy Stock Photo **230** Dietrich Burgmair / Alamy Stock Photo **231 o** Batchelder / Alamy Stock Photo **231 u** Elisa Locci / Alamy Stock Photo **232** Bernard O'Kane / Alamy Stock Photo **233** Niels Quist / Alamy Stock Photo **234** Bill Brooks / Alamy Stock Photo **235 o** Nathan Willock-VIEW / Alamy Stock Photo **235 u** bdstockphoto / Alamy Stock Photo **236** Architect´s Eye / Alamy Stock Photo **237 l** © Ralf Roletschek **237 r** Taxiarchos228 (Free Art License) **238** Carol M. Highsmith Archive, Library of Congress **239 l** Hugh Rooney / Eye Ubiquitous / Alamy Stock Photo **239 r** akg-images / Bildarchiv Monheim **240** Gilles Targat / Photo 12 / Alamy Stock Photo **241 o** Philip Scalia / Alamy Stock Photo **241 u** Archivio Storico della Biennale di Venezia - ASAC © Antonio Martinelli **242** Peter Bennett / Citizen of the Planet / Alamy Stock Photo **243** John Elk III / Alamy Stock Photo **244 o** ivoivanov / F1online digitale Bildagentur GmbH / Alamy Stock Photo **244 u** Mathias Beinling / Alamy Stock Photo **245** Classic Image / Alamy Stock Photo **246** Viennaslide / Alamy Stock Photo **247 l** Ken Wolter / Alamy Stock Photo **247 r** View Stock / Alamy Stock Photo **248 o** George Rose/Getty Images **248–249** Geoffrey Taunton / Alamy Stock Photo **250** STEPHEN FLEMING / Alamy Stock Photo **251 o** Aardvark / Alamy Stock Photo **251 u** Sean Pavone / Alamy Stock Photo **252** Alan Copson / robertharding / Alamy Stock Photo **253 l** archipix / Alamy Stock Photo **253 r** John McKenna / Alamy Stock Photo **255 l** ilyas Ayub / Alamy Stock Photo **255 r** Simon Reddy / Alamy Stock Photo **256** adam eastland / Alamy Stock Photo **257 o** B.O'Kane / Alamy Stock Photo **257 u** BANANA PANCAKE / Alamy Stock Photo **258** Stuart Black / Alamy Stock Photo **259 o** James Doro / Alamy Stock Photo **259 u** Donaldytong (CC BY-SA 3.0) **260** Francois Roux / Alamy Stock Photo **261** ARV / Alamy Stock Photo **262 l** Raga Jose Fuste / Prisma by Dukas Presseagentur GmbH / Alamy Stock Photo **262 r** Amy Cicconi / Alamy Stock Photo **263** Michael Ventura / Alamy Stock Photo **264 l** © Adrian Smith + Gordon Gill Architecture/Jeddah Economic Company **264 r** Serhii Chrucky / Alamy Stock Photo **265** hapabapa via Getty Images

Titel der englischsprachigen Originalausgabe:
A Chronology of Architecture
Dieses Buch wurde produziert von
Quintessence Editions, einem Imprint von
The Quarto Group
The Old Brewery
6 Blundell Street
London N7 9BH

Umschlagvorderseite: Zaha Hadid, Heydar-Aliyev-Zentrum, Baku, Aserbaidschan, siehe S. 261. © Iwan Baan
Umschlagrückseite: Pyramiden von Gizeh, siehe S. 18.
© WitR / istock
Frontispiz: Kathedrale von Florenz, siehe S. 91.
© Hugh Rooney / Alamy Stock Photo

Projektleitung: Sabine Schmid
Übersetzung: Steffen Kern
Lektorat: Kerstin Neef
Korrektorat: Julia Käsehage
Satz: Weiß Freiburg GmbH, Grafik und Buchgestaltung
Einbandgestaltung und Herstellung: Luisa Klose

Gedruckt in China

ISBN 978-3-7913-8902-8

www.prestel.de

Penguin Random House Verlagsgruppe FSC® N001967